BIJIAO DE YIYI: QUYU GUOBIE YANJIU DUOYUANLUN
比较的意义：区域国别研究多元论

主　编　◎陆道夫　蒋晓萍

·郑州·

图书在版编目(CIP)数据

比较的意义：区域国别研究多元论 / 陆道夫,蒋晓萍主编. --郑州：河南大学出版社,2022.1
ISBN 978-7-5649-4996-9

Ⅰ.①比… Ⅱ.①陆…②蒋… Ⅲ.①社会科学②世界文学-文学研究 Ⅳ.①C53②I106

中国版本图书馆 CIP 数据核字(2022)第 012136 号

责任编辑　靳开川
责任校对　张　珊
封面设计　陈盛杰

出　版	河南大学出版社
	地址：郑州市郑东新区商务外环中华大厦 2401 号　邮编：450046
	电话：0371—86059701(营销部)　网址：hupress.henu.edu.cn
发　行	河南省新华书店
排　版	郑州市今日文教印制有限公司
印　刷	广东虎彩云印刷有限公司
版　次	2022 年 1 月第 1 版　　印　次　2022 年 1 月第 1 次印刷
开　本	787mm×1092mm　1/16　印　张　18.75
字　数	299 千字　　定　价　52.00 元

(本书如有印装质量问题,请与河南大学出版社营销部联系调换)

主　编　陆道夫　蒋晓萍
编　委　（按姓氏拼音排序）
　　　　陈　姝　哈　莎　蒋金运
　　　　蒋晓萍　刘春杰　陆道夫
　　　　马占明　彭　英　邹　琰

目 录

1 | 前言

一、欧美文学研究

3 | 蒋金运
《等待戈多》中的物之表现性

14 | 哈莎
欧洲视野下的意大利文学成就

35 | 陈姝
移位空间里的负重"玫瑰"
——多丽丝·莱辛《另外那个女人》浅析

二、文化研究

45 | 陆道夫　鲁亚萍
从时空怀旧到心灵怀旧
——博伊姆《怀旧的未来》引发的思考

54 | 邹琰
"对话":中西文化关键词研究

68 | 蒋晓萍　张嘉洛
霍夫斯泰德"儒家物力论"的新反思

三、区域与国别研究

85 | 陆道夫
为什么要重新阅读经典《利维坦》

99 | 马占明
墨子与穆罕默德哲学思想的比较研究

113 | 刘春杰
大众传媒立法视域下的俄罗斯政治精英治国理念变迁

138 | 刘春杰
俄罗斯对金砖国家机制的利益诉求
——以建构主义为视角

四、公民教育与社会伦理

155　蒋晓萍
　　跨文化教育实践的承传与超越
　　——以宋氏三姐妹在美国留学为例

162　蒋金运
　　人生价值的终极求索
　　——《约伯记》与《九辩》比较论

176　彭英
　　菅原道真对《孝经》"孝"之思想的接受

五、媒介研究与翻译研究

187　蒋金运
　　文化场域中的翻译权力关系

200　蒋晓萍　邓聪　陈微子
　　李军、章力译本《喜福会》杂合语言的翻译规范研究

209　陆道夫　黄紫玲　陈树澄
　　中国大学校训英译的文化适应策略
　　——以广州大学校训为例

220　魏韵玲　姚艳萍
　　《利维坦》汉译本的译者主体性文化选择
　　——以商务印书馆、群众出版社两个译本为例

236　邓聪　陆道夫
　　汉语四字格在爱伦·坡小说汉译中的运用效果

六、电影与艺术史研究

257　丁婕
　　科幻电影《她》中的后人类主体性想象

268　陆道夫
　　艺术造假的社会学考察

280　**本书主要作者简介**

前　言

为了优化我校"外国语言文学"一级学科,在广东省、广州市教育主管部门和众多专家学者的大力支持和鼓励下,学校和学院层面广泛动员力量,整合资源,对照国务院 2019 年新公布的学科分类标准和条件,成立了外国语言学与应用语言学、外国文学、翻译学、比较文学与跨文化研究四个主攻团队,积极申报"外国语言文学"一级学科硕士学位点,为全面提高外语学科的优势和潜力而做多方面的努力。《比较的意义:区域国别研究多元论》便是我们"比较文学与跨文化研究"团队集体智慧的成果结晶。

在为本书命名的时候,我和研究团队几位成员确实伤透了脑筋,也纠结了很久。经过反复讨论,并向不少专家咨询过,最终还是"超前超纲超发挥"地使用了现在的书名。原因不外乎有以下三个方面:

首先,在国务院 2019 年新公布的学科分类中,"外国语言文学"一级学科名目下增设了"比较文学与跨文化研究"、"区域与国别研究"两个新的二级学科。"比较文学与跨文化研究"二级学科与"中国语言文学"一级学科名目下设置的"比较文学与世界文学"二级学科形成了一种呼应(参阅国务院学位委员会 1997 年文件);而"区域与国别研究"与之前的"英语国家社会概况"有关联,也有差异。人们不禁要问,"比较文学与跨文化研究"能否代替"中国语言文学"的"比较文学与世界文学"? 抑或该二级学科可否直接称为"比较文学"? 对于外国文学研究者来说,这两个二级学科的增设到底有什么意义与作用? "区域与国别研究"在今天的语境中又会出现怎样的变化?

概而言之,单就"中国语言文学"的语境意义来说,作为二级学科的"比较文学与世界文学"更多指的是多民族和国别意义上的人类文学总称,它是一个"复数"的概念(高建平,2002);而从"外国语言文学"语境意义来看,"比较文学与跨文化研究"中的"跨文化研究"则侧重于研究的方法——对不同文化、不同民族和地区的文学进行比较研究,"跨文化"是前提,"比较"则属于基本手段与方法。国务院学位办新的二级学科设置,要求外国文学研究者突破或超越长期以来我国以语种和国别来设置文学类二级学科的老传统,如英国文学、美国文学、法国文学、德国文学、俄国文学等,按照"跨文化比较"的学科理念,进行不同民族文学间双向或多向的比较研究才是今后的研究趋势。当然,"跨文化研究"不仅仅是指研究对象、研究内容和研究结果的"跨文化",更重要的是指研究者在研究时的跨文化视野、意识、知识储备、背景参照等。"跨文化比较"能够促使研究者跳出偏于一隅的国别、民族的阈限而获得理念和角度的变换,从而带来研究方法的创新,这应该才是"比较文学与跨文化研究"二级学科设置的方法论意义所在(蒋承勇,2019)。一方面,比较文学并不仅仅代表一个学科,它对整个文学、文学的世界、人文环境、文学的世界观,都有一种全面地反映,它有一种包罗整个文化时空的宽阔视野(Jost,1974);另一方面,比较文学能够为区域与国别研究注入活力,以便使之更清楚地看到其本该应有的面目。

其次,相比较而言,"区域与国别研究"二级学科的新设置,具有另外一番意义。教育部在2015年印发的《国别和区域研究基地培育和建设暂行办法》中明确指出:国别和区域研究基地,是指高校整合资源对某一国家或者区域的政治、经济、文化、社会等开展全方位综合研究的实体性平台。国别和区域研究基地要以咨政服务为首要宗旨,以政策研究咨询为主要任务,以完善组织形式和管理方式为重点。

"区域与国别研究"在美国被称为"Area Studies",在我国被称为"International and Regional Studies"。实际上,"区域与国别研究"在美国的发展历史相对较长,肇始于第二次世界大战时期,目前已经稳定成熟和制度化了,成为美国社会科学界从事国际研究的稳固阵地。美国的"区域与国别研究",通常是官方力量和私人部门协力推动的结果。政府投入和私人部门的慷慨资助使得这项研究获得了充足的资金支持,极大地推动了人才培养和相关学术研究的开展。仅以哈佛大学为例,在1948~2003年间,哈佛大学先后建立了俄国研究中心(现称戴维斯俄国与欧亚研究中心)、中东研究中心、东亚研究中心(现称费正清中国研究中心)、金茨堡欧洲研究中心、非洲研究中心、赖肖尔日本研究所、乌克兰研究所、韩朝研究所、戴维·洛克菲勒拉美研究中心及米塔尔南亚研究所。中国的"区域与国别研究"是近几年才开展起来的,主要推动力量来自于政府,特别是教育部,另外,还有国家社会科学基金对国际问题研究的专项资助。

再者,"区域与国别研究"是一种以特定的区域国别为研究对象的学术探究,内容涉及政治、经济、历史、宗教、社会、文化等方方面面。"区域与国别研究"的独特性在于其跨学科属性,应该从多个学科出发对特定国家或区域进行"全息式"研究。过去的学科壁垒造成了视角单一和学科分散的国际问题专门研究。从"区域与国别研究"的角度来看,我国对外研究还存在明显缺陷,致使其很难向深度发展。北京大学博雅讲席教授钱乘旦先生在《区域与国别研究学刊》发刊词中明确指出:国内当下"区域与国别研究"存在五个方面的问题:

第一,研究力量不集中,分散在高校的各院系、各学科。比如,研究美国问题的师资分散在历史、外国语言文学、国际关系、政治、法律、教育等院系,其研究定位分属历史、外国语言文学、国际关系、政治、法律、教育等诸学科,各学科各有标准,各寻方向,难以形成合力,也无法把美国作为一个完整的对象进行研究。这种情况在社科院的下属部门也大体如此,很难做到多学科合作。

第二,研究对象分布不均,专业人员严重不足。国内对外国问题的研究,长期集中在美、英、日等少数几个国家,对法、德、俄的研究较少,对北欧、南欧国家的研究几乎没有。对发达国家尚且如此,对欠发达地区的研究更是严重缺乏,比如,印度、柬埔寨、不丹、马拉维、洪都拉斯等。随着我国不断扩大对外开放,尤其是"一带一路"建设的纵深开展,这种状况亟须改善。

第三,语言能力欠缺,制约了本学科的研究水准。相当一部分研究者用英语进行研究,当研究对象是英语国家时,问题尚不突出;若研究非英语国家,仅用英语显然是不够的。像印度、肯尼亚、马来西亚这些国家,曾经是英国殖民地,目前也以英语作为官方语言或通用语言,对它们仅用英语进行研究也是不够的,因为那里的老百姓仍旧使用地方语言,研究者如果没有通晓当地语言的能力,就无法获得深入的了解。

第四，介入"区域与国别研究"领域的学科不多，即使有介入，也多数浮于表面。区域与国别研究是对某一地区、某一国家作全方位的了解和全面的研究，几乎各学科都有介入的空间。但我国目前的情况是，有些学科对外国关注不够，有些学科确实有研究外国问题的传统，但其研究课题大体上停留在宏观层面，很少深入微观层面。比如，国内关于美国政治制度的论著不少，可是鲜有对美国各种权力机构（例如国会）的运作机制或相互关系（上级法院和下级法院之间的关系）进行详细且清晰的论述。如果对这些问题都不能说清楚，我们就不能说对美国有所了解。

第五，进行区域与国别研究，需要一头扎进研究对象国，沉入当地社会，深深扎下根。了解和研究一个国家（或地区），最重要的是了解那里的人，了解他们的思想和生活方式，为此，就要到所在国家或地区去生活，尽可能融入那个社会中。现在的有些研究成果，仅依靠阅读一些英文书或英文报纸而获得，缺乏实地体验，很难了解到当地的真实情况。

由此可见，"区域与国别研究"这个二级学科应该更具有跨学科性、开放性、多元性和包容性，应该开展多方位、多维度、多层次、多学科的话题整合和整体研究，而不应该故步自封，坚守"独立"阵地，造成人为的学科"区块链"。有鉴于此，《比较的意义：区域国别研究多元论》一书的出版就显得很有意义，希望借此能够抛砖引玉，集思广益。

值得一提的是，在每次评审外国语言文学一级学科学位点时，评审专家们往往都从学科建设、人才培养、国际化课程开设、科研成果、外院特色、成果转化等六个方面给出类似的宏大叙述性评语：该学位点培养目标定位明确，学位标准科学合理；师资力量雄厚，科研成果丰硕；人才培养质量高，研究生科研能力提升快，创新能力强。就此意义而言，《比较的意义：区域国别研究多元论》一书的出版更是为了提前彰显学位点申报的特色优势。

《比较的意义：区域国别研究多元论》一书共分为六大模块，分别是欧美文学研究、文化研究、区域与国别研究、公民教育与社会伦理、媒介研究与翻译研究、电影与艺术史研究。除欧美文学研究板块外，其他五个板块的内容或多或少都与"区域与国别研究"话题有所关联。具体内

容,不妨择其要者而述之:

陈姝在《移位空间里的负重"玫瑰"》一文中重点讨论了英国当代著名小说家多丽丝·莱辛的短篇小说《另外那个女人》所采用的特殊空间移位叙事策略,亦即:借用"地下室"、"顶层"等具体的地理空间移位,去隐喻人物心理轨迹的起伏变化,描摹女性在战争环境中的生存状况及命运悲剧,最终得以完成对女主人公柔斯的女性形象塑造和心理对应关系的梳理,推动小说的主题发展。蒋金运在《〈等待戈多〉中的物之表现性》一文中重点讨论了法国作家贝克特的戏剧《等待戈多》中的物之表现性及其视觉效果、情感效果和象征效果。在三者虚构而又真实的"异托邦"基础上,进一步揭示了人类的生存困境、人的存在价值和生命的终极意义。

蒋晓萍在《跨文化教育实践的承传与超越》一文中,以宋氏三姐妹在美国卫斯理安学院留学的独特经历为视角,重点考察了20世纪90年代的跨文化教育及实践。文章阐述了宋氏三姐妹在卫斯理安学院的跨文化教育成长之路,探讨了新语境下中国孔子学院在宋氏三姐妹母校创办的重大意义与价值。此外,蒋晓萍等还在另一篇论文中讨论了霍夫斯泰德提出的"儒家物力论"存在的狭隘性和局限性,并将其放在普世主义语境下加以考察,进而揭示儒家思想的普世性、动态发展性,构建微观、中观、宏观三位一体的"儒家物力新论"。微观层面侧重探讨人们追求提高内在修养的动态发展观;中观层面着重于探讨个体不断调整个人与家庭、个人与社会、个人与政治、个人与自然的适应关系的动态发展观;宏观层面侧重探讨儒家文化个体追求实现"内圣"和达到"外王"的动态发展观。

无论是"比较文学与跨文化研究",还是"区域与国别研究",如果缺失了翻译媒介,其研究结果是难以想象的。正如法国学者谢弗勒指出的那样:"巴别塔的神话说明了一个无可置疑的事实:我们这个星球的人们并不操同一种语言。因此翻译活动很有必要,它使得被认识世界的不同结构分开来的个人可以进行交流。"(谢弗勒,2007)英国学者巴斯奈特和勒菲弗尔也都指出:"翻译已经成为世界文化史发展过程中十分重要的创造力。如果没有翻译,任何形式的比较文学研究都是不可能的。"(Bassnett & Lefevere,1990)当然,翻译理论研究和翻译实践中的语言和文化,肯定难以脱离译者的主体意识和机构的"权力关系"。蒋金运的《文化场域中的翻译权力关系》一文将研究重点放在了"权力关系"层面,应该说是抓住了翻译问题的实质和要旨。因为,翻译是一项古老的人类活动,自始至终都处在一定的文化场域中,其中的权力网络纵横交错,导致了译者的实践会出现一次又一次的显性或隐性权力交锋,主要表现为或忠实,或征服与抗争,抑或平等对话三种形式。通过对这三种形式的分析挖掘,翻译的本质和译者的翻译实践有望得到明晰的认识和理解。蒋晓萍及其合作者在《李军、章力译本〈喜福会〉杂合语言的翻译规范研究》一文中侧重讨论汉译本《喜福会》中的杂合语言。文章以吉迪恩·图里翻译规范理论范式中的预备规范、初始规范、操作规范为维度,重点解读了汉译本《喜福会》中杂合语言的翻译规范问题,试图从图里关于翻译规范的理论范式中找出同类华裔美国文学作品翻译的新启示。在《中国大学校训英译的文化适应策略》一文中,陆道夫等通过分析中外大学在不同办学理念和教育制度影响下而形成的大学校训文化,从文化适应和文化调整的理论角度,重点探讨了国内很多大学校训的英译问题,尝试提出了文化功能对等的英译策略,颇具启发意义和学术参考价值。

俄罗斯研究向来都是"区域与国别研究"的热点和重点问题。本书收录的两篇论文试图在此方面有所新发现和新启发。

历史悠久的俄罗斯致力于国家内部对其他国家和地区的利益诉求。刘春杰在《俄罗斯对金砖国家机制的利益诉求》一文中,以温特的国际关系建构主义理论为基础,重点讨论了冷战后的国际关系及各自的利益诉求。作者从国家文化、国家身份、国家利益、国际规范四个方面多维度地解析了俄罗斯对金砖国家机制的利益诉求,让人们全方位地去进一步了解俄罗斯希望利用金砖国家这个新机制,去实现其国家利益,再造其国家角色的新身份,获得其国家的文化认同,重建其在新形势下国际规范的政策,从中可以发现中俄合作新的契合点和思路。

众所周知,无论是哪个领域的课题研究,都离不开比较的视角和方法路径。本书在这方面也做了有益的尝试。例如,马占明的《墨子与穆罕默德哲学思想的比较研究》,蒋金运的《人生价值的终极求索》,彭英的《菅原道真对〈孝经〉"孝"之思想的接受》,陆道夫的《为什么要重新阅读经典〈利维坦〉》，邹琰的《"对话"：中西文化关键词研究》，哈莎的《欧洲视野下的意大利文学成就》，魏韵玲和姚艳萍的《〈利维坦〉汉译本的译者主体性文化选择》等，都是比较研究的一种积极尝试。虽然这些论文都用了比较研究的方法路径，但每个作者分析问题的角度却不尽相同。我相信，读者肯定能够从中获益，受到启发。

值得一提的是，邹琰在其《"对话"：中西文化关键词研究》长文中提供了一种新的研究路径。她从不为人们重视的"对话"问题入手，小中见大，鞭辟入里地讨论了中西方文化中具有丰富内涵的关键术语"对话"。作者尝试从语言学、文学以及政治经济等维度全面探讨这一关键词的渊源，围绕着"话"以及"话"的隐喻含义，围绕着"话"与"话"隐喻含义之间的微妙关系，挖掘中西方文化史上所形成的关于"对话"的各种思想和理论。无论是话语也好，还是人类本身也罢，二者的本质某种程度上都具有对话性。因此，"对话"范式应该成为理解自我、理解文学、理解社会、理解文化的必由之路。在《从时空怀旧到心灵怀旧》一文中，陆道夫、鲁亚萍从"怀旧"这个关键词入手，管中窥豹般地解析了由来已久、渊远流长的"怀旧"文化现象。"怀旧"是人类特有的一种表达方式。例如，远古人对祖先和神灵的祭祀，岁月的交替轮回，社会风俗和仪式的变迁，黑白彩色照片的技术更新，古典音乐的经久不衰，等等。作为一种修复型的"小写的怀旧"，时空怀旧不仅是对故土家园和往昔岁月的怀念，而且也是对传统的一种守望与更新。而心灵怀旧更多的则寄希望于人类的未来，虽然怀念过去，但并不一味迷恋过去或试图恢复过去的传统。人类通过有选择的记忆和遗忘，以实现与过去的融合与交互，进而创造更加美好的未来，这是一种反思型的"大写的怀旧"。"怀旧"的背后承载着个体意识和统治政权，表现为记忆与遗忘的角力交锋。权力的更迭，意味着当权者不断想抹除个体对过去的记忆，以此来巩固自己的统治地位。但对很多个体来说，过往的记忆和"怀旧"成为其当下生存的一种精神支柱。如果人类或个体失去了记忆，没有了"怀旧"，人类也就无所谓其自我和个性了。因此，通过记忆"怀旧"，反思检讨过去，人类就有希望得到自己想要的精神内核。

随着人工智能、神经医学、生物科技等硬核技术的飞速发展，人类已经自觉不自觉地向科技进步主导型的"后人类"时代迈进。好莱坞科幻电影先行一步,早早已为我们呈现了一个"后人类"的狂欢世界。近年来问世的《她》(2013年)、《机械姬》(2015年)、《银翼杀手2049》(2017年)等科幻影片,多半围绕着人机关系、生物科技伦理、英雄的成长、个体的救赎、宗教的启示等展开大胆超前的主体乌托邦想象,最终则以人类的完胜而收尾。这些电影试图拨开人类中心主义的迷思,深度反思我们的"后人类"前途景观。丁婕在其《科幻电影〈她〉中的后人类主体性想象》中做了前瞻性的探讨。论文试图表明:好莱坞梦工场人工智能一类的科幻电影,通过一种寓言的方式,借助于一种客体意象,从"后人类"的视角,重新思考甚至解构人类中心主义的绝对局限,为"后人类"社会主体乃至"后人类"生存状态提供一种可能性的构想路径。就像"后人类"学者罗西·布拉伊多蒂所期待的那样,以一种"不辜负我们的时代之方式"去增加我们人类的自由,加深我们去理解自己目前居住着的这个既非人类中心论又不是拟人化的世界。当然,在数码扫描艺术日臻完善的今天,艺术造假,赝品泛滥,真假难辨。在这种新的艺术生产环境和氛围下,艺术造假究竟会给人们带来怎样的困惑与伤害?艺术造假会给人们带来怎样的思维冲击和观念更新?陆道夫在《艺术造假的社会学考察》一文中提出了自己独到的思考和见解。

  需要指出的是,《比较的意义:区域国别研究多元论》的编写,得益于广州大学外国语学院"比较文学与跨文化研究"学术团队全体成员的共同努力。衷心感谢各位同仁在课多事杂的百忙之中不吝赐稿,积极贡献各自的聪明才智。衷心感谢为此书文稿收集做出贡献的蒋晓萍教授和哈莎博士,她俩的爱心奉献和对学术孜孜以求的那种人文情怀,给我留下了深刻的印象。全书的文案策划由陆道夫和蒋晓萍共同负责。全书的框架设计、稿件整理、文字润色与校对,均由陆道夫负责。哈莎参与了本书编务方面的对外联络和初稿筛选等工作。虽然我们力求保持全书风格的一致,但因为每位作者的研究方向和写作风格各异,所以,最终还是采取"文责自负,尊重个性"的编排策略,尽量还原每一篇论文的本色。尤其是在参考文献的格式规范方面,并没有完全按照学术刊物的统一格式来处理每一篇论文,而采用了原作者各自喜欢的MLA或PPA格式。衷心感谢编辑的耐心、细致和认真负责,让我终于实现了多年来一直想在母校出版学术文集的夙愿。

由于时间紧、课时多、任务重,加之今年COVID-19疫情的严重影响,书中肯定会有不妥之处,务祈各位读者和专家拨冗斧正,以期日臻完善,不胜感激。

陆道夫　谨识
2020年3月3日初稿于黄埔广州中新知识城
2020年6月4日定稿于番禺广州大学城

一 欧美文学研究

◎《等待戈多》中的物之表现性（蒋金运）

◎ 欧洲视野下的意大利文学成就（哈莎）

◎ 移位空间里的负重"玫瑰"
　　——多丽丝·莱辛《另外那个女人》浅析（陈姝）

《等待戈多》中的物之表现性

蒋金运

萨缪尔·贝克特(1906～1989)作为新小说的先驱,因为"他那具有新奇形式的小说和戏剧作品使现代人从精神贫困中得到振奋"[1],1969年获得诺贝尔文学奖,他的戏剧并被称赞"具有希腊悲剧的净化作用"[2]。贝克特用反传统的荒诞的手法来表现世界和人生的荒诞,力求做到内容与形式的统一。在时空结构上,他抛弃了传统戏剧中的时空概念,试图以新的时空结构模式表现作品的深刻内涵,让时空中的物与人构成共在关系,让他的作品中的物的存在揭示人的存在的处境、心灵世界,从而形成一种共谋,以激发观众从静止的物体上发现意义,使人们有意识地面对世界的荒诞,以及人类自身的悲剧性处境。因此,通过物的表现性来分析《等待戈多》的现象学意义,并揭示出人与物的相互关系,具有重要的学术参考价值。

一、物之表现性何以可能

自然界的万物总是处于一定的时空之中。卡西尔说过:"空间和时间是一切实在与之相关联的构架。我们只有在空间和时间的条件下才能设想任何真实的事物。"[3]自然界的万物对于人类来说,只有通过人的意识活动的作用,具体物才具有一定的价值或意义,具体物才能被人类所认知、把握和利用。随着人类社会的进步,对自然界认识的深入,人类可利用自然界的具体物的矢量空间(hodological space)和本质特性来认识人类自身,并且依靠我们周围的物体来勾画我们生存的世界。萨特指出:"一个人是一个难以理解的东西……一方面,他失落于这个世界之中,因此到处都被它所包围——他被囚禁在世界中——另一方面他又可以综合这个世界,把它看作他的对象,他面对着世界和外在环境。他再不是处于世界之中;他是在局外。这种外在和内在相结合就构成了人。"[4]这样,人类通过对自然界的具体物予以赋值,对自然界和现存的世界进行认知的综合,可以使人类更好地认识自身和这个世界,从而使物的表现性成为可能。文艺创作者所写的山川树木、江河湖海,都离不开人——人的思想、行为和情感,因而分析作品中的物对认识作品、作者的思想情感和作者生存的现实世界都有重要的作用。

二、物之表现性的三种效果

《等待戈多》写的是发生在黄昏的两件事情,但没有什么故事情节。主人公是两个流浪汉,背景是一片荒野,路旁只有一颗枯树。两个流浪汉就在树下等待着一个名叫戈多的人。他们一面做着闻臭靴子之类的无聊动作,一面在语无伦次地梦呓。最后有一个男孩来说戈多今晚不来了,第一幕就算结束了。第二幕是第一幕的重复,只是当知道戈多又不来的时候,他们就想上吊,结果裤带一拉就断,于是只能毫无希望地等待下去。在戏剧中,时空中的物与人构成了共在关系,作品中的物之存在揭示人之存在的处境、心灵世界,从而形成一种共谋,揭示了世界的荒诞以及人类自身的悲剧性处境。物之表现性具体体现在以下三个方面:视觉效果、情感效果、象征效果。

(一)视觉效果

物之存在是在一定的物理空间的自然存在,其本身并无任何意义,但在人的意识活动作用下被赋予了特定的意义。在文学作品中,由于作者有意要对物进行加工和组合,形成一个整体性的结构,给人一定的视觉形象,这种加工和组合通常服从于人的精神需求,暗含着作者的各种意向、情趣和思想。苏珊·朗格说过,艺术家"是借助情感符号形式的直觉,借助于把感性认识塑造成这种形式的能力而成为艺术家的"[5]。因为,"视觉形象永远不是对感性材料的机械复制,而是对现实的一种创造性把握,它把握到的形象是含有丰富的想象性、创造性、敏锐性的美的形象。"[6]这种美的形象,是由艺术家的心灵创造和赋予的。

《等待戈多》全部背景就是一条光秃的公路和一株了无生气树,这强烈地暗示着人物困境的无尽延续和精神的极度贫乏。整个场景只是"乡间一条路。有一棵树。傍晚"[7]。这幅景象呈现的仅是构成生存环境的最基本的空间和时间两要素,两个流浪汉无聊地在这个时空场景中活动着——无聊地等待。"乡间"具体明确的位置没有说明;"一条路"暗示这是个有人来往的地方,可这地方贫瘠荒凉,只见一棵树,没有其他任何东西显露生机,而且,这棵树是不是"柳树"也说不准,因为它没有枝叶,是棵"枯树","看上去更像是一种灌木"[8]。然而,这棵树旁边却是两个流浪汉等待戈多的地方。场景的时间设定在"傍晚",傍晚处于白昼的末尾,傍晚之后紧连着黑夜,给人以紧迫感,令人仓皇不安。第一幕以"灯光突然转暗。一时间里,天色变黑。月亮升起在舞台尽头,爬上了高天,一动不动,在舞台上撒下了银色的光芒"结束。自始至终,观众看见两个流浪汉笼罩在暗淡的黄昏里。第二幕的场景是"次日。同一时间。同一地点"[9]。整个场景没有变化,不同的只是"次日"。"今天"、"次日"在剧中无确定所指,失去了标记时间的意义,完全成了一个绝对的、抽象的概念,给人一种浑浑噩噩的感觉。剧中人物笼罩在灰暗的黄昏里,感受着时间的凝重和压迫。一方面,没有明确的时间和空间,舞台上所发生的事件也就显得虚幻、荒诞;另一方面,脱离了具体的时空情境,人物形象变得抽象、空洞。贝克特对场景的搭配处理没有固定的模式和依据,而只服从于自己的精神需求,完成一个格式塔的构形。格式塔心理学认为,"每一种心理现象都是一个格式塔,都是一个'被分离的整体',整体并不等于部分的总和,并不是由若干元素所组合而成的。反之,整体乃是先于部分而存在并且制约着部分的性质和意义的"[10]。简言之,完形是指对事物的把握必须遵循的整体性原则,一个格式塔是一个完全独立于各组成成分的全新的整体,而不是各个要素和构成成分之和,它从原有构成成分中"突现"出来。在本剧中,物的组合与人的活动互相匹配,形成了一个奇异的空间整体结构——荒诞的社会生存环境。法国现代思想家亨利·列斐伏尔指出,社会关系和空间关系实际上是相互依存的。空间既是一种实体,也是一种社会存在,确切地说,它是意识形态的、政治的。美国后现代社会地理学家爱德华·索亚也有类似的看法:"空间本身是基本的,不过它的结构和意义却是社会生产、变化和经验的产物。"[11]空间不仅仅是表达社会、经济、政治的媒介,社会关系也是通过空间建立起来的。一条小道、一棵枯树、一个土墩,构成了流浪汉们的全部生存空间,在恶劣的生存环境中,他们不仅根本无法区分出今天和昨天、白昼与黑夜,而且显示了他们生存的空虚和无聊,流浪汉们一切的一切,都在徒劳的"等待"中消失了。他们失去了生活目标及追求,他们在生与死的夹缝中沉沦着、焦虑着。舞台布景作为人物赖以生存的外部环境,是判定人物生存状态的直接依据。贝克特笔下的布景具有明显的阴郁、苍凉、衰败等悲观色调,有力地烘托出故事的整体气氛和异化主题。贝克特戏剧中的场景是抽象的荒诞思想的具体化表现。他的戏剧舞台荒凉、萧条、空荡,象征着人类生存环境的虚无,揭示人类生存的困境,正如我国学者舒笑梅所说:"在贝克特的剧作中,人物生活在一个梦幻的世界里。他们从遥远的过去走向未知的未来,完全失去了对时间和空间的认识,也失去了对自身背景和确切身份的认可。在如此混乱的世界里,人只能产生错位的感觉,也会因为寻找不到自我而产生痛苦,这正是贝克特要突出的主题。"[12]

《等待戈多》的舞台场景

（二）情感效果

物可作用于人的情感，影响人的情绪。当物与人的情感、心境相契合时，可激发人一定的情感。美国诗人和文学批评家艾略特曾提出，情感表达应有"客观对应物"的观点。艾略特写道："用艺术形式来表现感情的唯一途径，就是探寻一个'客观对应物'，换句话说，一系列的、一种情景、一连串事件，都应该作为那种特殊感情的程式，由于这些外在事物必然以感觉经验为终点而宣告结束，所以，它们一经提出，感情立刻被唤起了。"[13]他认为，在艺术创作中，艺术家要表达某种情感的唯一方式就是寻找一种客观对应物。一组事物、一连串的事件等都可以成为这样一种客观对应物。"心物对应"主要体现在语言意象的情感对象化上。作家只要在外部世界中找到一种与自己特定情感同类的对象，就可以通过对对象的描写，把自己的情感传达出来。例如，中国诗歌中的明月与乡愁、鸿雁与思念、春花与爱情、秋风与悲愁、梅花与高洁、游鱼与自由、夕阳与断肠、深山与寂静等，这些相互关联的语词都是情感对象化的充分表现。

《等待戈多》中的爱斯特拉贡和弗拉第米尔试图用各种具体物来证明自己的存在，寻找自己在世界上的感觉。爱斯特拉贡和弗拉第米尔总是不停地玩弄着鞋子和帽子，他们吹一吹，摇一摇，看一看，摸一摸，像是要从鞋子和帽子里找到什么东西；爱斯特拉贡和弗拉第米尔寻找各种萝卜的"戏中戏"，并不是因为爱斯特拉贡真正喜欢吃胡萝卜，而是故意无聊地消磨时间，用爱斯特拉贡的话说便是，"我们总是能找到什么东西，啊，迪迪，来给我们一种活在世界上的感觉"[14]。当波卓要幸运儿思考时，必须首先寻找幸运儿的帽子，因为"没有了帽子，他无法思考"[15]。当波卓终于无法忍受幸运儿的长篇大论时，"他从弗拉第米尔的手中夺过帽子，扔在地上，跳上去使劲乱踩"，因为这样，"他就不会再思考了"[16]。此时的帽子对幸运儿自身能力的显示构成了威胁，也是幸运儿被物化的结果。人的感情日益淡漠了，人无时无刻被物牵着鼻子走。在这样一个混乱、破碎、无序的世界里，人与物共存。物的存在对人类构成了威胁和侵害，人们对于物的依赖更是让人的主体性丧失殆尽。人已经不再是物的主人，而是已经沦为了物的奴隶。正如马丁·

艾斯林所言,贝克特的"戏常常缺乏能够使人辨别的角色,奉献给观众的几乎是动作机械的木偶"[17],是一些主体性丧失的毫无情感枯竭的人。

这些所谓"物"的安排,都是贝克特剧中丰富的舞台符号和意象的体现。贝克特戏剧中并不是让人物直接诉说自己的感受,而是剧中人物通过对物的玩弄,形象地表现自身的感受,充分地运用各种"物"来说话,以"延伸戏剧的语言"。正如马丁·艾斯林在评论荒诞派戏剧时指出的:"荒诞派戏剧放弃了关于人类处境荒诞性的争论;它仅仅表现它的生存——就是说,以具体的舞台形象来表现存在的荒诞性。"[18]从鞋子、帽子、枯树、萝卜等这些戏剧"角色"的"物性言说"中,人们感受到的是一个被物异化了的冷漠的荒诞世界。

在"物性言说"时,读者和观众更多感受到的则是剧作家的荒诞感觉,正像贝克特自己所说的:"那种无所表达、无以表达、无从表达、无力表达、无意表达,而又有义务表达的表达。"[19]这种"物性言说"的理性表达,由直觉而情感,由情感而人类的普遍性、人生的整体性,最后到现实化了的心灵活动,一步一步逼近人生,走向现实。这种现实,观众不是通过阐释而有所领悟,而是直接体验到世界和生存的荒诞性。

(三) 象征效果

情感的对象化将一定的物与人的情感契合联系起来,使物获得一定的象征意义,从而形成物的象征效果。

《等待戈多》中的道具极其简约,只有一棵树。这种简约的舞台场景营造出虚幻不定的舞台空间,寓意深长,使剧本产生了无限的象征意义,因而造成的直喻效果对观众和评论家而言是仁者见仁、智者见智,可得出对贝克特作品中"存在主义"哲学思想不同的文学阐释。舒笑梅从时空机制的表现分析,认为树的变化是暗示时间的循环不止,"《等待戈多》中,第一幕里的枯树在第二幕中长出了几片绿叶。显然,这一道具的变化并不暗示希望的来临,因为直到剧本结束狄狄和戈戈苦苦等待的戈多仍然没有出现。道具的这一貌似忽然的变化实则暗示了流浪汉等待时间之长,也许从冬等到春。日复一日,狄狄和戈戈在同一地点等着戈多的到来,但每一天,他们得到的除了失望以外还有一句始终未能兑现的口头许诺。对剧中人物而言,等待成了期望和失望相互交替的循环仪式。在无穷无尽、一成不变的等待中,时间失去了意义,它只是更长的等待、更多的折磨的代名词"[20]。中国学者肖四新从宗教的终极关怀角度分析,认为树的几片绿叶展现着一种顽强的孤独的生命力量,他说:"我们不要忘记枯树上一夜之间长出的四五片绿叶。它们在寒风中颤抖,展现着一种顽强的孤独的生命力量。绿叶的美是崇高的,它所呈现出的是严峻、刚劲和奇伟,是丑陋的枯树战胜自然、战胜寒风的艰苦性、坚韧性留下的痕迹。从这种痕迹中,我们体会到了生命的巨大潜力和崇高的精神。这几片顽强的绿叶,让我们对生命、对未来的饥渴得到了一种心灵上的满足。"[21]

靴子和帽子同样具有象征意义。它们都象征着人类的痛苦。戈戈把他仅有的一双靴子扔掉了,为什么?因为靴子伤害了他,"穿了脚痛"。既然靴子长期使他痛苦流血,在戈戈看来,把它扔掉不就没有痛苦,不流血或至少可以减少了痛苦吗?狄狄为什么问戈戈帽子"我戴着它合适吗",因为狄狄自己的帽子使他生气,"我自己的帽子戴着难受。(略顿)怎么说呢?(略顿)它摩擦我"[22]。至此,戈戈和狄狄不停地看靴子、帽子,摆弄靴子、帽子,可以被看作他们是对痛苦的根源的好奇,对痛苦的把玩与体验,是他们对痛苦的哲学思考。不仅如此,皮鞭和绳子是权力和威信的象征,再现了当时社会背景下的社会关系:《等待戈多》中的"主人"波卓一手执皮鞭,一手牵着套在"奴隶"幸运儿脖子上的绳子,赶着他走,这是一幅象征着两个阶级对立的色彩鲜明的图画。

《等多戈多》物的象征效果虽然体现出人与物的依赖关系,但更突出了人与物的冲突和威胁的关系,这是生存环境非人性化的表现,即存在"意义之无"与世界"物质之有"的矛盾。[23]当然,这种非人性化也渗透到了人与人的微妙关系——互相隔阂却又互相依赖的成对关系(Pairing),以及互相依存的伙伴关系,如狄狄与戈戈、波卓与幸运儿的关系。

三、融合真实与虚构的"异托邦"

《等待戈多》中的物体,通过视觉效果、情感效果和象征效果给戏剧带来一种既真实又虚幻的世界——"异托邦"。

苏格拉底曾有一个把文艺看作反映现实的镜子的比喻。认为:

> 你马上就可以试一试,拿一面镜子四方八面地旋转,你就会马上造出太阳,星辰,大地,你自己,其他动物,器具,草木,以及我们刚才所提到的一切东西。[24]

镜子所反映出来的东西只是一个幻影,一个虚假的外形,而不是实体,也形象地说明文艺反映的真实性、准确性和客观性。莎士比亚认为:"该知道演戏的目的,从前也好,现在也好,都是仿佛要给自然照一面镜子;给德行看一看自己的面貌,给荒唐看一看自己的姿态,给时代和社会看一看自己的形象和印记。"[25]

我们知道,贝克特的《等待戈多》无疑是文艺家用来反映现实的一面镜子,故事中的一切具体物的安排和组合显得虚幻、荒诞,没有明确的时间和空间,舞台上所发生的事件也就显得虚幻、荒诞。同时,脱离了具体的时空情境,人物形象变得抽象、空洞。

首先,从《等待戈多》这面镜子看,戏剧家贝克特重构了一个真实的人类自我。从镜子那边的虚空间出发,自己的目光看到自身,镜子折射出了现实中的自我。《等待戈多》的全部背景就是一条光秃的公路和一株了无生气的枯树,这强烈地暗示着人物困境的无尽延续和精神的极度贫乏。长期以来,人们一直生活在谎言与欺骗之中,从原始宗教中的来世,到中世纪的天堂,到资产阶级的自由、平等,无不是以虚幻的理想作为人类追求的最终目标。这种谎言和欺骗蒙蔽了人们的双眼,使我们一直处在无知和愚昧之中。《等待戈多》则是以直面真实的勇气,揭示了人类生存的真实面目,使我们从无知和蒙昧的状态中走向理智与澄明。在贝克特看来,世界是荒诞的,人对生存其中的世界、对自己的命运一无所知,人在生活中丧失生活的目标,丢失了自我,唯有在阴郁、苍凉、衰败的生活环境中重复毫无意义的行为，才能消磨这无聊的余生；生既无奈，死又不能，自己只有像剧中狄狄、戈戈一样"重复昨天的故事"，继续等待那永远不会到来的"戈多"，因此人的生命变得毫无意义。贝克特依靠我们周围的物体来勾画的我们生存的世界，将现实中获得的自我的孤独、痛苦和迷惘等直觉和直觉印象用镜子中的自我的直觉和直觉印象反映出来，用镜子里的位置找到了自己在现实中的位置。这样，贝克特用来连接镜子中的现实和人在生活中的现实是靠自己作为艺术家的心灵感受，也就是说，作者将自己的心灵感受抒发在自己的作品里。这也是现代文学典型的向内转型的艺术手法的呈现。自19世纪末期开始至20世纪四五十年代，受叔本华和尼采的唯意志论、帕格森的直觉主义哲学、弗洛伊德的心理学理论以及萨特的存在主义哲学思想的影响，现代文学开始向内转向更注重表现人的内心世界以及人的无意识领域对人性的完整、人的存在价值和终极意义进行深刻的反思和探索。

其次，镜子折射出时代的焦虑。《等待戈多》中已被物化和异化，人的活动都受物质的控制。这正是时代在镜子中的反映。第二次世界大战以来，理性与科学给西方世界带来了政治的动荡、经济的萧条和残酷的战争，给西方人带来了道德沦丧、信仰危机、传统价值体系崩溃和一种普遍的危机感、无助感。西方人的荒诞意识正是产生于这种对理性与科学的幻想破灭之后所带来的传统价值体系崩溃和信仰危机之中。由于物质文明的高度发展，人际关系逐渐疏远，感情日益淡漠了，但人却被物牵着鼻子走，形成了尖锐的矛盾。人逐渐地意识到了自己面临着变成物的奴隶的危险，因而对物产生了恐惧和仇恨。人们对物质的疯狂追求而失去了生活目标，只好在生与死的夹缝中沉沦着、焦虑着。《等待戈多》所表现的正是西方人信仰破灭之后的尴尬处境与无助感、荒诞感、迷惘感。《等待戈多》的主题是无望的等待，即"揭示人类在一个荒谬的宇宙中的尴尬处境"[26]。

总之，贝克特在《等待戈多》中虚构的故事，在西方现实生活中可以找到真实的存在，故事中的物、人及事件是西方现实社会的缩影，正如福柯所说："它们实实在在地存在着，并且建构社会的真正基础。"[27]《等待戈多》建造的"异托邦"是虚构与真实的融合，既存在又不存在，具有神话和真实双重属性。

参考文献

[1][2][26] 中国大百科全书编辑委员会.中国大百科全书·外国文学1[M].北京:中国大百科全书出版社,1982:128.

[3] 恩斯特·卡西尔.人论[M].甘阳译.上海:上海译文出版社,1985:54.

[4] 西蒙娜·德·波伏瓦.萨特传[M].黄中晶译.南昌:百花洲文艺出版社,1996:503.

[5] 苏珊·郎格.艺术问题[M].滕守尧、朱疆源译.北京:中国社会科学出版社,1983:43.

[6] 鲁道夫·阿恩海姆.艺术与视知觉[M].滕守尧、朱疆源译.北京:中国社会科学出版社,1984:5.

[7][8][9][14][15][16][21][22] 萨缪尔·贝克特.贝克特全集.16,等待戈多[M].余中先译.长沙:湖南文艺出版社,2016:3,15,84,114,66,71,121,78.

[10] 杨清.现代西方心理学主要派别[M].沈阳:辽宁人民出版社,1986:257.

[11] 瞿世镜.当代英国小说[M].北京:外语教学与研究出版社,1998:155.

[12][20] 舒笑梅.试论贝克特戏剧作品中的时空结构[J].外国文学研究,1997(2):103-107.

[13] 托·斯·艾略特.艾略特文学论文集[M].李赋宁译注.太原:百花洲文艺出版社,1994:13.

[17][18] 马丁·艾斯林.荒诞派之荒诞性[J].陈梅译.外国戏剧,1980(1):75-80.

[19] 马丁·艾斯林.欧洲现当代戏剧的理论与实践[J].戏剧,1994(1):10-23.

[20] 肖四新.信仰的破灭与重建——论《等诗戈多》的潜在主题[J].当代

外国文学,2001(1):127-131.

[23] 朱立元.当代西方文艺理论[M].上海:华东师范大学出版社,1997:157.

[24] 柏拉图.柏拉图文艺对话集[M].朱光潜译.北京:人民文学出版社,1963:69.

[25] 莎士比亚.莎士比亚悲剧四种[M].卞之琳译.北京:人民文学出版社,1993:89.

[27] LEFEBVRE H. *The Production of Space* [M]. translated by Donald Nicholson-Smith. Massachusetts Blackwell Publishing,1991:24.

欧洲视野下的意大利文学成就

哈 莎

法国文学评论家帕斯卡尔·卡萨诺瓦出版的《世界文学共和国》(*The World Republic of Letters*, 2007)一书,引发了一场关于文学与权力关系的有趣辩论。卡萨诺瓦仿照历史学家弗尔南多·布罗代尔(Fernand Braudel)提出了"经济世界"(economy-world)的概念,在她的文章中引入了"世界文学空间"(world literary space)的概念,并将其应用于文学领域。她断言,世界文学是一个不断争取中心地位的领域,文学正在显示出其不平等制度,在这种制度下,次要语言(除法语、英语和德语以外的语言)和次要文学受制于占主导地位的语言和文学。从中世纪早期到17世纪末,意大利文坛的发展历程对西欧文化的发展起到了关键作用。但是,随着西班牙和英国在大西洋和太平洋海上贸易的迅速发展,相较于艺术和歌剧的成绩,意大利文学的声音似乎日渐式微,这一切似乎证实了卡萨诺瓦理论的正确性。然而,我们真的可以做出这样的结论吗?

一、意大利的建立与文学的诞生

意大利国家面积约30万平方公里,位于欧洲西南部。从南向西北延伸形成一只"靴子",其中科西嘉岛自1768年以来属于法国。大约20万年前,在旧石器时代早期,意大利首先居住着"尼安德特人"(Neanderthal)。大约4万年前,又居住着"智人"。

意大利的历史始于公元前8世纪,半岛西北部居住着凯尔特人(Celts)部落,东北部居住着古威尼斯人(Paleo-Venetians),中部居住着伊特鲁里亚人(Etruscans)、拉丁人和意大利人,南部居住着其他民族。

大约公元前700年至公元5世纪,拉丁人统一了意大利,吞并了北非、埃及、叙利亚以及安纳托利亚和美索不达米亚的一部分。

公元前27年,胡利奥－克劳迪亚家族(Julio-Claudian family)的盖尤斯·恺撒·屋大维乌斯·奥古斯都建立了罗马帝国。罗马帝国在286年分为西罗马帝国和东罗马帝国,首都分别是罗马和君士坦丁堡(后来被称为伊斯坦布尔)。

431年,当西罗马帝国崩塌后,意大利被分裂成多个独立的国家:北部的日耳曼领地、中部的教会国、南部的拜占庭领地(东罗马帝国)、西西里岛上的阿拉伯哈里王朝。

800年,查理大帝打败了伦巴底人和其他部落,建立了以阿奎斯卡拉(今德国亚琛)为中心的神圣罗马帝国。约1000年,拜占庭人和阿拉伯人在诺曼人的倡议下被逐出意大利,诺曼人来自法国西部的诺曼底公国,他们建立了西西里王国,统辖范围延伸到意大利南部和西西里。意大利西北部由日耳曼神圣罗马帝国统治,而在东北部,威尼斯城邦(威尼斯共和国)则扩张成海洋帝国,其版图沿着亚得里亚海东岸延伸。

20世纪初期,西欧的贸易出现了重生,古罗马城镇在经历了几个世纪的衰落之后恢复了发展:商人和工匠创建了行会(the guilds)来保护他们的利益,他们的成员实现了对城市的民主管理,他们随时准备在必要时对抗德国皇帝和邻近城市的入侵,以保护他们新获得的政治自由。在那几个世纪,意大利居民说的是哪种语言?农民和工匠以及城市商人说"新拉丁语"(Neo-Latin,拉丁语经日积月累的变化后形成的意大利语),贵族和神职人员的官方语言仍然是拉丁语。当时的书籍,即修道士的手稿均为古拉丁语(后来也有古希腊语)文本,均保存在修道院或贵族城堡。

1211年,斯瓦比亚(Swabia)的腓特烈(Frederick)成为神圣的罗马皇帝,同时也是西西里国王,后称腓特烈二世。在其巴勒莫的宫廷里,他发展了早期文学"西西里诗派"(Scuola Siciliana di Poesia)。事实上,意大利的第一批文学活动可以追溯到更早的西西里岛的诺曼国王法老时代,是由特拉巴多斯(Trobadours)用奥克坦语(Langue d'Oc)写成的,从一座城堡搬到另一座城堡,以细腻的爱情作品来激励当地的贵族(Gaunt & Kay, 1999)。西西里诗派产生了很多有影响的诗人,如西洛·达卡尔卡莫(Cielo or Ciullo D'Alcamo),他最著名的诗是于1231年~1250年间完成的《情人与贵夫人的对话》(*Dialogue between Lover and Lady*)。(Hainsworth & Robey,2002)

二、13~14世纪的意大利文学成就

在13~14世纪的意大利,教皇和德国皇帝之间的争霸斗争(可追溯到10世纪初)以及北意大利城邦之间的内战持续不断。同时,一个新的欧洲民族国家法国正在崛起:教皇支持法国君主制,以制衡德意志帝国。1250年腓特烈二世死后,教皇邀请法国国王的亲戚安热文家族(Anjou)到意大利南部掌权。1280年,安热文·查尔斯一世最终成为那不勒斯国王。1282年,西班牙阿拉贡国王(Aragon)及巴塞罗那伯爵、阿拉贡彼得三世征服了西西里和撒丁岛。法国君主制在欧洲日益强大,最终导致教皇的席位从罗马转移到法国的蒙彼利埃,从1309年一直持续到1377年。

尽管这个时期意大利南部处于外国统治之下,但却诞生了意大利著名的文学家——但丁、彼得拉克和薄伽丘。他们都出生在托斯卡纳。1000年以来,除佛罗伦萨城邦外,几个独立的城邦已经建立起来,如比萨、卢卡、锡耶纳、阿雷佐等。

但丁·阿里吉耶里(Dante Alighieri,1260~1321)年轻时参加了托斯卡纳的文化、政治和军事活动。和其他托斯卡纳诗人的作品一样,他在青少年时期用13世纪盛行于该地区的"新甜蜜风格"(Dolce stil novo)创作了俗语(the vulgar,即人民使用的语言)作品,歌颂了理想化的爱情。1295年,他将这些诗收录在《新生活》(*Vita Nova*)中。1302年,但丁成为托斯卡纳各城邦内战的受害者:他支持德国皇帝,因此在教皇博尼法提乌斯八世的政治压力下,遭到佛罗伦萨市统治者们的谴责,被永远流放他乡。他被意大利北部各城邦的统治者款待,直到1321年客死拉文纳(Ravenna)。流亡的第一年,他用拉丁文写了一篇题为《俗语论》(*De vulgari eloquentia*)的文章,内容关于怎样使用俗语,论证俗语的地位。在论述具有文化重要性的话题时,他不像过去那样使用拉丁文,而是用俗语来谈论。但丁对俗语的运用让人联想起中国作

家鲁迅在文学作品中用白话文代替文言文的成就（Davies，2013）。

但丁用他在1308～1320年流亡期间创作的伟大诗作《神曲》（*La Divina Commedia*），向世人展示了意大利语的力量，并帮助建立了以托斯卡纳语作为意大利语的标准。这部喜剧刻画了对人类来世的想象，它用但丁穿越地狱（Inferno）、炼狱（Purgatorio）和天堂（Paradiso）的经历，写出三部曲——《地狱》、《炼狱》和《天堂》，寓言式地叙述了人类灵魂朝上帝一路走来的旅程。在但丁的作品中，代表理性的古罗马诗人维吉尔（Virgil）引导他穿越了地狱和炼狱，而但丁年轻时的理想爱情对象，代表神圣知识的比阿特丽斯（Beatrice）则引导他穿越天堂。在《神曲》中，但丁还包含了主要基于托勒密式的天体地心模型的天文知识，波斯学者兼诗人阿维森纳（Avicenna，980～1137）和安达卢西亚阿拉伯学者阿维罗斯（Averroes，1126～1198）的科学和哲学原理，以及托马斯·阿奎那（Thomas Aquinas，1225～1274）的神学思想（Davies，1993）。但丁的诗歌以一种非常强烈的个性诗风，将所有这些内容与他的人生经历呈现出来。

弗朗切斯科·彼特拉克（Francesco Petrarca，1304～1374）的童年是在佛罗伦萨附近的因西萨（Incisa）度过的。1309年，他和家人搬到法国南部的阿维尼翁。他的父亲是一名律师，在教宗法庭工作，希望儿子继承自己的事业，在法学上有所成就。因此，弗朗切斯科·彼特拉克在蒙彼利埃大学（1316～1320）和博洛尼亚大学（1320～1323）学习法律，但他从小就对写作更感兴趣，喜欢用意大利语和拉丁语写作。1326年，他的父亲去世以后，彼得拉克回到阿维尼翁，在教宗法庭工作，同时从事文学创作。彼特拉克的十四行诗在文艺复兴时期受到欧洲各地的推崇和模仿，成为抒情诗歌的典范。他用拉丁文写了一首史诗《非洲》（*Africa*），歌颂古罗马将军西皮奥·阿非卡努斯（Scipio Africanus）在公元前203年打败了北非（离现在突尼斯不远）的迦太基人。这首诗得到教皇的高度赞赏。1341年，彼得拉克在罗马被教皇加冕为"桂冠诗人"。他担任教皇的大使，在欧洲四处旅行。在他的外交旅途中，他发现并收集了古代拉丁手稿，成为欧洲最早的文艺复兴人文主义者之一。应该指出，"文艺复兴"（Renaissance）一词，在意大利语中的意思是"重生"。"人文主义"（humanism）一词指希腊和罗马的古典作品，侧重于人文研究的修辞、诗歌、历史和道德哲学,以人类价值观(艺术、哲学、科学)而不是神学为中心。一个世纪后,他的追随者之一是莱昂纳多·达·芬奇(1452~1519)。1368年,彼得拉克应帕多瓦市统治者弗朗切斯科·达卡拉拉(Francesco da Carrara)的邀请,移居帕多瓦。1358年,他专门为达卡拉拉写了一本书,书名为《杰出人物》(*De viris illustribus*)。彼得拉克在帕多瓦周围的山区阿夸(Arqua)的房子里度过了余生,于1374年7月20日去世。

乔万尼·薄伽丘(Giovanni Boccaccio,1313~1375)在彼得拉克开创的文艺复兴人文主义运动中成长为诗人和小说家。1326年,薄伽丘的父亲被任命为银行行长,全家移居那不勒斯。在那不勒斯,薄伽丘遵循自己的心意成为诗人和小说家,用俗语创作了一些诗歌和小说。这时,他爱上了国王的一个已婚女儿,后来在薄伽丘的主要作品《十日谈》(*The Decameron*)中,她被刻画成小说人物"菲亚梅塔"(Fiammetta)。1341年,他回到佛罗伦萨后,继续从事文学创作。1348年,黑死病在佛罗伦萨蔓延。1349年,薄伽丘开始撰写他的主要作品《十日谈》,1352年完成。这是一部以佛罗伦萨方言写成的散文故事集。7名年轻女性和3名年轻男性在佛罗伦萨郊外的别墅里躲避瘟疫,按规定,每人每天都要讲一个富有想象力的故事来度过这难熬的时光。他们讲了10天共100篇故事,从情色到感伤,从滑稽到悲壮,提供了一份真实的生活记录文件,处处充满对教会和宗教信仰的讽刺。《十日谈》是世界上第一部短篇小说集,在欧洲获得了巨大成功。薄伽丘于1355年至1365年间完成了一本部分自传体小说《乌鸦》(*Corbaccio*),并于1370年至1371年对《十日谈》进行了修订。

三、15~16世纪的意大利文学成就

15世纪上半叶,意大利北部各城邦全力投入战争,争夺霸权。1454年的《洛迪和平条约》(*Peace Treaty of Lodi*)确定了意大利新的政治结构。中世纪城邦中出现了5个大国:威尼斯共和国、米兰公国、佛罗伦萨美第奇家族的贵族(主君)、那不勒斯的安热文王国、西西里和撒丁岛的阿拉贡王国。其他城邦国(如曼托瓦、费拉拉、比萨、锡耶纳、

乌尔维诺等)尽管在政治上处于边缘地位,却在文艺复兴初期的意大利艺术发展中发挥着非常重要的作用。诗人卢多维科·阿里奥斯托和托尔夸托·塔索正是这个时期意大利重要的作家。

卢多维科·阿里奥斯托(Ludovico Ariosto,1474~1533)出生于雷焦埃米利亚市(Reggio Emilia),当时由费拉拉的埃斯特宫(Este House)统治。借助于时任雷焦埃米利亚市长的父亲,他得以进入埃斯特法院。他在费拉拉大学学习法律,但很快便放弃了法律研究,投身于诗歌创作。他的代表作是1516年出版的叙事长诗《疯狂的奥兰多》(*L'Orlando Furioso*),这是一个复杂虚幻的故事,细分为40章,是欧洲文学中最长的一首诗歌。作品以基督教皇帝查理曼和非洲萨拉森(Saracen)国王阿格拉曼特(Agramante)之间的战争为背景,萨拉森国王和他的盟友入侵欧洲,并在巴黎围困查理曼。男主角是查理曼最著名的骑士奥兰多,他爱上了萨拉森的公主安吉莉卡,突然忘记了保护皇帝的责任。诗的开篇描写到,基督教的囚犯安吉莉卡越狱逃跑,奥兰多开始追击,两人经历了各种各样的冒险,直到安吉莉卡救出受伤的萨拉森骑士梅多罗(Medoro)并爱上他,安吉莉卡和梅多罗逃到一个叫卡赛(Cathay)的虚构的地方。奥兰多得知真相后丧失了理智,在欧洲和非洲的所到之处摧毁一切。他的战友,英国骑士阿斯托夫(Astolfo),为了寻找治疗奥兰多疯癫的方法,骑着一匹带翼的马飞到埃塞俄比亚。接着,他乘着燃烧的战车飞到月球,在那里可以找到地球上失去的一切,包括奥兰多的智慧。他把它们装回瓶子里,让奥兰多闻,终于使他恢复了理智。奥兰多从对安吉莉卡的爱里挣脱出来,重新成为反抗萨拉森人的战士,并最终杀死了阿格拉曼特国王。史诗中还有许多其他的角色和不同的爱情故事。《疯狂的奥兰多》把叙事和抒情、悲剧和喜剧的因素融为一体,是欧洲文学史上最有影响力的作品之一,影响了英国的莎士比亚、拜伦及洛佩兹·德·维加(Lope de Vega)等许多其他西方作家。

15世纪末,意大利政局动荡,《洛迪和平条约》确立的均势地位被打破。法国国王查理八世占领了米兰公国,随后又占领了那不勒斯的安热文王国。意大利城邦结成军事联盟与之抗衡,但惨遭失败。此时,世界格局也在持续发生变化:1492年,意大利航海家哥伦布(Cristoforo

Colombo)奉卡斯蒂利亚(西班牙)伊莎贝尔女王之命,发现了通往美洲的航线;1497～1499年,葡萄牙航海家瓦斯科·达·伽马(Vasco de Gama)从历时两年多的考察中,发现了从非洲通向印度的航线。哥伦布和达·加马的地理发现为西班牙和葡萄牙带来了巨大的财富,但也导致了古美洲印第安人阿特兹邦(今墨西哥)和印加邦(今秘鲁)的毁灭。这些发现还为欧洲带来了新的农作物(土豆、玉米、豆类、西红柿等)。这些发现对意大利产生了巨大影响:意大利海上威尼斯共和国和热那亚共和国几个世纪以来得益于东地中海海上贸易的繁荣被打破,这两个共和国的经济逐渐衰退。就世界历史来看,16世纪初,葡萄牙航海家费迪南·麦哲伦(Ferdinand Magellan)在3年多的考察中发现了另一条通往亚洲、南美周边地区的海上航线,航线的开通繁荣了奴隶贸易,西班牙和葡萄牙从西非和中南美洲,英国从北美,法国从安的列斯群岛(尽管规模较小)贩运奴隶。至于意大利,16世纪西班牙王国和德意志帝国在哈布斯堡查理五世的统治下取得了军事上的联盟,进而到政治上的统一,最终打败了法兰西王国,吞并了米兰和那不勒斯的领土。16世纪下半叶,西班牙成为意大利新的统治者,此时,只有威尼斯共和国、热那亚共和国和佛罗伦萨公国(后来成为托斯卡纳的大公国)仍在意大利的主权之下,还有两处意大利领地一直保持着超国家的地位:教会国(罗马)和萨伏依公国(County of Savoy)。

　　托尔夸托·塔索(Torquato Tasso,1544～1595)出生于那不勒斯附近的索伦托,逝于罗马。1574年,他开始创作叙事诗《被解放的耶路撒冷》(*Jerusalem Delivered*)。这部长诗极具想象力地描绘了第一次十字军东征结束时,基督教和穆斯林围攻和征服耶路撒冷的战斗。诗人以丰富的想象力将真实的历史事件、婉转的爱情与超现实的魔幻情节交织在一起。这部作品继承了意大利文艺复兴时期浪漫史诗的传统,在欧洲获得了巨大成功。由于严重的精神问题,塔索后来的生活变得异常艰难。1579～1586年间,费拉拉公爵把他锁在了费拉拉圣安娜精神病院。1586年,塔索应曼图亚王子文琴佐·贡扎加(Vincenzo Gonzaga)的邀请搬到罗马,然后搬到那不勒斯,又回到罗马。因为担心《被解放的耶路撒冷》的某些内容会被教会指控为异端邪说,他还出版了新修订版本。1595年,和两个世纪前弗朗切斯科·彼得拉克所受到的礼遇一样,新当选的教皇克莱门斯八世封他为"桂冠诗人",但在同年4月1日,诗人却逝世了。

四、17～18世纪的意大利文学成就

17世纪,意大利的文学作品乏善可陈,但画家米开朗琪罗(Michelangelo Merisi,1571～1610)和巴洛克建筑大师贝尼尼(Gianlorenzo Bernini,1598～1680)却让人们欣赏到了艺术的巧妙,物理学家、天文学家和数学家伽利略使人们见证了科学革命的诞生。

伽利略(Galileo Galilei,1564～1642)被认为是科学革命的发起者。人们不仅应该铭记其伟大的科学发现,还不应该忽视他意大利语著作的出色文风。在《试验者》(Il Saggiatore,1623)和《关于两大世界体系的对话》(Dialogo sopra i Massima Sistemi,1632)等书中,他公开支持哥白尼的新日心说,反对教会支持的托洛密的地心说。1633年2月,他接受了宗教法庭的审判,被指控"有强烈异端嫌疑"。为了挽救自己的生命,他不得不"放弃、诅咒和憎恶"自己的科学观点,但最终还是被教皇判了终身监禁。由于年老失明,在女儿的帮助下,他在佛罗伦萨附近的阿尔且特里(Arcetri)修道院度过了人生最后几年,他的女儿正是这间修道院的修女。

18世纪上半叶,阿卡迪亚(Arcadia)诗歌风格在意大利歌剧(情节剧)中流行起来。当时最重要的阿卡迪亚诗人之一是皮埃特罗。皮埃特罗·梅塔斯塔所(Pietro Metastasio,1698～1782)出生于罗马的Pietro Trapassi,去世于维也纳哈布斯堡王室法庭。他是意大利情节剧(melodrama)的改革家,创作了27部歌剧、8部歌曲和30多部合唱曲(cantatas),由意大利著名音乐家贝内德托·马尔切洛(Benedetto Marcello)、乔万巴蒂斯塔·佩尔戈列西(Giovanbattista Pergolesi)、多梅尼科·斯卡拉蒂(Domenico Scarlatti)演奏。

18世纪,在意大利北部伦巴第大区,奥地利哈布斯堡王朝取代了西班牙的统治,而南部则建立了西西里王国,首都为那不勒斯。18世纪后半叶,欧洲大陆的文化面貌发生了彻底的变化,由伏尔泰、狄德罗、达朗贝尔等哲学家倡导的启蒙运动在法国诞生,他们支持废除统治阶

级的一切世袭特权,建立以人权为基础的国家制度。他们也反对传统的宗教习俗,取而代之的是"女神理性"(goddess reason)。这一运动遍及欧洲大陆。

阿卡迪亚的艺术运动消失了,浪漫主义(Romanticism)这种新的艺术、文学和音乐运动在欧洲各地兴起。在意大利,3 位来自米兰的人文主义者对西欧学术界产生了巨大的影响。他们分别是:穆拉托里(Lodovico Antonio Muratori,1672~1750)用拉丁语撰写了 6 卷意大利古代历史,题为《意大利的中古时期》(Italy's middle-ancient times,1738~1742),他还用意大利语撰写了 12 卷《意大利史册》(Italy's Annals,1744~1749)和 3 卷《意大利古迹》(Dissertations on Italian antiquities,1751)。作为政治学家的维科(Giambattista Vico,1688~1744)则著有《新科学》(A new Science,1725)。他把文献学定义为一种新的科学,通过它可以系统地归纳和解释历史周期里的社会兴衰。作为《罪和罚》(Crimes and Punishment)的作者,贝卡里亚(Cesare Beccaria,1738~1794)呼吁废除酷刑和死刑,并呼吁引入监狱教育体系。

五、19 世纪的意大利文学成就

拿破仑(1769~1821)打败了欧洲西部的旧君主政体,并在 1804 年建立了法兰西帝国,战火一直烧到哈布斯堡王朝和英国,吞并了意大利北部和中部的一部分。1812 年,他将战争转移到俄罗斯,但在 1815 年 6 月 18 日,在滑铁卢一役被奥地利、德国、俄罗斯和英国的军队击败,其也被放逐到大西洋的孤岛圣海伦娜岛。旧君主政体得以恢复,但威尼斯共和国仍然无法摆脱和米兰的古代公爵领地一样的命运,沦为奥地利帝国的一部分。欧洲大陆开始了旧封建秩序的恢复时期。

在当时的意大利,伦巴第和威尼托大区由奥地利专制统治,其他地区君主和王子纷纷回归,在这种背景下,意大利爱国知识分子掀起了政治统一运动。中产阶级支持这一运动,而大多数贵族、高级僧侣和农民仍然忠于其统治者。

爱国知识分子主要包括诗人福斯科洛、莱奥帕尔迪以及小说家和诗人曼佐尼。乌戈·福斯科洛（Ugo Foscolo,1778～1827）是意大利浪漫主义（Italian Romanticism）的代表人物，用古典风格写成十四行诗和长诗，代表作是《墓地赞美诗》（*Hymn to the graveyards*）。贾科莫·莱奥帕尔迪（Giacomo Leopardi,1798～1837）则被认为是19世纪最伟大的意大利诗人之一。在他的文学作品中，常被人们提及的有《杂诗》（*Zibaldone*,1817～1832）、《论意大利社会之现状》（*Discourse over the present state of Italian customs*,1824）、《道德短文集》（*Short moral compositions*,1826）、《诗章》（*Cantos*,1817～1836）、《老鼠和青蛙之战的延续》（*Continuation of the battle of mice and frogs*,1820～1821）、《夜间游荡的亚洲牧羊人》（*Night-time chant of a wandering Asian sheepherder*,1829～1830）和《新信徒》（*The new believers*,1835）等。

亚历山德罗·曼佐尼（Alessandro Manzoni,1785～1873）在世时就已经在意大利享有很高的声誉了。1827年，他的小说《约婚夫妇》（*The Bethroted*）在各地取得了巨大的成功。小说背景设定在1628～1630年间，西班牙统治时期人民奋力反抗的伦巴第地区。主人公伦佐和露西亚属于社会下层，是科莫湖附近村庄的一对普通情侣，他们的婚姻遭到当地男爵的破坏，历经种种艰难险阻后终成眷属。曼佐尼摒弃了一般言情小说的俗套，把主人公的身世际遇置于具体的历史条件和广阔的社会环境中。小说的主题丰富，包括懦弱和勇气、爱和信任、自然之美、上帝旨意、统一祖国、争取独立与自由等，使这部洋溢着爱国主义和时代精神的历史小说具有重大的现实意义。

1866年意大利重新统一。1870年，教会国遭废除，尽管特伦托（Trentino）和威尼斯—朱利亚（Venezia Giulia）大区的历史区域仍然是奥匈帝国的一部分，统一运动几乎取得完全的胜利。诗人卡杜奇正是"统一运动"期间著名的诗人。

作为博洛尼亚大学文学教授的吉索斯·卡杜奇（Giosuè Carducci,1835～1907），"不仅因为他深邃的学识和批判性的研究，更是因为他的杰出的创作力、清新的文风和抒情力等特点"而获得诺贝尔文学奖。《抑扬格和长短诗》（*Iambi and Epodes*）、《新韵》（*New Rhymes*）、《野蛮颂歌》（*Barbarian Odes*）、《韵律和节奏》（*Rhymes and Rhythms*）是他的主要代表作品。卡杜奇的诗歌既富有冲击力又富有戏剧性，语言极其优雅。卡杜奇强烈地表达了统一运动时期应当承负起应有的道德职责,并希望唤起19世纪初意大利人的内心力量。

意大利统一后,一种新的叙事风格即"现实主义"(Realism)得以发展,其代表作家有西西里小说家维尔加和西西里剧作家、小说家皮兰德娄。与现实主义相反的是,同一时期法国出现了两种新的文学运动:象征主义(Symbolism)和颓废运动(Decadent Movement),这些运动在西欧和美国很快蔓延开来。象征主义是对精神力量、想象力和梦想的反映,而颓废运动遵循一种过度的和人为的美学思想,其特征是怀疑主义、反常的快乐和人类的创造力优于自然界的理念(Weir,1995)。意大利的象征主义代表是诗人帕斯科利,颓废运动的代表为小说家兼诗人邓南遮。

乔万尼·帕斯科利(Giovanni Pascoli,1855～1912)是卡杜奇的学生,并继任其在博洛尼亚大学的位置,直到去世。他的抒情短诗形式完美,韵律和谐,词句清新。其主要文学作品有《梅里亚》(*Myricae*,1891)、《小男孩》(*The little boy*,1897)、《卡斯忒维丘之歌》(*Songs from Castelvecchio*,1903～1906)、《民族复兴诗集》(*Risorgimento's poems*,1913)等。

加布里埃尔·邓南遮(Gabriele D'Annunzio,1863～1938)的主要文学作品包括小说、戏剧和诗歌。其小说代表作有"玫瑰三部曲"——《欢乐》(*The Child of Pleasure*,1889)、《无辜者》(*The Victim*,1892)和《死亡的胜利》(*The Triumph of Death*,1894),还有《生命之火》(*The Flame of Life*,1900)、《可能是,也许不是》(*Maybe yes,maybe not*,1910),短篇小说有《佩斯卡拉小说集》(*Pescara's novels*,1884～1886)等作品;戏剧有《死亡城市》(*The Dead City*,1899)、《岩石圣女》(*La Gioconda*,1899)、《沉默真相》(*Silence the truth*,1905)、《战舰》(*The ship*,1908)等;诗歌有《春天》(*Spring*,1879)、《新歌》(*New song*,1882)、《天堂之歌》(*Paradise's song*,1893)等等。邓南遮是著名的法西斯分子,是墨索里尼的主要支持者之一,他的作品引起人们广泛的争议,但谁也不能否定的是,20世纪的意大利作家都或多或少受到邓南遮创作思想的影响。

六、20 世纪的意大利文学成就

19 世纪的最后 20 年见证了巨大的科技进步,这使当时欧洲的中产阶级中,普遍弥漫着一种乐观的气氛,这个时代后来被称为"美好时代"(The Beautiful Age)。相关的哲学研究得到发展,即把对科学进步产生的乐观情绪作为人类和平与福祉的载体的实证哲学(Positivism)。实证哲学由奥古斯特·孔德(Auguste Comte,1798~1857)在法国、约翰·穆勒(Stuart Mill,1806~1873)在英国发展起来。同时,由工人和农业工人组成的特权阶层开始组织工会和政党(社会党)在西欧各地通过政治运动改善他们的生活条件。统治阶级试图通过民族主义来引导这些新兴的社会力量:1870 年德法之间爆发了一场霸权战争,当时德国各领土的统治者反对拿破仑三世的法兰西帝国,重新建立了德意志帝国。之后,他们开始加速工业化进程和海军军备重整,以争夺英国的海洋领地。与此同时,奥匈帝国政府对巴尔干半岛拥有了霸权主义的野心,塞尔维亚和保加利亚摆脱了土耳其的束缚在俄罗斯的帮助下获得了独立。最终,第一次世界大战爆发,标志着"美好时代"的结束。第一次世界大战被认为是"欧洲的自杀"行为。

在意大利,第一次世界大战的巨大开支导致大批工人失业,农民急需更好的工作条件。因为害怕会爆发和 1917 年俄罗斯的苏维埃革命相似的革命,国内上层阶级资助了极端民族主义团体,其政治组织法西斯党(本尼托·墨索里尼统治)在 1922 年执政,与执政的萨伏伊(Savoy)君主政体共谋。10 年后,德国发生了类似的事情,阿道夫·希特勒创立了国家社会主义党。这一切最终导致了第二次世界大战的爆发。

1908 年,在意大利的佛罗伦萨,由 Giuseppe Prezzolini(1882~1982)和 Giovanni Papini(1881~1956)创办的每周文化评论《声音》(La Voce)出版了。他们不仅打破了现实主义,也打破了象征主义和法国的颓废运动。意大利 20 世纪早期最具创新精神的小说家和剧作家是伊塔罗·斯维沃和路伊吉·皮兰德娄,他们与仍活跃的颓废派竞争,后者最突出的代表人物是刚才介绍过的加布里埃尔·邓南遮。第一次世界大战结束后,涌现出了里卡多·巴凯利、卡洛·埃米利奥·加达、阿尔贝托·莫拉维亚三位小说家及诗人如翁贝托·萨巴、朱塞佩·翁加雷蒂、埃乌杰尼奥·蒙塔莱和萨瓦多尔·夸西莫多。

伊塔罗·斯维沃(Italo Svevo,1861～1928)出生于意大利的里雅斯特的一个犹太人家庭。起初他只是零星地写作,直到1907年遇到乔伊斯。这次会见对其影响是至关重要的,他找到了文学灵感,并付诸行动,大器晚成,长年的工作及与乔伊斯的交流使他在60岁时完成了《泽诺的意识》(The conscience of Zeno,1923)。《泽诺的意识》是一部意识流小说,其结构颇为精巧,在这部长篇自述中,主人公泽诺异常认真而细致地,同时又饱含痛苦和自嘲意味地进行了内省。此书令詹姆斯·乔伊斯击节称叹。斯维沃的主要作品还有《生命》(A life,1892)、《衰老》(Aging,1898)等。

路伊吉·皮兰德娄(Luigi Pirandello,1867～1936)出生于西西里岛的阿格里真托,在波恩大学学习浪漫文学,获得文学学士学位。"他用几乎神奇的力量把心理分析变成好的戏剧",于1934年获得诺贝尔文学奖。皮兰德娄的作品描述了人们与他人缺乏沟通的状况,这种情况会导致无法克服的孤独感。为皮兰德娄赢得世界声誉的,是他创作的一系列怪诞剧。他一生共创作了40多部剧本,如《西西里光》(Sicilian lights,1910)、《是这样,如果你们以为如此》(So it is, if you think so,1917)、《诚实的快乐》(The pleasure of honesty,1917)、《六个寻找剧者的角色》(Six characters in search of an author,1921)、《亨利四世》(Henry the Fourth,1922)、《我们今晚即兴演出》(Tonight we improvise,1930)等等。而他的小说作品也很丰富,代表作有《已故的帕斯加尔》(The Late Mattia Pascal,1904)和《一人,没有人,十万人》(One, no one and one hundred thousand,1926)。他还出版了含15部短篇小说的小说集《短篇小说年载》(Short stories for a year,1922～1928)。

翁贝托·萨巴(Umberto Saba,1883～1957)出生于的里雅斯特,母亲是犹太人,父亲原来信奉基督教,后皈依犹太教。其诗学的基本理念是,诗歌应该真实而不夸张地表达人的存在状态。他的文学作品包括《诗集》(Poems,1911)、《我以我眼》(With my eyes,1912)、《剩下的是诗人要做的事》(What remains for poets to do,1912)、《歌集》(Songbook,1921)、《囚犯》(The Prisoners,1924)、《言语》(Words,1934)、《最后的事情》(Last Things,1944)、《地中海》(Mediterranean,1947)等等。

朱塞佩培·翁加雷蒂（Giuseppe Ungaretti,1888~1970）是意大利隐逸派（Hermeticism）诗歌的重要代表。他出版了多部诗集,主要代表作有:《覆舟的愉快》(The joy of shipwrecks,1919)、《时代的感情》(The feeling of time,1933)、《散落的诗》(Scattered Poems,1945)、《悲哀》(The pain,1947)、《呼喊和风景》(A shout and landscapes,1952)、《老人的笔记本》(The old man's notebook,1960)等。隐逸派认为,文字声音的暗示力和意义一样重要。隐逸派诗人回避现实生活的重大题材,全神贯注于人的主观世界,着力刻画内心深处细微的感情,表现人在现实重压下孤独、哀怨的精神状态。在艺术上,隐逸派诗人十分重视艺术形象的提炼,喜欢采用象征主义的手法,借助自然景物的描绘,抒发人瞬息间的感受。隐逸派诗歌的主要特征是内容精简,甚至删除标点,因此作品有时只有短短的两三句。如翁加雷蒂的诗句"浩瀚照亮我"(Immensity enlights me)就是一句话。

里卡多·巴凯利（Riccardo Bacchelli,1891~1985）生于博洛尼亚。他的小说作品有《金枪鱼知道》(Tuna Knows,1923)、《情人城》(The City of Lovers,1929)、《波河上的磨坊》(The Mill on the Po,1938~1940)。巴凯利还是文学杂志 La Ronda（1919~1923）的创办人之一,他的作品很好地表现了理性与幻想、道德与感性之间的平衡。

卡洛·埃米利奥·加达（Carlo Emilio Gadda,1893~1973）在第一次世界大战中当了志愿兵,被德国人俘虏。他后来成为工程师,直到42岁后才开始全身心投入写作。他是一位语言革新者,一方面,他借用了许多意大利方言;另一方面,他的工科背景也为其文学作品注入严谨的精神。他的小说有《哲学家的圣母》(The Madonna of Philosophers,1931)、《痛苦的认识》(The pain's cognition,1938~1941)、《娜达吉莎》(L'Adalgisa,1944)、《曼罗拉纳大街上的惨案》(That messy story at Via Merulana,1957),散文集《乌迪内城堡》(Udine's Castle,1934)等。

埃乌杰尼奥·蒙塔莱（Eugenio Montale,1896~1991）以其"独特的充满伟大的艺术情感的诗学,在没有幻觉的生活象征下,诠释了人类价值观"在1975年获得了诺贝尔文学奖。蒙塔莱的作品着重描绘个人情感,以及对他对周围的事物——他居住的东利古里亚和家中成员的深刻细致的观察。他发表了几卷诗集《乌贼骨》(Cuttlefish Bones,1925)、《境遇》(The Occasions,1939)、《费尼兹铁瑞》(Finisterre,1943)、《暴风雨和其他》(The Storm and Other Things,1944)、《萨图拉》(Satura,1962)等。

萨瓦多尔·夸西莫多(Salvatore Quasimodo,1901～1968)以抒情诗取胜,1959年,"由于他的抒情诗,以古典的火焰表达了我们这个时代中,生命的悲剧性体验"而获得诺贝尔文学奖。其主要作品有诗集《水与土》(Water and Earth,1930)、《消逝的笛音》(Oboe submerged,1932)和《日复一日》(Day after day,1946)等。

阿尔贝托·莫拉维亚(Alberto Moravia,1907～1990)来自一个意大利犹太人家庭。在其早期的小说创作中,他研究了意大利上层中产阶级的行为病理学,注重心理分析,对人物的双重性格和病态心理倾注了较多的笔墨。他的文字朴实无华、不加修饰,词义刻薄,但是句法建构复杂。在后期作品中,他摒弃了现实主义,使用内心独白的结构。他的小说包括《冷漠的人们》(The indifferent people,1929)、《同流者》(The conformist,1951)、《罗马女人》(La romana,1947)、《轻蔑》(Contempt,1954)、《烦闷》(Boredom,1960)、《天堂》(Il paradiso,1970)、《内在生活》(The interior life,1979)等等。

第二次世界大战结束后,意大利出现了一种新的文学运动——新现实主义(Neorealism),这些作家都亲历过反战运动(Resistenza)——反对意大利法西斯主义和德国纳粹主义。他们见证了残酷的战争、艰难的战后重建、被战争剥夺了一切的人民的苦难生活,意大利南部人民移民到工业化的西北部(米兰、都灵)的艰难等等。他们也见证了20世纪60年代早期,经济奇迹在意大利爆发。这些作家中,艾里欧·维多里尼、切萨雷·帕韦泽、乔治·巴萨尼是杰出代表,还有一些作家寻求新的表达风格,如迪诺·布扎蒂、帕索里尼等"新先锋"(Neoavanguardia,也被称为"跨先锋"Transavanguardia)作家,他们深受英国现代主义的启发,尤其受到艾略特和庞德的影响。小说家和符号学大学教授翁贝托·艾柯首先加入了跨先锋之列,但几年后,他坚持后现代主义(Postmodernism),基本特征包括讽刺戏剧风格、对西方文化宏大叙事的形而上怀疑论或极端怀疑论,他倾向于以真实为代价的虚拟。后现代主义的另一个代表人物是小说家伊塔洛·卡尔维诺。

迪诺·布扎蒂(Dino Buzzati,1906～1972)是意大利家喻户晓的作家,被誉为"意大利的卡夫卡"。布扎蒂写了大量超现实主义的魔幻故事,作品主要是短篇小说集《七位信使》(*The Seven Messengers*,1942)、《六十则短篇》(*Sixty short tales*,1958)、《魔法外套》(*Il colombre*,1966),长篇小说《山上的巴那伯》(*Bàrnabo of the mountains*,1933)、《老森林的秘密》(*The secrets of the old forest*,1935)、《鞑靼荒漠》(*The Tartar Steppe*,1940)等等。他的作品用超现实的和象征性的元素,用奇妙而令人不安的气氛渲染日常生活中的神秘,让幻想成真。而其恣肆放纵的笔调,表现人的焦虑和痛苦,及难以预料的奇异,充满趣味,更令人震撼。在看似虚构荒谬的故事里,其实蕴含发人深省的深层思考:对于生活的恐惧引导人类逃避想象的危险和荒谬的噩梦,亲手剥夺自己享受生活本身和生活给予的可能。

艾里欧·维多里尼(Elio Vittorini,1908～1966)主要文学作品是《西西里对话》(*Conversation in Sicily*,1941)。在"二战"时期,他曾遭法西斯囚禁,战后主编了左翼杂志《理工学校》(*Il Politecnico*)。1959年,他与伊塔洛·卡尔维诺共同创办左翼杂志《梅那波》(*Il Menabò*),致力于工业题材文学,反映人的异化问题。《西西里对话》描写了西尔维斯特洛厌恶现实生活,离开米兰,返回西西里探望母亲的经历,反映法西斯政权的专横残暴,西西里人民的穷困和痛苦。小说主题是不公正、暴力,人剥削人的统治阶级社会给人们带来的痛苦、羞辱、不幸、孤独和死亡。面对犯罪,人再不能只考虑自己,而必须成熟地承担对他人的责任感。

切萨雷·帕韦泽(Cesare Pavese,1908～1950)1930年毕业于都灵大学的文学专业,毕业论文写的是美国作家沃尔特·惠特曼。大学毕业后当过中学教员、出版社编辑,并从事美国文学的翻译和研究。在出版社工作期间,他成为卡尔维诺的文学领路人。"二战"期间,他参加反战运动,后自杀。1936年,帕韦泽的第一部诗集《艰难之活》(*Hard Labor*)出版。诗中写乡村少年来到城市以后像弃儿一样被社会排斥的孤独感和苦闷。其他主要作品有:长篇小说《同志》(*The friend*,1947～1948),短篇小说集《月亮和烟火》(*The moon and the bonfires*,1949),诗集《死亡将降临,取走你的眼睛》(*Death will come and have your eyes*,1951)。他逝世以后,日记《生活的本领》(*The business of living. Diaries* 1935～1950,1952)出版,该日记反映了作者借助对童年和乡土的怀念,爱情、社会生活都无法医治自己"孤独的顽症"的悲观绝望的心情。

乔治·巴萨尼(Giorgio Bassani,1916～2000)出生于博洛尼亚一个来自费拉拉的富裕的犹太家庭,曾任米兰费尔特里内利出版社(Feltrinelli Publishing House)的编辑,法西斯时期犹太人的经历是他小说的重要主题。尽管他一直住在波谷下游的小镇上,他格外怀念费拉拉及其周围的风景,因此他的文学作品背景大多设定在费拉拉:《戴金丝边眼镜的人》(*The Gold-rimmed Spectacles*,1958)、《费拉拉故事》(*A Prospect of Ferrara*,1962)、《费尼兹花园》(*The garden of the Finzi Continis*,1962～1971)等。

帕索里尼(Pierpaolo Pasolini,1922～1975)是一位诗人、小说家、电影导演。他是欧洲文学和电影的重要人物。战时被征入伍,战后他和家人在弗留利(Friuli)这个贫困落后的北部地区避难,在中学任职,并开始以方言发表诗作。他的父亲是一名法西斯军官,母亲却是坚定的反纳粹者。出身资产阶级家庭的他,却始终同情无产阶级,成为西欧艺术界著名的马克思主义者。他笔下描绘的是意大利矛盾的现实,富有但腐败的资产阶级和与之对立的战后的无产阶级,无产阶级由失业的年轻人组成,他们每天都为了生存绞尽脑汁,帕索里尼在他们身上看到了生命和爱的精神。由于他公开反对教会和小说里的禁忌话题,他在世时就是极具争议的人物。他遭到谋杀,在意大利引起了强烈抗议,并且持续被人们热议。他的主要小说有《生活的年轻人》(*The Ragazzi*,1955)、《暴力人生》(*A violent life*,1959)等,诗歌作品有《最佳年轻人》(*The best young people*,1964)、《葛兰西之烬》(*Gramsci's ashes*,1957)等,编导的电影包括《乞丐》(*The beggar*,1961)、《罗马妈妈》(*Mother Rome*,1962)、《马太福音》(*The Gospel according to St Mathew*,1964),晚期的"生命三部曲"《十日谈》(*The Decameron*,1971)、《坎特伯雷故事》(*The Canterbury tales*,1972)和《天方夜谭》(*Arabian nights*,1974)等等。

伊塔洛·卡尔维诺(Italo Calvino,1923~1985)是一位具有强烈政治、文明、文化意识和责任感的知识分子,毕业于都灵大学文学系。第二次世界大战中积极参加反法西斯斗争,战后开始文学创作,与切萨雷·帕韦泽一起担任爱因迪出版社的编辑顾问。他的文学作品追随主流倾向,从新写实主义到后现代主义,但又和主流始终保持着一定的距离,最终走上了个人探索之路。卡尔维诺的小说可当得起"诡异"二字。一个故事到他笔下,总有一番折腾,他像害怕孤独、恐惧、平庸一样地逃离所谓客观的描写。他的小说常用上寓言的、童话的、科幻的笔法,情节的走向常常出人意料(陈村,2015)。1947 年发表第一部长篇小说《通向蜘蛛巢的小路》(*The path to the nest of spiders*,1947)。20 世纪 50 年代起以幻想和离奇的手法写作小说,或反映现实中人的异化,或讽刺现实的种种荒谬滑稽。他的主要作品还包括《两半的子爵》(*The cloven viscount*,1952)、《树上的男爵》(*The baron in the trees*,1957)和《不存在的骑士》(*The non-existent knight*,1959)。三部小说后来辑为三部曲《我们的祖先》,包括《宇宙喜剧》(*The cosmicomics*,1965)、《看不见的城市》(*Invisible cities*,1972)、《寒冬夜行人》(*If on a winter's night a traveler*,1979)等。卡尔维诺于 1985 年被提名为诺贝尔文学奖获奖者,却因当年在意大利佩斯卡拉突患脑溢血去世而与该奖失之交臂。

翁贝托·艾柯(Umberto Eco,1932~2016)是享誉国际的小说家、符号语言学家、文学批评家、哲学家和历史学家,出版过百余部著作,横跨多个领域,被誉为"当代达·芬奇"。1963 年,他加入了跨先锋文学运动,但在 20 世纪 80 年代,他受马丁·海德格尔、雅克·德里达等人的影响,更接近后现代主义。和他们一样,艾柯反对普遍主义者客观实际和社会进步的观点,认为知识是偶然的和有社会条件的。艾柯直言乔伊斯和博尔赫斯两位现代作家对他的作品影响最大。他的小说有:《玫瑰之名》(*The name of the rose*,1983)、《傅科摆》(*Foucault's pendulum*,1988)、《昨日之岛》(*The Island of the Day Before*,1994)。他的非小说类书籍还有:《开放的作品》(*The open work*,1962)、《误读》(*Misreadings*,1963)、《符号学和语言哲学》(*Semiotics and the*

Philosophy of Language,1984)。艾柯也从事人类学的工作,1988年,他在博洛尼亚大学创建了一个名为"西方人类学"的项目,该项目于1991年在中国广州召开了主题为"知识前沿"(Frontiers of Knowledge)的国际会议,引发了之后的欧洲一中国巡回讨论会,主题为"追求普遍性的误解"(Misunderstandings in the Quest for the Universal),会议文集《独角兽和龙》(*The Unicorn and the Dragon*)随后出版,作者包括来自中国和欧洲的学者(Le Pichon & Yue, 1996)。

结语

在得出任何结论之前,我们还是来总结一下事实吧。但丁、彼特拉克、薄伽丘和阿里奥斯托的作品毫无疑问地让意大利文学创作的广度和质量超过了欧洲其他国家。这些伟大作家激发了法国和英国文学的繁荣。16世纪,欧洲文学的代表人物和作品有意大利诗人塔索和他的杰出诗作《被解放的耶路撒冷》,英国剧作家莎士比亚与他的戏剧(及优雅十四行诗),西班牙塞万提斯的小说《堂吉诃德》和《训诫小说集》。

坐拥家中书城的大作家翁贝托·艾柯

在接下来的两个世纪里,法国剧作家高乃依、拉辛的悲剧和莫里哀的喜剧,以及17世纪法国启蒙运动的作品超越了欧洲其他作家的名声。但在意大利,伽利略的科学散文《试验者》和《关于两大世界体系的对话》及穆拉托里、维科、贝卡里亚的作品,给欧洲精神赋予了巨大的尊严。当然,19世纪的意大利文学活动虽然没有达到如德国作家歌德、席勒,俄罗斯作家普希金、果戈理、屠格涅夫、陀思妥耶夫斯基、列夫·托尔斯泰、契诃夫,法国的司汤达、巴尔扎克、雨果、福楼拜、爱弥尔·左拉、波德莱尔、魏尔伦、马拉美、纪尧姆·阿波利奈尔的成就,但是曼佐尼的《约婚夫妇》,贾科莫·莱奥帕尔迪的诗歌,乔万尼·维尔加的现实主义小说在这一时期对于整个欧洲文学来说,有着重要地位。而在20世纪,意大利小说家及剧作家皮兰德娄、斯维沃、巴凯利、卡洛·埃米利奥·加达、阿尔贝托·莫拉维亚、迪诺·布扎蒂、乔治·巴萨尼和帕索里尼、艾柯、卡尔维诺,诗人翁贝托·萨巴、翁加雷蒂、蒙塔莱等人也都以其卓越的成就占据西方文学的一席之地。

我必须说,卡萨诺瓦的断言并没有得到验证。意大利文学的声音在过去半个世纪里没有从世界舞台上消失,而恰恰相反的是,与经济发达的西方国家相比,意大利文学的质量一直维持着很高的水准。这其中,意大利的伟大作家但丁则是人类文明史上最璀璨的明星之一。

参考文献

[1] 乐黛云,勒·比雄. 独角兽与龙[M]. 北京:北京大学出版社,1995.

[2] 卢征. 论黑死病在意大利的传播及对意大利文学的影响[J]. 黑龙江科学,2016,7(16):104-106.

[3] 王军. 意大利文学简史及名著选读[M]. 北京:外语教学与研究出版社,2016.

[4] 朱志荣. 论但丁的俗语观[J]. 外国文学研究,2001(3):29-32.

[5] 徐娜. 意大利文学十年回顾[J]. 外国文学动态,2011(5):47-49.

[6] ASOR ROSA A. *Sintesi di Storia Della Letteratura Italiana*

(*Summary of the History of Italian Literature*)[M]. Firenze: La Nuova Italia,1986.

[7] BAFFIONI C. *Averroes and the Aristotelian Heritage* [M]. Napoli: Guida Editori,2006.

[8] BEASLEY W G. *The Rise of Modern Japan: Political, Economic and Social change since* 1850 [M]. New York: St' Martin's Press,1972.

[9] BERTOLACCI A. *The Reception of Aristotle's Metaphysics in Avicenna's Kitab al—Sifa'. A Milestone of Western Metaphysical Thought* [M]. Leiden: Brill,2004.

[11] CASANOVA P. *La Republique Mondiale des Lettres*[M]. Paris: Editions du Seuil,2007.

[12] DAVIES B. *The Thought of Thomas Aquinas* [M]. Oxford: Oxford University Press,1993.

[13] DAVIES G. *Lu Xun's Revolution: Writing in a Time of Violence* [M]. Cambridge: Harvard University Press,2013.

[14] DEL PANNA L, LIVI BACCI M, PINTO G. *La popolazione italiana dal Medioevo a oggi*[M]. Bari:Laterza,1996.

[15] FRANCE P. The world republic of Letters[J]. *Comparative Critical Studies*, 2006,3: 426-429.

[16] GAUNT S, KAY S. *The Troubadours: An Introduction* [M]. Cambridge: Cambridge University Press,1999.

[17] GARDNER E G. *The National Idea in Italian Literature*[M]. Manchester: Manchester University Press,1920.

[18] GUASCO D. *Popoli italici. L'Italia prima di Roma* [M]. Firenze: Giunti Editore,2006.

[19] HAINSWORTH P, ROBEY D. *The Oxford companion to Italian literature*[M]. Oxford: Oxford University Press,2002.

[20] HEILBRON J L. *The Oxford Companion to the History of Modern Science*[M]. Oxford: Oxford University Press,2003.

[21] MCKENDRICK J. *Twentieth Century Italian Poets* [M]. London: Faber & Faber,2004.

[22] SCOTT E. *Cambridge Companion to Verdi* [M], Cambridge: Cambridge University Press,2004.

移位空间里的负重"玫瑰"
——多丽丝·莱辛《另外那个女人》浅析

陈姝

英国当代著名小说家多丽丝·莱辛在其小说中一直关注和体恤女性的生存和命运。这些女主人公们存在于社会的各个阶层,有的来自知识分子阶层,如《金色笔记》中才华横溢的作家安娜,《一个男人和两个女人》里能画格外精致素描的多萝西;也有来自底层的普通妇女,如《老妇与猫》里穷困孤独的赫蒂。短篇小说《另外那个女人》中的柔斯,是一个与赫蒂一样生活在底层的普通女性,她在经历母亲意外身亡的变故后,选择了放弃与乔治的婚姻而与父亲相依为命。然而生活再一次捉弄了她,她的父亲也在一次炸弹袭击中丧生。除了父亲再没有别的亲人的柔斯于是又拾起了爱情和婚姻,而所爱之人吉米却欺骗、辜负了她,最后柔斯只好带着乔治的遗孤,与吉米的前妻一同生活。虽然小说的结尾出人意料,但故事并不复杂,而一些评论者仅从内容表层切入,便断言这是女性独立的宣言,是女性在两性战争中取得胜利的辉煌篇章了。笔者在文本细读的基础上发现,柔斯虽然在经济上自力更生,但是她在人格和精神上却始终处于依附的位置,因此她并不是真正彻底独立的女性,而是一朵始终要依靠承受责任的重担来获取生存养料的"玫瑰"。在小说中,作者通过空间移位的叙事策略,形象地描摹了女性在战争等非理性的生活环境中的处境,并巧妙地借用"地下室""顶层"等具体的地理空间来隐喻女性心理轨迹的起伏变化,并推动叙事的发展,使得小说在较短的篇幅里蕴涵着许多有价值的信息。

一、地下室的家：困境中的跋涉

地下室是柔斯一直生活的家园，在这个局促的地理空间，面对生活这个魔鬼处处设下的陷阱，柔斯始终以坚忍的意志选择独立承担所有的重负，艰难而顽强地跋涉在困境中。生活带给柔斯的第一记闷棍是母亲的意外身亡。柔斯的母亲是在一次车祸中丧生的，当这一噩耗传来时，柔斯以一己之力揽下所有的悲痛，竭尽全力不让年迈的父亲因此受到一丝的伤害，担心自己的出嫁会再度引起父亲的悲伤，同时也为了更好地承担起照顾孤苦无依的父亲的责任，柔斯甚至放弃了自己理想的婚姻，选择用自己勤劳的双手支撑起了这个已经不完整的家。即便未婚夫乔治提出可以让柔斯的父亲跟他们一起住或是再娶一个妻子，也都被痛苦而执拗的柔斯一一否决。

其实，柔斯是在听到母亲噩耗的那一刻，就决定了放弃同乔治的婚姻，这也就意味着她放弃了乔治为结婚所准备的作为居室的两间屋子，而选择了"一半掩在地下的地下室"[1]——对于柔斯而言，前者是一个不确定的、完全陌生的空间，而后者却是自己再熟悉不过的生活环境。如果她与乔治结婚的话，不光是柔斯，连她的父亲也必须要经历一个大幅度的空间移位和转换，而身为更具探寻与开拓能力的男性——柔斯的父亲都觉得让他"搬到一个新地方"是一件"头痛的事"[2]，更别提作为女性的柔斯对此有多恐惧了。另一方面，乔治完全是通过自己的努力置办了这两间屋子，而这其中却没有一丁点是柔斯的功劳，本来柔斯对此就耿耿于怀，若是还要带着父亲跟乔治一起住，那么就算是自己再怎么努力赚钱养家，在世人的眼里也会认为柔斯父女是依靠着乔治而生活的。所有这一切都与柔斯所信奉的"女人就应该独立生活"的生存信条相违背——打从柔斯能记事起，她的母亲就灌输给她"女人必须自己照顾自己"[3]的思想。因此拒绝通往婚姻的殿堂成了柔斯当时唯一的选择。

当然，所有这些并不能表明柔斯已经是一个完全独立的新女性，尽管她还一直坚持在外面工作养家，然而"经济上的独立并不等于人格上的独立"，女性还必须"在精神上做到自爱、自强、自尊、自立，才能获得真正的解放"[4]。在母亲离世且与乔治分手后,痛苦不堪的柔斯把家里的陈设按照自己的心意全部改变了,对于孤独的心灵,打造布满自己痕迹的家庭空间才是释放自我的理想对象——柔斯一直企图通过转移注意力来压抑自己内心的真实情感。而当战争夺去她父亲的生命时,一切都改变了:父亲没了,她失去了生活的中心和重心,于是她原本坚强的外表轻而易举地就被摧毁了,流露出懦弱无助的内质。

地下室位于大楼的底部,上面一直有大楼压着,让生活在其中的柔斯觉得安全踏实,而长期生活在其中的她已经将自己物化为地下室,责任就是压在她身上的"大楼",柔斯选择与责任同行,一直背负着那些"大楼"的重量,直面生活的渐变和艰辛。虽然负重前行对于一个女子而言甚为艰辛,但是却能让柔斯觉得心安且有所依靠。可是地下室的家不再适宜居住了,被炮弹击中后,地下室的天花板上出现了一个大裂缝,这实际上隐喻着柔斯这个原本内心坚强且意志坚定的女性,在无常的生活、非理性的战争和死亡等多重挤压下,内心所营造的坚固堡垒被一点点地撕裂,最后轰然坍塌。

年轻时的多丽丝·莱辛

二、迁至顶楼：无根的漂泊

战争使柔斯失去了唯一的亲人，失去了栖身的家，她变得一无所有，但同时她也彻底摆脱了家庭的羁绊，可以自由地去追逐真正属于自己的幸福。然而她却没有落在某一处实地上，反而更像是飘浮在四周没有着落的空中，这是因为，原本业已习惯担负着责任行走在漫漫人生路上的柔斯，一夜之间失去了所有继续前行的理由。不用再对谁负责的现状使得柔斯失去了精神支柱，完全迷失了自我，陷入了精神崩溃的边缘。恰在这时，吉米及时出现了，他的出现仿佛是救命的稻草，不仅拯救了柔斯，更让她拥有了在人生中继续前行的理由。

本来柔斯"寸步也不走出"地下室的那间屋子，而现在有了吉米后，她却"急于离开，一分钟也不想多待"，且"目光恐怖地、像个被囚禁的动物似的环顾了一下"[5]这间原本是家的地下室。地下室此时在柔斯的眼里已经成为狭窄、黑暗、危险且迫切需要逃离的区域。第二天柔斯就搬到了吉米找到的新住处——一幢老房的顶层楼房，然而在这个凌驾于多层楼房之上、视野开阔的顶层小楼，柔斯却显得不安极了。柔斯的一生"都住在地平面底下，公共汽车也好，小汽车也好，都是在她的视线同一水平面上驶来驶去的"，这是地下室赋予她的一种特殊视角，让她拥有了去窥探外界生活和工业化文明的权力，而且地下室的上层有"一幢牢固坚实的老楼，好像起着保护作用"[6]，这一外在的保护层，恰似柔斯通过扮演好生活伦理中的角色而获得的充实而安稳的心态，使她能够逃脱孤独和不安的侵蚀。

因此，即便顶楼能给予柔斯以俯视一切的权力，但它所带来的失重感还是引起了她内心的焦虑，所以柔斯仍然更偏爱能够给她带来安全感的地下室。对于极具女性特质的柔斯来说，担负责任、一味奉献才是她一直信仰的做人准则，她已经不知道权力为何物。但是，吉米却非常喜欢视野开阔的顶层小楼，在这里，他可以凭窗眺望，将视线自由、随意地安放在远处，而没有任何阻碍，正如他所向往的没有婚姻和家庭责任牵绊的爱情生活一样——没有承诺的重担，没有妻子的唠叨，没有孩子的哭啼……有的只是来去自由的潇洒。作为本该是一家之主的男性，吉米却始终在规避自己原本应当承担的责任,他从接近柔斯的那一刻起就开始不断地警醒自己:"我看你怎么让自己脱身!"[7]可见,从他们俩开始接触,吉米想的就是如何摆脱责任。吉米不愿意与任何一个女人结婚而只想保持与她们的同居关系,为此已经离婚的他甚至欺骗柔斯,说他的妻子一直不肯同他离婚。

相反,柔斯在还没搬到顶层楼房之前就提出了尽快结婚的问题。柔斯是注重家庭生活的,即便是担负责任,她也没有一味地退让,不愿成为"另外那个女人"的柔斯一直争取与吉米成立一个新家,这样她才能有稳定的情感寄托,然后才能心安理得地去背负责任的重担。柔斯的空间意识特别强烈,她执着于对家庭空间的营造,而在女性地理学视角观照下,"物质空间、社会关系空间,都不再是消极无为的、前历史的客观存在和既定条件,而是性别权力分配的结果、外化和能指"[8]。所以,当乔治兴致勃勃地带柔斯去看他独力准备的婚房之时,由于这个婚房没有她的参与,因此她认为自己并不具备支配的权力,失去支配空间权力的失落感使她怎么也提不起对婚房的兴趣,而且总挑些毛病出来。而现在与吉米共筑的爱巢则基本上是由柔斯出钱打造的,因此柔斯对这一空间拥有主宰和处置的权力,于是她将这顶层的房子布置得与之前地下室的家一模一样。虽然大部分的东西都是给吉米买的,如衣柜、收音机、写字台等,柔斯却没给自己买一件东西,但是吉米却不喜欢她买的这些东西,并且一直拒绝使用它们,因为这些物什协助柔斯一起挤占了他在家里自由的生存空间。除此之外,柔斯还追问吉米他过去的历史,一点点地侵占了他逝去的隐私和记忆的空间。当柔斯得知吉米得过胃溃疡之后,她一直充满同情和怜悯,并固执地为吉米准备各种对他的胃有好处的饭菜,可见柔斯对吉米的侵犯已经延伸至内部空间。因此所有这些不休的纠缠,都叫吉米"联想到掐着自己脖子的白嫩的手指,本意是在表示爱情,却几乎要把他扼死"[9]。吉米之所以这么生气,是因为他已经逐渐地丧失了自己所有的外部和内部的空间。

空间是"社会实践的产物",即"任何空间都意味、包含并掩饰着社会关系"[10],尽管此时的柔斯拥有主导空间的支配权,但她却缺少与之相匹配的"女主人"的身份。而对于习惯了家庭与责任的柔斯而言,没有婚姻的爱情,将她的整个身心都悬空搁置了,使她面临随时坠落地面的危险,正如她现在所置身的顶层楼房一样不安全。柔斯现在索要的只是婚姻,她并不求吉米为这个家作多大贡献,她要的只是能够名正言顺、踏踏实实地去背负起那些身为妻子所要承受的重担。从柔斯身上所袒露的鲜明的"女儿性"和"妻性",便可以推断出,即便柔斯是一个已经"从男人那里争取到经济解放的女人",但"在道德、社会和心理上还没有获得和男人相同的地位"[11]。柔斯正像是"负重"的地下室,而与之相对的高高在上的顶层,其实是暗指崇尚没有责任囚禁的自由的吉米。地下室与顶楼是一组二元对立,它们暗喻着男女两性的对立,也指涉了男女两性对待婚姻和责任的截然不同的态度,作者巧妙地抓住这两个地理空间的特殊性,赋予它们以不同的性别属性,使小说更加富含象征的意味。

三、重返地下室:自我的囚禁

正如女权主义思想家波伏娃所说:"女人要获得彻底解放,就只有从家庭逃脱。"[12]因此一直以来,但凡真正觉醒的女性都渴望逃脱束缚她们身心的家庭牢笼,去追寻自我存在的意义和理想的生活,如莱辛的另一部短篇小说《十九号房间》里的女主人公苏珊。当苏珊意识到婚姻和家庭已经成为其身心自由的束缚时,她找到了"十九号房间"这个与家庭相对立的空间来安放自己的灵魂,畅想自由。她的这种行为便是通用空间的移位来实现对禁锢女性的家庭空间的逃离。然而,柔斯却一直追着家庭的重担不放,不论是地下室的家还是顶层的房子,家始终是柔斯想要努力营造的氛围和细心经营的场所。

柔斯对家庭的渴望已经入了魔,当与吉米结婚这条路走不通时,她直接提出了"希望要有孩子"的想法,主动要求子宫这一对女性重要之极的权力空间"被"占领。吉米想到可以让柔斯怀上自己的孩子时,他为自己不仅可以限制柔斯的外部空间,也可以入侵她内部的子宫充满了骄傲感,但当他意识到孩子同时也意味着责任时就惶恐地避开了。失望而又孤独的柔斯最后想到了去领养乔治的遗孤吉尔,而这个没有血缘的孩子还是引来了吉米的敌视,因为"孩子会成为一件障碍物",也就是说孩子会与他争夺柔斯的空间,使得柔斯"不能再像过去那样爱他了"[13]。最后,无计可施的柔斯只好请来了吉米的前妻皮尔逊太太,希望能妥善解决自己"第三者"的身份问题。皮尔逊太太拆穿了吉米的谎言,柔斯建构家庭的梦想也破碎了。

小说的结尾处有一个戏剧性的转折,痛苦无助的柔斯应吉米前妻的邀请一起生活,并且主动选择了地下室作为栖身之所。有些评论者从女权主义的角度分析认为,柔斯这一抛弃男人靠自己独立生活的所作所为,其实是一种彻底地否定男权的行为,而她戏剧性的离开就是其崭新的开始。笔者以为其实不然,从她回归地下室的选择来看,她还是无法抛开责任的重负去追寻独立的自我和理想的生活。当柔斯向皮尔逊太太提出领养乔治的遗孤吉尔时,皮尔逊太太以过来人的身份说出了自己切身的感受:"假如给我个机会叫我从头儿生活,我是决不会结婚生孩子的。"[14]柔斯现在就处在可以好好从头儿生活的十字路口,可是她却视到手的自由如敝屣,而坚定地选择了责任,选择了地下室般的囚禁。

女性地理学尤其重视"移动性","限制妇女在身份和空间中的移动性是维持她们隶属地位的关键"[15]。柔斯对地下室这一生存空间产生了宿命式的依附,地下室的局促并没有让她感到空间的逼仄,反而让她觉得安全舒适;而在顶层楼房这个可以俯视一切、极目远眺的空间里,她的灵魂却没有了皈依之处——柔斯对这两个对立空间的不同感受正隐喻着她对责任与自由的不同态度。正如米兰·昆德拉所说:"也许最沉重的负担同时也是一种生活最为充实的象征……相反,完全没有负担,人变得比大气还轻,会高高地飞起,离别大地亦即离别真实的生活。他将变得似真非真,运动自由而毫无意义。"[16]因此,柔斯一直不断努力地去扮演好各种社会伦理角色:孝顺的女儿、无微不至的情人、关爱孩子的阿姨。只要她在人生的舞台上有所发挥的余地,她就不遗余力地做好,以此驱赶孤独,充实自己,进而换来心灵的慰藉和安全感。莱辛巧妙地通过女主人公柔斯对地下室这一地理空间的背离与回归,展示出女性心理的起伏变化,使得原本自然轻盈的叙事变得摇曳多姿且耐人寻味,而揭示小说中的空间隐含意义与女主人公心理之间的对应关系对读者更好地理解小说的主题有着重要的意义。

参考文献

[1][2][3][5][6][7][9][13][14] 多丽丝·莱辛.另外那个女人[M].傅惟慈等译.杭州:浙江文艺出版社,2003:9,10,12,28,30,30,45,49,67.

[4] 崔少元.后现代主义与欧美文学[M].北京:中国社会科学出版社,2002:139.

[8] 周铭.《我的安东妮亚》中性属空间的移迁[J].天津外国语学院学报,2008(3):74-80.

[10] Thacker, Andrew. *Moving Through Modernity: Space and Geography in Modernism*[M]. Manchester: Manchester University, 2003:17.

[11][12] 西蒙·波伏娃.第二性[M].李强选译.北京:西苑出版社,2004:266,43.

[15] Doreen Massey. *Space, Place, and Gender*[M]. Minneapolis: University of Minnesota Press, 1994:179.

[16] 米兰·昆德拉.生命中不能承受之轻[M].安丽娜、程思敏译.珠海:珠海出版社,2001:2.

二 文化研究

◎ 从时空怀旧到心灵怀旧
　　——博伊姆《怀旧的未来》引发的思考（陆道夫、鲁亚萍）

◎ "对话"：中西文化关键词研究（邹琰）

◎ 霍夫斯泰德"儒家物力论"的新反思（蒋晓萍、张嘉洛）

从时空怀旧到心灵怀旧
——博伊姆《怀旧的未来》引发的思考

陆道夫　鲁亚萍

就词源学层面而言,"怀旧"(Nostalgia)一词分别来自两个希腊语词"nostos"("返乡"之意)和"algia"("怀想"之意),主要是指对于某个不再存在或者从来就没有过的家园的向往。"怀旧"一词,最先是1688年由瑞士医生侯佛(Johannes Hofer)在一篇医学论文中首创。当"怀旧"这一病症出现时,会对躯体和情绪都带来影响,往往会出现眩晕、过敏、头疼、恐惧、悲伤、心烦等各种身体上或情绪上的症状。最初,"怀旧"被认为是可以医治的,只要"怀旧"的主体能够回到故土家园,就可以获得心灵的安宁。但是,随着人类文明的进步——尤其是现代交通技术的发展,空间上的距离虽然被拉近了,但主体与家园之间心理上的距离却被拉得越来越远。事实上,铁路交通"在人们的体验中就是一种抽象的、纯粹的移动,与在其中发生移动的空间脱离了关系"[1]。到了21世纪,"怀旧"逐渐被确认为心理学术语,几乎成了不可治愈的时代顽疾。从可治愈的生理疾患演变成不可治愈的心理状态,从空间上的思念变为时间上的"怀旧"。因此,返乡并不能治愈"怀旧"。曾经的岁月毕竟"逝者如斯夫"了。

一、怀旧的界定与分类

"怀旧"几乎表现在人类文明长河中的各个方面,绘画、音乐、建筑、戏剧电影、文学创作等,都可找到其踪迹。就某种意义而言,怀旧可谓一种伦理、一种道德、一种难以言说的政治,是人们逃避现实的一种慰藉。这种个体身份的丢失,带来的是个体体验的一种"小写的怀旧"。

"怀旧不永远是关于过去的;怀旧可能是回顾性的,但是也可能是前瞻性的。"[2]博伊姆(Svetlana Boym,1959~2015)在其《怀旧的未来》(*The Future of Nostalgia*,2002)一书中,更多的是把立足点放在了当下和对人类未来的期盼上。在此基础之上,她提出了"修复型怀旧"(Remediational Model)和"反思型怀旧"(Reflective Model)的概念。"修复型怀旧"强调"怀旧"中的"旧",提出重建失去的家园和弥补记忆中的空缺;"反思型怀旧"强调"怀旧"中的"怀",没有想过要恢复过去的家园和生活,而是怀想一种未来乌托邦式的美好生活,这种"反思型怀旧"才是一种"大写的怀旧"。不难看出,博伊姆对怀旧问题的讨论兼具理性和感性,融历史与个案于一体,是基于一种特殊的政治境况而考量的。她试图告诉我们,面对那些残酷而又富于诗意的过去,作家和知识分子是如何面对的?他们为什么要这样面对?以及他们的反怀旧姿态与他们对未来的希望之间,究竟存在着怎样的联系?

为此,博伊姆不断提醒人们要警惕怀旧带来的危险。因为在她看来,怀旧具有危险性。首先,怀旧容易美化罪恶,对于经历过诸如大屠杀这样的灾难的人来说,创伤大于怀旧,残忍大于诗意。其次,怀旧情绪容易被政治意识形态所利用,历史上很多人类灾难都与怀旧有关,比如,有多少战争是打着恢复家园的旗号,来满足统治者的个人私欲。最后,怀旧与媚俗性有关,我们总能够轻而易举地调动起怀旧的情绪,却缺乏对其必要的思考和判断。

二、时空怀旧:"修复型的小写怀旧"

如果从精神分析学的角度来考察"怀旧",那就不难看出它有时、空两方面的内涵。在时间维度上,"怀旧"是一种渴望回到过去而又无法回到过去的内心的煎熬;在空间维度上,"怀旧"将"家"视为一个特殊的地点。正如别尔嘉耶夫(Nicolas Berdyaev,1874~1948)所说:"时间中有恶的本源,即致命的和消失的本源,因为过去的死亡其实由无数的下一个瞬间带来;这些瞬间陷入非存在的黑暗,这种非存在也是在时间中完成的,它是死亡的本源。未来是过去所有瞬间的杀手。"[3]我们无法使时间倒流,也无法阻止下一瞬间的到来,但企图通过怀旧使过去在记忆中"复活"。"怀旧"是连接过去和现在"两个时代"的桥梁,类似于堂吉诃德(Don Quijote de la Mancha)与时间而开展的斗争,"怀旧"利用对时间的缅怀,利用"寻根"来批判现代,以抵制传统文化的断裂和人类自我连续性的瓦解,从而重新拾起失落的文明的碎片。"怀旧"的起因是内心的遗憾,人们总是与生活中的种种经历有着千丝万缕的情感联系,随着时间的流逝,这些经历被无情地推到了时光机中,沉淀在我们的记忆里,只能通过电影、书籍、音乐等方式复现。

诚然,"怀旧"也有其积极的一面。按照美国社会学家弗雷德·戴维斯(Fred Davis,1925~　)的理解,"怀旧"是一种积极的情感表达,而非一种思乡病,"怀旧"不是普通的回忆,因为关于痛苦经历的记忆被自动排出大脑,留下的只是愉快的过往回忆。尽管"怀旧"来源于过去,但却是当下的产物,由于当下的恐惧和不安,人们试图通过重构过去消除这些恐惧和不安。

从空间维度来看,"怀旧"表征为对承载个人或集体记忆空间的一种意义赋予。它不单单是承载意义之处的消逝所引发的时间维度上的一种空间缺席,空间距离所引发的个体不可及之处同样也会触发一种"怀旧"思乡情感。急速的现代化和城镇化导致空间的标准化,使个体的地方意义丧失,陷入所谓的"不得其所感"(Placelessness),这种"不得其所感"又触发了个体的认同危机,激发了个体对其归属地方的一种怀旧情感,从而促使个体追寻自己的精神家园。然而,由于精神家园终究不过是一种乌托邦式的浪漫,所以,个体即使回到了从前的家园,每每会产生"物是人非"的乡愁感。唐代诗人杜甫笔下那种"国破山河在,城春草木深"的"怀旧"感悟,恰恰验证了"怀旧"具有连接个体和地方,进而延续地方认同的机能。[4]

如果将时间维度上的"怀旧"定义为"恋古情节",那么空间维度上的"怀旧"则可以定义为"恋地情节"。"恋地情节"更常见于人文地理学范畴,它有一个对应的专业术语"Topophilia",来自两个希腊语词,分别是"topos"意为"地方"(Place)和"philia"意为"对……的喜爱"(love of),是指对某个地方的强烈情感。博伊姆在《怀旧的未来》里对圣彼得堡这个美丽古城的眷恋就是一种典型的恋地情节。唐代诗人白居易笔下"日出江花红胜火,春来江水绿如蓝,能不忆江南？江南忆,最忆是杭州"也属于典型的"恋地情节"。通常情况下,"恋地"是有前提条件的,通常情况下,所"恋"之地必须是"特征性场所",而这些特定的场所必须具有特殊的自然景观和人文情愫;如果将原有的景观拆除,恋地之情就会无所寄托,这在某种程度上也就验证了精神家园只不过是乌托邦式浪漫的表现而已。

所幸的是,空间维度上的"怀旧",更多指涉隐藏在家园背后的某种记忆"感觉",如熟悉感、亲切感等。越熟悉的事物,人们越会产生某种亲切感、亲近感,这在心理学上被解释为"曝光效应"(Exposure Effect)。德国心理学家费希纳(Gustav Fechner,1801~1887)的研究表明,熟悉总是与正性情感相伴相生,越熟悉的事物越容易认知,而陌生的事物则要调动更多的认知资源,需要复杂的加工将陌生的事物纳入自己的认知结构,或改变自己的认知结构来处理新信息。一旦原有的"地方认同感"不复存在,人们唯有"怀旧"记忆,把这种"熟悉感"寄托在精神上的乌托邦世界里。因为在"怀旧"的空间意象中,"家"的印象占据主导地位。无论是从微观上的空间意象来看,还是从中观的地方情节观之,乃至从宏观的文化认同维度统摄,都能够表现出一种相互渗透的"家国观"之亲情、乡情和爱国情。在此过程中,记忆场所对"怀旧单元"的变化无疑是做出了特殊贡献的。因为,从主体生活、生产的地方到城乡公共空间再到祖国的江山、河海,无不体现出个体记忆向集体无意识记忆的一种过渡,因此,这种空间上的"怀旧"激发了集体记忆的共识的生活习俗、文化价值观、伦理观以及独特的凝聚力。

既然"时空怀旧"是对往昔岁月和故土家园的"过度崇拜",人们往往会产生某种"恋古情节"和"恋地情节"也就不足为怪了。诺贝尔文学奖获得者美国作家石黑一雄(Kazuo Ishiguro,1954~)的绝大多数小说创作都以"记忆、时间、自欺"为主题,无论故事发生在什么地方,他都十分克制地巧妙表达了对日本故乡的怀念与回忆。石黑一雄在接受采访时曾一度十分感慨,他认为,等自己意识到时,日本早已离他远去。他的祖父曾经是连接他和日本的唯一纽带,因为他的祖父经常从日本寄来儿童杂志、漫画、拼图等礼物。正因如此,石黑一雄的创作中具有浓郁的故土情结和"时空怀旧"情节。在《长日留痕》(Remains of the Day,1989)的结尾,老管家史蒂文森(Stevens)先生平静却令人震惊地宣布"我的心碎了"。而在《远山淡影》(*A Pale View of Hills*,1982)里,小说的主人公佐知子(Sachiko)一直抱怨自己不是一个称职的好母亲,借此影射日本长崎的灾难和战后恢复在她心中留下的乡愁与怀旧。在《无可慰藉》(*The Unconsoled*,1995)里,主人公瑞德(Ryder)三天四夜梦游似的城市漂泊,让他自己无所适从,身心俱疲,他在一次归家途中却经历了灵魂启示的内爆——温情的城市空间里充斥着人与人之间虚伪的附和与无情的冷漠,进而引发了他对自己既往岁月和城市空间的身份认同构建。事实上,瑞德和史蒂文森都试图通过"怀旧"来寻找精神安慰,去延续自己那个已逝的民族身份。但在以美国为主导的资本主义世界政治经济体系中,所有的一切都被贴上了价格标签,昔日的"大英帝国"只能是乌托邦的幻象。他们无法意识到这一点,也就意味着他们无法解决自己一直所面对的身份危机,这种带有伤感的色彩、逃避现实的倾向,并企图恢复过往岁月的时空怀旧,正是博伊姆所界定的"修复型怀旧",是一种"小写的怀旧"。

三、心灵怀旧:"反思型的大写怀旧"

众所周知,人类进入了21世纪,"世界呈现为一个碎片和插曲所组合而成的样子,其中的意象不停地追逐着意象,又不停地替换前一个意象,而在下一个瞬间这个意象又替换了它本身"[5]。这种意象的不停替换加剧了个体内心的陌生感、紧迫感和孤独感,导致了现代人身份的多样性,使得"怀旧"成为现实的一种精神需求,"怀旧"把过去、现在、将来相连接,构建怀旧者的心灵空间和精神世界。博伊姆在《怀旧的未来》中也有类似的"怀旧"体验。在她看来:"怀念是人之常情,但是怀旧却可能造成分歧。"[6]怀念往昔岁月故土家园,但不企图回到旧时光,憧憬未来,对未来充满希望,立足当下,完成身份蜕变和灵魂回归,这种怀旧是"反思型"的怀旧,是一种"大写的怀旧"。

这种对未来的想象不免带有一种乌托邦的色彩。拉塞尔·雅各比(Russel Jacoby,1945~)对此提出了激烈的批判。在《不完美的图像》(*Picture Imperfect:Utopian Thought for an Anti-Utopian Age*,2005)一书中,雅各比分析比较了蓝图派乌托邦主义和反偶像崇拜的乌托邦主义的异同点。他指出,蓝图派乌托邦主义尽可能详尽地描述未来的点点滴滴,这种对细节的痴迷足以让人窒息,与此相反,反偶像崇拜的乌托邦主义反对这种事无巨细,"将复活冬眠中的社会政治想象力,为更加美好的未来提供了希望。我们需要学习并重返那种精神,使我们自身对更加富有想象力的未来之观念保持开放态势"[7]。第二种乌托邦主义与博伊姆在《怀旧的未来》中提出的观点不谋而合,博伊姆认为:"创造性的怀旧揭示了时代的幻想,而未来正是在这些幻想和潜力中诞生的。我们怀旧,怀念的不是过去所存在的方式,而是过去可能存在的那种方式。我们所力求在未来实现的,就是这类的过去的完美。"[8]不难看出,雅各比和博伊姆都将希望寄托在未来,就某种程度而言,"反思型怀旧"所构建的就是这种反偶像崇拜的乌托邦主义。

既然如此,对未来的憧憬和展望何以成为可能呢?显然,离不开主体如何看待过去的问题。一方面,亚里士多德从哲学上为我们解释了"遥远的过去"在实践中并不会造成问题,在客观上使得主体立足当下成为一种可能。因为声音、气味等感官经验的对象能够直接呈现在心灵中,但是感官经验的对象不会因此占有心灵,心灵因此占有感官经验的对象。另一方面,怀旧作为某种象征资源,提供对现实和未来反思性的诠释以及行动力量,这就从主观上使人们借助记忆反思过去、形塑现在、展望未来,过去常被用来作为解释、解决现实问题的镜子,为人们提供了理解现实的框架,并在这个框架内去构建未来。

在上述这一过程中,记忆无疑成了勾连过去、现在和未来的重要连接点。"过去完全是在我们对它进行指涉时才得以产生的"[9],谁要是在"今天"便已企及"明天",那就要保护"昨天",让它不致消失,就要借助回忆来留住"昨天",过去于是在回忆中被重构。《追忆似水年华》(*A La Recherche Du Temps Perdu*,1913～1927)的回忆也成了普鲁斯特(Marcel Proust,1871～1922)的生命形式,那一款泡着"小玛德莱娜"点心的茶使得普鲁斯特神清气爽,过去不仅指导对未来的构建,使传统得以延续,使主体避免重蹈覆辙,过去更是主体维持生命的条件之一。如果一味地沉迷于过去,主体就很容易陷入"过去崇拜"之中。事实上,正是通过记忆,过去才得以不断复现,现在和未来也才变得模糊。主体如何记忆这个问题不仅关系到个体的身份重构,也关系到对未来的构建,还关系到人类如何实现"大写的怀旧"。

很显然,有选择性地记忆和遗忘,不失为一条有效途径,"记住过去的灾难,记住自己和其他受害者的不幸,但涤除与其相伴随的愤恨之情和报复欲望"[10]。卡尔维诺(Italo Calvino,1923~1985)提示说:"对于一个人、一个社会、一种文化来说,只有当记忆凝聚了过去的印痕和未来的计划,只有当记忆允许人们做事时不忘记他们想做什么,允许人们成为他们想成为的而又不停止他们所是的,允许人们是他们所是的而又不停止成为他们想成为的,记忆才真正重要。"[11]这并非要求放弃主体的身份认同,而是为了促进个体与过去的和解,使文化创伤得以有效治疗,使受伤的记忆"不再导致痛苦",无法弥补的东西变成了"不可擦除的、远古的东西",而非对往昔岁月和逝去家园的念念不忘。石黑一雄在《被掩埋的巨人》(*The Buried Giant*,2015)中正表达了这种记忆与遗忘的交互作用。当遗忘的迷雾笼罩整个山谷时,村民们患上了一种集体性失忆症,主人公比特丽斯(Beatrice)担心,"没有了记忆,就没有了源头,我们的爱会不会慢慢枯萎、死亡"[12]。而丈夫埃克索(Axl)的看法是:"有些事情藏起来,不放在心里,难道不是更好吗?"[13]对他们来说,寻找记忆既意味着恢复对甜蜜爱情的记忆,也意味着恢复了对欺骗、背叛、不忠等不堪往事的记忆。正如石黑一雄本人所说:"随着时间的推移,总有些事情我们宁愿抛诸脑后,不再提及,总有些令人不舒服的阴暗旅程。这时,最明智的做法似乎就是将它们深深地埋葬。"因此,有选择地记忆和遗忘使怀旧的主体精神上得到救赎,与过去达成和解,使实现美好的未来成为可能。

四、结语

米兰·昆德拉(Milan Kundera,1929~)在《笑忘录》(*Le livre du rire et de l'oubli*,1978)中曾经借主人公米雷克(Mirek)之口说过,"人和政权的斗争,就是记忆与遗忘的斗争"[14],权力的更迭也就意味着当权者不断抹除人们对过去的记忆,以此来巩固自己的统治地位。但是,对很多人而言,过往的记忆却是他们生存于当下的精神支柱,正如克里玛所说:"如果我们失去记忆,我们就失去了自己。遗忘是一种死亡的症状。没有了记忆,我们就不再是人类了……通过抵抗死亡,我们抵抗遗忘,反之亦然;通过抵抗遗忘,我们抵抗死亡。"[15]但是,他们无法看到新时期的曙光,"我们作为个人和作为团体成员所经历的非同寻常的经验,可能使得我们迷失得更远",所以说,只有当我们"和自身的经验保持一定的距离,我们才能得到我们想要的东西"。[16]瑞典著名小说家、文学史家埃斯普马克(Kjell Espmark,1930～)分析认为,"失忆"之所以可怕,就在于它让人产生了一种自我查禁的功能。因为,我们应该把正确的思想放到头脑里,忘记那些我们不应该记住的东西。在埃斯普马克看来,"失忆"是非常适合政治权力、权力纠结和经济活动的一种理想状态。一旦有了失忆,昨天的法律和承诺就很难制约并限制今天的权力活动空间。人们也用不着对自己的行为承担所谓的责任,只要成功逃过舆论风暴的4个小时,心灵就得救了。就像米兰·昆德拉曾经写下的文字那样,俄罗斯占领者正在抹掉他的祖国历史。昆德拉同样也认为,这正是"失忆"在"冷战"时期留下的一种更危险的形态。埃斯普马克十年磨一剑,从1987年起一直到1997年,创作了《失忆的年代》,包括《失忆》《误解》《蔑视》《忠诚》《仇恨》《复仇》和《欢乐》7部长篇小说。这7部小说都以"失忆"作为主线,由7个不同身份的主人公分别从不同的视角切入,以独白的方式,讲述着不同的社会生活片段和主人公赖以生存的社会环境,对社会做一次全景式的X光透视,展示现代人的内心焦虑、无限欲望与怅然若失。[17]

参考文献

[1] 沃尔夫冈·希弗尔布施.铁道之旅:19世纪空间与时间的工业化[M].金毅译.上海:上海人民出版社,2018:158.

[2][6][8] 斯维特兰娜·博伊姆.怀旧的未来[M].杨德友译.南京:译林出版社,2010:5,1,395.

[3] 别尔嘉耶夫.历史的意义[M].张雅平译.上海:学林出版社,2002:89.

[4] PANELAS T. *Yearning for Yesterday：A Sociology of Nostalgia* [J]. *American Journal of Sociology*. 1982,87(6)：1425-1427.

[5] BAUMAN Z. *Life in Fragment* [M]. Oxford：Blackwell Publishers,1995.

[7] 拉塞尔·雅各比.不完美的图像：反乌托邦时代的乌托邦思想[M].姚建彬等译.北京：新星出版社,2007.

[9] 扬·阿斯曼.文化记忆：早期高级文化中的文字、回忆和政治身份[M].金寿福、黄晓晨译.北京：北京大学出版社,2015.

[10] 陶东风.听玛格利特谈宽恕与遗忘[J].读书.2018(6)：92-100.

[11] 伊塔洛·卡尔维诺.为什么读经典[M].黄灿然、李桂蜜译.南京：译林出版社,2015：13-14.

[12][13] 石黑一雄.被掩埋的巨人[M].周小进译.上海：上海译文出版社,2019：43,141.

[14] 米兰·昆德拉.笑忘录[M].王东亮译.上海：上海译文出版社,2011.

[15] 泽曼.布拉格之春[M].上海：上海人民出版社,1973.

[16] 伊凡·克里玛.布拉格精神[M].崔卫平译.桂林：广西师范大学出版社,2016.

[17] 谢尔·埃斯普马克.失忆的年代[M].万之译.上海：上海人民出版社,2015.

"对话":中西文化关键词研究

邹琰

无论是在中国文化还是西方文化当中,"对话"这个词出现的频次都越来越高,高到人们对这个词视若无睹,信手拈来,到处使用。打开中国知网,键入"对话"主题搜索,可以得到7万多条搜索结果,近10年来每年相关的文章有4000余篇。这也是因为"对话"是人类特有的生存体验,和人类文明的发展史相关。几乎从人类文明诞生以来,"对话"就相伴相随。然而,这个词却是一个具有极其丰富内涵的术语,围绕着这一术语,中西方文化形成了关于"对话"的极其多样的思想和理论。

一、"对话"的定义

"对"的本义是"应答、回答",《广韵》中说:"对,答也。"古文当中就常用"对曰"来表示回答,如《论语·述而》:"叶公问孔子于子路,子路不对。"又如至今仍在用的成语"无言以对""对答如流"。"对"也有"两者相对、面对,彼此相向"的意思,如曹操的诗"对酒当歌,人生几何",李白的诗"举杯邀明月,对影成三人";现代汉语中的"对立""对峙""对称"等词取的就是这一意义。"话"既可以作为名词,也可作为动词,作为名词,指"言语",比如《诗经·大雅·抑》里有"慎尔出话,敬尔威仪";作为动词则是"告谕、谈论"的意思,如孟浩然《过故人庄》里有"开轩面场圃,把酒话桑麻"。现代汉语词典里,"对话"的意思是"两个或更多的人之

---

① 本文是教育部人文社会科学课题"托多罗夫人文思想研究"(18YJA752026)的阶段性成果,广东省哲学社会科学"十三五"规划项目"科学哲学观照下的托多罗夫思想研究"(GD17XWW30)成果。

间的谈话(多指小说或戏剧里的人物之间)"或者是"两方或几方之间的接触或谈判"。"对话"可以是作为一种动作的行为,也可以是这一行为的成果。

对话,在法语里是dialogue,就其拉丁词源来说,前缀dia-的意思是"分离""穿越",-logue则来自logos,"逻各斯",也就是"词语"。从这个拉丁词源来说,"对话"可以并不限于两个人,话语的交流可以在两方及以上进行。语言学家卡特琳娜·凯尔布拉－雷西奥尼(Catherine Kerbrat-Orecchioni)就提出过"三人话语"(trilogue)甚至"多人话语"(plurilogue)的概念[1]。可是在平时使用中,人们常常把dialogue当成di-logue,认为"对话"仅仅局限于两者或两方的话语。这是混淆了前缀dia-和di-,因为后者的意思和"二""两"相关。

仔细考察"对话"一词的中文意义和外语意义,可以发现"话"在其中的重要性。"话"不仅具有本义"词语""言说",更重要的是,它所包含的隐喻意义使得"对话"这个词具有无穷的内涵。首先,话语是对人的隐喻。话语是人言说的,因此,对"对话"的探讨必然包含对话语的发出者"人"的思考,也就是对主体的思考,话语的交流中隐含的是主体的交流。在主体内部的交流可以是内心对话,主体之间的话语则是外部对话。而并非所有探讨话语的研究者对话语主体都报之以同样的注意,关注度的不同也就导致了不同的对话理论。从某种意义上说,对主体和话语之间的关系考察,就是根本的哲学问题。其次,"话语"这个词暗中代表了西方文化中根深蒂固的"逻各斯中心主义"语言观,代表着伴随着这一词而来的西方哲学思想。随着20世纪语言学转向,"话语"这个词在短时期内更被赋予了众多的意义,具有了各种形式、内容、对象等。话语的形式可以是口头的、书面的、肢体的等,也就因此有了口头对话、书面对话、肢体对话;话语的内容可以是哲学的、宗教的、艺术的、文化的等,于是繁衍出了哲学对话、宗教对话、艺术对话、文化对话等;还可以从话语的风格、层次等区分出各种各样的对话。"话语"在这些使用当中早就超出了单纯的语义上的用法,而具有文化的、哲学上的隐喻意义。在中国文化中,与西方"话"相差的仿佛是"道","道"如同西方的"话"一样,既表示"言说",也表示"言说"后面的思想,最为明显的就是《道德经》中的"道可道,非常道;名可名,非常名"。第一、三字"道"为道理之"道",第二"道"字为道白之"道",也就是文字语言。关于"名",仍有争议,一说"名"通"命",即命名。[2]

"对话"一词中另外一个词"对",说明"对话"和话语的构成形式相关,也就是和话语与话语之间以及话语一词的隐喻体"人"或者"思"或者"言"或者"道"之间的组织结构形式相关。我们从"对话"的词源当中可以发现,无论是中文的"对"还是外文的"dia-"都说明,"话"都不是同质的、单一的,而是异质的、分裂的,于是产生了话语与话语之间、人与人之间、思与思之间、言与言之间等不同的组织结构关系,可以是内部的微观对话,也可以是宏观对话,可以是问一答的循环往复,也可以是普通的互动交流等。不同的话语之间的对话关系可以是时间上的前后相继,也可以是空间上的同时共存,还可以是话语内部的对话。

二、"对话"的缘起

当我们研究"对话"、重构中西方文化思想史的时候,首先的问题是:"对话"从何而来?它为何会存在?

瓦尔特·本雅明认为,在人类堕落之前的天堂时代,或是更早的前天堂时代,那时候没有主客体之分,天地浑然一体,上帝的生命弥散在世界万物之中,一切生灵与作为本原的上帝息息相通。而那时候的语言首先是上帝的语言,是单数的大写的道,它代表着世界的整体性,从这一整体中生发出世界万物,万物因此都是道的载体,本雅明称之为"本体的语言";其次是人的语言,也就是亚当的语言,是上帝创世纪之后,让每种动物走上前来,由亚当命名,受到命名的动物都表现出无比的幸福,表明"名"毫无遗漏地再现了物的本质,而这时亚当的语言,不具有创造性,只是纯认知、纯接受、纯称谓。"在这样的语言秩序中,自然语言向人传达自我,人的语言则通过传达自然语言而向上帝传达自我","语言直接连接着本质,语言一旦命名,就有意义的在场",因此语言与意义、与真理具有一种内在的统一,这种统一就是世界的统一。[3]
在这种秩序当中,人与自然是平等和谐地共处着,他们之间存在着敬畏的关系,然而却又亲密无比,是一种真正意义上的大伦理关系。本雅明所提出的这样的语言带有神秘主义的意味,也带有寓言性质的本体论语言观。他用这种创世纪的语言代表人与自然、与世界的和谐、完整,他们之间也因为内在的完整和统一而不再需要交流、对话。

这样充满和谐完满的时代,卢卡奇称之为"史诗时代","在那幸福的年代里,星空就是人们能走的和即将要走的路的地图,在星光朗照之下,道路清晰可辨。那时的一切既令人感到新奇,又让人觉得熟悉;既险象环生,却又为他们所掌握。世界虽然广阔无垠,却是他们自己的家园,因为心灵深处燃烧的火焰和头上璀璨之星辰拥有共同的本性……所以,心灵的每个行动都是富有深意的,在这二元性中也是完满的:对感觉中的意义和对各种感觉而言,它都是完满的;完满是因为心灵行动之时是蛰居不出的;完满是因为心灵的行动在脱离心灵之后,自成一家,并以自己的中心为圆心为自己画了一个封闭的圈……对于心灵而言,根本就没有什么内部,因为对它来说,既没有外也没有什么'他者'……它既不知道自己会迷失自我,也从未想过要去寻找自我。这样的年代就是史诗年代"。[4]在这样完满和总体性之中,对话是不需要的,因为对话是孤独异质的人之间、孤独异质的话语之间的交流方式,是"以孤独的人群为首要前提,因为只有这样才有多个声音,才是真正的对话",[5]而在那样的同质世界,每个人、每个心灵都是完满的,彼此水乳交融,充满了和谐,不需要我们现在所说的对话交流。

在东方思想中,我们可以找到相似的观点,这来自更为激进的神秘语言观,那就是"无言""非言",不说话。为什么不说话?因为真正的"道",不需要言语。庄子说:"天地有大美而不言,四时有明法而不议,万物有成理而不说。"(《庄子•知北游》)天地万物自有其美、其法、其理,然而却并不言说、议论。孔子也声称"予欲无言",他的论据是:"天何言哉?四时行焉,百物生焉,天何言哉?"(《论语•阳货篇》)天让世间万物臻于完善却什么话也不说,而四季运行和万物生长就是在遵循着这无言的自然法则,遵循着至高的道。"天"就像西方的上帝,如同"道",这种"道"不需要通过言语表达,人与人、人与自然就可以达到和谐的完满。在这样和谐、完满的世界,语言都不需要了,更加不需要交流、对话。所以老子称之为大同之世,庄子称之为至德之世,在这样的时世,"邻国相望,鸡狗之音相闻,民至老死而不相往来"(《庄子•胠箧》)。为何老死不相往来?因为本身就是一个完美的和谐存在,"天地与我并生,而万物与我为一"(《庄子·齐物论》),天地万物、人与自然不分内外,自然不需要与外在于自身的物往来、交流,达到了一种神秘的静谧之美,达到了真正的道。相反,言语传达的道,并非真正的道。可以言说、可以命名的道,已经不是真正的、恒常的道。《道德经》里开篇就说,"道可道,非常道;名可名,非常名"。这已经说明了古人不相信语言可以传达"道"。所以,老子说,"知者不言,言者不知"(见《老子》五十六章);庄子则谓之"道不可言,言而非也"(《庄子·知北游》)。一旦进行言说,就会着了行迹,使道遁于无形,或者像庄子被逼着说出"道"时,道便"每下愈况",说道在蝼蚁之中,在稊草之中,在瓦甓之中,在屎尿之中(《庄子·知北游》)。因此,"为学日益,为道日损"(见《老子》四十八章)。

然而,无论是本雅明的原初语言、本原语言,还是老庄的"无言""非言",都不再适应如今的历史现状。这在本雅明看来,源于"语言的堕落",因为"生命之树"的主导地位被"知识之树"取而代之了,原初的宇宙秩序因此被打乱,因为"生命之树"的统治"代表了上帝的纯粹、完整的权威性",而"知识之树"的统治则意味着判断与抽象的产生,导致了一个以善与恶对立为原型的二元对立的世界,打破了原来的天人合一的本原状态[6]。因为语言的堕落,人类被从天堂逐出,"他命中注定要用自己的血汗从土地中获得生计,自然此时变成了技术操作的对象、受折磨的东西,不再是光晕性质的沉思默想的对象,不再是被倾听的哑然的语言,专有名词堕落为巴别塔后的不合适的胡言乱语"[7]。语言和劳动使得人的主体地位得到了确立,但却使人之外的物体变成了客体,产生了对物的垄断,从此主客体二元对立,一条深渊横亘在人与自然万物之间,横亘在"认识和实践之间、在心灵和创物之间、在自我和世界之间"[8]。"人类的堕落因此和主体的缘起是同义词,堕落也是一切错误知识、异化、认识论上的二元论的根源。"[9]世界先是堕落到了波德莱尔所说的那种充满"过渡、短暂、偶然"的现代性社会[10],语言失去了与世界直接沟通的能力,所有的交流都是间接性的,任意的;又堕落至让-弗朗索瓦·利奥塔尔(Jean-François Lyotard)所定义的后现代:"对元叙事的怀疑",怀疑现代性社会所曾经追求过的试图控制、界定和解释世界上所有不同形式的话语活动的普遍指导性原则和神话,语言最终沦为游戏。[11]

由是观之,对话的出现,并非语言的进步、历史的进化;恰恰相反,对话的产生来自语言的堕落、历史的堕落。它并非生而有之,并非必然,因为在前历史阶段,在神话史诗阶段,曾经存在过不需要对话、不必对话的时期:那时的世界处在始源的同一、心灵的和谐和审美的完满当中,处在卢卡奇所说的幸福的"史诗年代",处在老庄所说的"大同之世""至德之世";正是语言的堕落和历史的堕落,空洞、同质的时间之门才被打开,世界的同一性、总体性丧失了,变成了异质的碎片,而现代孤独的心灵、孤独的话语则因此诞生,彼此之间横亘着深渊。对话范式正是为解决这种状况而诞生的。经由对话,我们才可以沟通异质、分裂的心灵和话语,可以沟通差异的文化。我们之所以钟情于对话,正是深刻地了解到个人的不完整、个人的碎片,以及对同一性、总体性的追求。对话是一条追求还乡之路,回到始源的同一时代,回到本真的语言,回到心灵完整、万物和谐的幸福年代。这也许就是对话的文化起源和目的。

三、"对话"的思想史

在人类文明史中,人们对"对话"的探讨基本上是围绕着对话的"话"或者"对"这两字蕴含的意义展开的。尽管两者常常交织在一起,并不泾渭分明,然而在探讨时仍然各有侧重,形成了各个不同的对话理论,对话因此具有了广泛的含义,并衍生出了众多的概念:对话性、对话主义、对话体、对话的、对话理论、对话原则、对话范式等。这些关于对话的理论层出不穷,覆盖的内容、涉及的学科极其广泛,研究的方向和角度也呈现多样化。从最实用性的对话技巧到最具思辨性的对话哲学,各种各样的关于对话的思想和理论都被发掘出来,并扩展应用到各个学科研究领域。

从思想史上来反思,在西方,"对话"这种话语形式产生于柏拉图的《文艺对话录》,苏格拉底通过与雅典青年进行对话来思考和传达自己的思想。在东方,《论语》则是孔子与其弟子的对话。佛禅之道,也很倚重对话,故而有很多禅宗对话公案流传于世。到了近现代,马丁·布伯(Martin Buber)、海德格尔(Martin Heidegger)、加达默尔(Gadamer)与哈贝马斯(Jürgen Habermas)分别从哲学的层面阐述了对话的哲理内涵。

海德格尔是在分析德国诗人荷尔德林的诗句"自吾人是一种对话"的时候来阐释他的对话论的,明确地指出人、语言在哲学本体意义上具有对话性:"我们——人——是一种对话。人之存在建基于语言;而语言根本上唯发生于对话中。可是,对话不仅仅是语言如何实行的方式,毋宁说,只有作为对话,语言才是本质性的……我们是一种对话,这同时始终意味着:我们是一种对话。……我们的此在承荷着对话及其统一性。"[12]在这里,对话不仅是作为语言的一种形式出现,而且是语言的本质。所以,如何对话,以及对话中所涉及的语言问题,都变成了具有深刻哲学意义的问题。对话因此上升到了哲学本体论的高度,和人的本质相关。海德格尔还提出了一种理想的对话模式:"诗与思的对话"和"四方游戏的对话"。在他看来,"诗与思乃是道说的方式,而且是道说的突出方式"[13]。两者之间存在着一种隐秘的亲缘关系,存在着对话,"这样一种道说着的应合方式只可能是一种对话"[14]。而诗与思的道说还具体展开为"天-地-神-人"的"相互面对"的"游戏"。海德格尔就这样提出了从哲学转向思想的具体方略,提出了一条对话之路。

海德格尔之前的德国神学家马丁·布伯同样从人的本质的哲学高度来分析对话原理,不过他看重的是人与人之间的关系,因此也是从人与人的关系中提出关于对话的思想的。他认为,"人类实存的根本事实乃是人与人"[15],只有在活生生的人与人的关系中才能认识人的本质。他把人与人的关系分为两种:"我-它"关系和"我-你"关系。"我-它"关系是一种工具理性的体现,依据是他者的价值和用处,在这种关系中,"它"是无生命的,并不能产生互动,也不是真正的关系。马丁·布伯认为,"我-你"关系才是真正的关系,这是一种双向互动的关系,而这种真正人与人之间的关系就是对话关系。在这种关系中,"你"告谓"我",对"我"说话,而"我"则对"你"的告谓做出回应。"对话的生命……是像其自己所显示的那样,是人们的相互关系"[16]。马丁·布伯还区分了三种对话:真正的对话、技术性的对话和装扮成对话的对白。在他看来,真正的对话是"每一位参与者都真正心怀对方或他人的当下和特殊的存在,并带着在他自己与他们之间建立一种活生生的相互关系的动机而转向他们",这种对话出现之处,"代表着人类精神的有机物质的持续性的证据就显示出来"。[17]

而加达默尔则从海德格尔的基本观点出发,将"对话"这一概念纳入自己的哲学阐释学(或称诠释学),提出了"问一答逻辑""视界融合"的理论。他认为,"理解一个文本就是使自己在某种对话中理解自己",而且"理解总是以对话的形式出现"。他就对话的内容、对话者的关系等进行了系统的论述,认为:"出现在对话中的真理是逻各斯,它既非你的,也非我的。相反,它超出了对话双方各自的主观性。"[18]加达默尔还提出了一种对话的模式,他认为在对话中可以达到平等的一致,最终达到一个他们共有的理解:"在成功的谈话中谈话伙伴都处于事物的真理之下,从而彼此结合成一个新的共同体。谈话中的相互理解不是某种单纯的自我表现和自己观点的贯彻执行,而是一种使我们进入那种使我们自身也有所改变的公众性的转换。"[19]从这一点来看,加达默尔的对话是一种理想的对话模式,它所要求的是谈话双方对真理的共同接近。

德国社会学家于耳根·哈贝马斯则把对话范式作为自己提出的社会交往理性哲学的理论基础。为了避免个人和系统、科学控制和民主意志之间越来越严重的分离,哈贝马斯想找到重构社会关系的途径,在理性的基础上在社会成员之间重新建立一种真实的交流和民主。这种交流,是通过话语,在个体之间、文化之间和差异之间寻找互相理解关系的一种活动,这种关系要求抛弃主体,实现互主体性。"除了合作追求真相,交流的准则应该压制当事人所有的动机,从根本上获得他们的理性赞同。"[20]在他看来,基于互主体性的对话和交流是现代社会的基础。

对话这一语言行为被应用在文学批评领域,是米哈伊尔·巴赫金(Mikhaïl Bakhtine)首先提出来的。在分析陀思妥耶夫斯基的作品时,巴赫金认为其文学创作中的对话是非常根本的。在他看来,词或话语(discours)具有对话的性质,因为它们内部同时存在着多个彼此独立的不同的意识。也就是说,在陀思妥耶夫斯基的艺术世界里,不仅有作者个人的意识,也同时存在着作品人物之间的意识。因此人物不仅是多重的,而且是分离的,分成了"我"和"他者"。他首先被他者分离,久而久之就变成了他自身的他者。对话就由此产生,它证明了这些意识的共存和互动。在全面考察了陀氏的作品后,巴赫金发现:"到处都是人物角色的表面对话和内心对话之间的对语,和谐地、不和谐地互相影响着。"[21]人的意识是对话性的。巴赫金因此总结:"存在,就是对话交流……一切都是手段,对话才是目的。"而且,这种对话是无止境的,"对话不能也绝不应该停止",这是一种"永恒的共同的乐趣,共同的赞赏,共同的声音"。[22]

巴赫金把"对话"概念扩展到了整个科学领域。通过研究话语在人类各种活动中的作用,他发现了学科区分的原则:在自然科学领域,话语毫无作用,"知识与来自被认识物体的话语、符号的接受和阐释并不相关";而在人文科学领域,话语却起着举足轻重的作用。[23]因此,在人文科学领域,"不仅需要谈论话语,而且是用话语谈论话语,以便能抓住话语的意识形态意义,这样获得的意义也只是一种包含了评价和回答的对话的理解"。[24]换句话说,人文科学的研究方法就只是一种"对话的理解",而其学科特性也正在于这种对话性的阐释。从这个角度来看,巴赫金把他的"对话"普遍化了,扩展到所有的人文学科。

朱丽叶·克里斯特瓦(Julia Kristeva)将巴赫金的作品引进法国的知识分子中间,在罗兰·巴尔特的课上介绍了巴赫金的对话理论。克里斯特瓦把这种对话观点融入到了结构主义的思潮当中,认为它是"我们时代人文结构的基石",以此来说明这种新的研究方法的现代性。对她来说,对话主义是内在于结构的:"对话主义与话语的深层次结构共生。"[25]那时结构主义仍然坚持将主体和历史排除在外,受这一影响,克里斯特瓦尝试将对话限制在封闭的文本内,局限在叙事体系内部。说话的人被瓦解了,让位给文本间的对话。巴赫金的对话因此只局限这文本世界里,由过去所有、现在、将来的所有文本组成,对话由此体现为文本之间的相互联系。克里斯特瓦就此创造了"文本间性"这个词,并且在文学理论上取得了惊人的成功。

对话性就这样由巴赫金提出,由克里斯特瓦和茨维坦·托多罗夫(Tzvetan Todorov)发展,逐渐演变成文学批评中一种占统治地位的发展方向。就此而言,艾布拉姆斯(M. H. Abrams)在《镜与灯》里所提出的根据文学研究四要素——作者、读者、作品、世界——形成的所有文学理论都可以看出是与这些要素之间的对话,只是各个理论对其中某

课堂上的克里斯特瓦

一个要素的侧重点不同而已。正如热奈特(Gérard Genette)所宣传的那样:"……这些侧重点的变化从来没有从根本上改变批评的根本功能,仍然是建立一个文本和某一种心理(psyché)之间的一个对话,不管这个对话是有意识的还是无意识的,个体的还是集体的,创造性的还是接受性的。"[26]也就是说,文学批评就是对话性的!

"对话性"这个概念在文学领域里产生后很快在其他研究领域繁殖起来。在语言学分支中,法兰西学院的教授海然热(Claude Hagège)在他的《语言人:语言学对人文科学的贡献》(*L'homme de paroles : contribution linguistique aux sciences humaines*)里,把他的理论方案定义为"一种互动性的对话概念"(une conception interactionnelle dite ici dialogale)[27],认为这是语言学对人文科学做出的贡献。海然热在新达尔文主义和人类学研究的基础上解释了人类的起源和人类语言的起源,界定了"对话人"(l'homme dialogal)的概念。在他看来,人类的属性,就是人类具有一种执拗不变的与同类进行交谈的能力和从事词语交流的禀性。在生命世界,惟人类能够同时做到喻义(signifier)和交流(communiquer),也就是"运用按照协调的结构组织起来的、随时可以添加的符号,去传达和解读以高度复杂的互动性和对话性的社会关系为前提的信息"。[28]因此,人类从本质上是对话的。[29]"对话人是既受到制约又具有自由的不断更新的辩证产物……他从本质暗示了话语的某些标志,这话语知道谈论作为一个整体的他,而不是他的面具。"[30]海然热把这个"对话人"看成"心理社会性的表述者"(énonceur psychosocial)。这个概念就建立了一个听者和一个说者,彼此之间是不对称的。即使话语情景并非是交谈性的,心理社会性的表述者在本质上也是对话的人,因为"他身上本身就汇集了根据不同情境使用不同语言的所有类型"。[31]

海然热的"对话人"将"对话"这一概念从克里斯特瓦的文本中解放出来,从语言学的抽象形式主义中走出来,使语言学成为一门能够说明社会和历史的实际情形的科学。然而,对话范式并不仅仅局限在语言学尤其是语用学中成为一种可操作的技巧,在社会学研究中也结出了丰硕的果实。法国社会学家埃德加·莫兰(Edgar Morin)把"对话"看成一种可以让所有分散的东西进行交流的途径。对话学尤其是一种恰当的工具,可以考虑那些分离的东西之间的联系,因此它也是一种世界观,这种世界观可以避免任何形式的简约主义:"宇宙正是通过这种对话学来建构、发展、毁灭和演化的。"[32]此外,莫兰认为对话的优点是可以使矛盾的实体之间产生互补,而不是对抗。

在英国物理学家和思想家戴维·伯姆(David Bohm)看来,对话是一个多层面的过程,远远超越了传统意义上所指的谈话和交流范畴。其中最重要的是,对话旨在探索人类内心思维的作用方式,从本质上来理解意识。伯姆认为,人类思维的本质并非是对客观实在完全、真实的再现,而只是一种有限的媒质,它生产于集体之中,并在集体之上维持。从最深层的意义上说,对话邀请人们去检视关于做人意义上的传统定义是否还站得住脚,同时让人们通过集体的途径,来探索如何拓展人类生存和发展的前途和空间。对话的参与者只有认真地长期地坚持开展对话,才能发现对话本身的潜力和创造力,也就是暴露人类深层意识结构的能力。[33]

法国当代学者弗朗索瓦·多斯(François Dosse)在其《结构主义史》(*Histoire du Structuralisme*)一书第二卷中最后专门列了一章"保卫对话性"(Pour une dialogique),以作为对从结构到解构这一法国20世纪思想主潮的一个最后的归结。他总结说:"要么选择无所不能的主体,要么选择呜呼哀哉的主体,面对着这一长久以来完全无法逾越的虚假的选择,一个完整的当代思想分支围绕着对话范式、交往行动范式建立起来了。对话学提供了真正的自由之路,它既是一项社会方案,也是一个多产的社会科学范式。"[34] 他列出了关于对话的一些思考,并认为:"对话是在相对性的时代体验普遍性的方式,对话性是在原教旨主义大力回归时代的理性表现。"[35]

中国学者也对影响日益扩大的"对话"概念给予了关注。钱中文先生借鉴巴赫金的对话主义,自20世纪90年代就明确提出"对话的文学理论",认为"20世纪中国各种获得成就的文学理论,大体是通过对话的方式获得发展"。这一思想之后被曾军继承,他提出要"全面升级'对话主义'的研究方法"。[36]

比较文学学者乐黛云把对话看成新千年人类共存的必要方式。她认为,当今世界的变化使得对话变得越来越迫切:"我们正处于一个文化转型时期……第一,世界进入了信息时代。作为20世纪前半叶帝国主义特征的垄断寡头经济已被当前多元经济所替代;作为帝国主义分割世界势力范围的殖民体系已经土崩瓦解,而代之以独立的亚、非、拉美各民族国家,这些国家构成了从未有过的第三世界。第二,这些事实上的巨大变化引起了思想观念的极大改观。人们认识到一切体系和中心都是相对的,都只是一种人为的设想,都只是从无限的宇宙、无限的时间之流,按照人类现有的认识能力而截取的一小部分。要使一个体系富有活力,就必须在另一参照系的比照中,用一种'非我的'、他者的'陌生眼光加以重新审视。这就促成了文化外求和横向开拓的必然性和迫切性。"[37] 这种"文化外求""横向开拓"的方式就是对话。同时,乐黛云也从中国传统文化中找到了对话范式的文化根基,这就是"和"的概念。"和"代表了中国文化遗产的一种根本价值观,是中国古代文人极其向往的一个理想。乐黛云继承了这个概念,尤其强调了"和而不同"的思想,她认为只有对话可以实现这一理想。她觉得人类通过"生产性"的对话可以达到互识、互证和互补,由此实现人与人、人与社会、人与自然之间的和谐。对她来说,对话就是一种新人文主义的证明。

习近平总书记在论述构建人类命运共同体思想时指出:"人类只有肤色语言之别,文明只有姹紫嫣红之别,但绝无高低优劣之分。文明之间要对话,不要排斥;要交流,不要取代。人类历史就是一幅不同文明交流、互鉴、融合的宏伟画卷。"[38]"对话"在这里,是应对当今全球化世界潮流、建设开放包容世界的途径和纽带。

综合上述思想,我们发现,对话范式在如今已经变成理解自我、理解文学、理解社会、理解文化的一条必由之路。不管是在语言学还是在文学批评或者人类学研究领域,或者是在其他的学科,无论是在西方还是在东方,关于"对话"的思想和思考都已经引起而且将继续引起学者们的极大关注,影响不断地扩大。"对话"不仅是一种方法论,更是一种文化哲学。

参考文献

[1] KERBRAT-ORECCHIONI C, PLANTIN C. *Le trilogue*[M]. Lyon:Presses universitaires de Lyon,1995.

[2] 钱锺书.管锥编:第二册[M].北京:中华书局,1979:404-408.

[3][6][7][9] 郭军,曹雷雨.论瓦尔特·本雅明:现代性、寓言和语言的种子[M].长春:吉林人民出版社,2003:6,3-4,31,32.

[4][5][8] 卢卡奇.卢卡奇早期文选[M].张亮、吴勇立译.南京:南京大学出版社,2004:3-5,20,9.

[10] 波德莱尔.1846年的沙龙:波德莱尔美学论文选[M].郭宏安译.桂林:广西师范大学出版社,2002:424.

[11] 让-弗朗索瓦·利奥塔尔.后现代状态:关于知识的报告[M].车槿山译.北京:三联书店,1997:2.

[12] 孙周兴.海德格尔选集(上)[M].上海:上海三联书店,1996:315.

[13][14] 孙周兴.海德格尔选集(下)[M].上海:上海三联书店,1996:1105,1056.

[15][16][17] 马丁·布伯.人与人[M].张见、韦海英译.北京:作家出版社,1992:275,16,30-31.

[18] 王先霈,王又平.文学理论批评术语汇释[M].北京:高等教育出版社,2006:482.

[19] 加达默尔. 真理与方法:哲学诠释学的基本特征(上册)[M]. 洪汉鼎译. 上海:上海译文出版社,2004:491.

[20] HABERMAS. *Théorie de l'agir communicationnel*[M]. Paris: Fayard, 1988:36.

[21][22] BAKHTINE. *Poétique de Dostoïevski*[M]. Paris: Seuil, 1970:362,344.

[23][24] TODOROV. *Mikhaïl Bakhtine le principe dialogique*[M]. Paris: Seuil, 1981:29,29-30.

[25][32][34][35] DOSSE F. *Histoire du Structuralisme. 2, Le chant du cygne, 1967 à nos jours*[M]. Paris: La Découverte, 1992:73,522,517,524.

[26] GENETTE G. *Figure III*[M]. Paris: Seuil, 1972:10.

[27][28][29][30][31] HAGÈGE C. *L'homme de parole, contribution linguistique aux sciences humaines*[M]. Paris: Fayard, 1985:9,143,312,396-397,318.

[33] 戴维·伯姆. 论对话[M]. 李·尼科编,王松涛译,北京:教育科学出版社,2004,2007:8-10.

[36] 曾军. 关于中西文论"对话主义"研究方法的思考[J]. 南京社会科学,2017(10):123.

[37] 乐黛云. 中西诗学对话的必要性与可能性[J]. 中国比较文学. 1993(1):5.

[38] 中共中央宣传部. 习近平新时代中国特色社会主义思想学习纲要[M]. 北京:学习出版社,人民出版社,2019:220.

霍夫斯泰德"儒家物力论"的新反思[①]

蒋晓萍 张嘉洛

引言

近代以来,受欧洲中心主义和西方主流民主思想影响,中国文化话语权在国际文化竞争中处于被压制的地位,西方思想的普世化研究处于相对优势,使得儒学普世化立场逐渐边缘化,普世主义语境下的儒家思想遭到人们的质疑。普世主义儒学是指儒家思想中具有客观和普遍本质的思想,人们通过认识这些思想所得到的结果,就是具有客观性和普遍性的真理。普世主义儒学的构建受到特殊主义的质疑——儒学思想是否具有普世价值,有鉴于此,普世主义立场的儒学越来越需要哲学辩护。

吉尔特·霍夫斯泰德(Geert Hofstede)在1991年提出的儒家物力论[1]在哲学解释上存在不足,Tony Fang的研究表明,文化维度划分成截然相反的、静态的两极,有违马克思主义辩证法[2];陈东平、李文娟等学者指出,霍夫斯泰德的跨文化研究实验中的强烈的西方主体意识会给实验结果的可靠性带来干扰[3],以及调查对象缺乏广泛的阶级代表性[4]。霍氏儒家物力论的主体偏见和静态观凸显了其研究实验的局限性,我们难以将霍氏儒家物力论上升到具有普世价值的哲理性思想。尽管霍氏儒家物力论揭示和概括出以儒家思想为主流的国家和地区的社会群体特征,但这种社会群体特征的本质是儒家思想的核心价值,属

[①] 本文是2018年度教育部人文社会科学研究规划基金项目"跨文化交际伦理规范构建研究"(编号18YJA740017)的阶段性成果。

于儒家思想历久弥新的动态发展特性的产物。由此,霍氏儒家物力论对重构普世主义语境下的儒家物力新论有其启示意义。

我们在辩护儒学普世化之所以可能的基础上,对霍夫斯泰德的儒家物力论进行具体分析,通过对传统儒学的德性论、家庭观、公德观、入世观以及天人观的再考察,找出儒家思想中具有普世价值的、动态发展的思想,从而构筑微观、中观和宏观层面的儒家物力新论——动态发展观,为儒学普世化研究提供新的研究视角。

一、普世主义语境

普世主义是指包括文化在内的世界上的万事万物都具有客观、普遍的本质,人们认识这些本质所得到的结果,就是具有客观性和普遍有效性的真理,人们通过检验这些真理合理性的实践标准和价值尺度,从而形成支持某种知识、世界观或者价值观普遍适用于全人类或大多数人类社会的理论观点[5]。

儒学普世化是历史的需要,我们要对传统儒学进行批判性的继承与创新。从殖民时代到两次工业革命,西方是世界的中心舞台,有西方学者认为,所有国家和地区都应该学习西方的政体和思想,特别是社会主义国家,这充分体现了"西方中心论"的思想。中国也经历了一个对西方从思想盲从到理性看待的过程,如今,我国坚定发展"新时代中国特色社会主义",对自身传统文化进行了重新审视与批判性继承。儒家思想,是关于道德的理想追求,是全人类的共同价值追求,揭示了道德普世主义对文化的多样性具有高度敏感性,能够消除特殊主义与普遍主义的二元对立之见,并由此揭示一种多元的儒学普世主义观[6]。但是,如果将其视为名义上的普世主义立场,就会造成普世主义的形而上学。因此,有必要重申,普世主义语境的儒家物力新论不是放之四海而皆准的经验总结,而是其哲学思辨的丰富和发展。

特殊主义思潮为儒学普世化带来了一些阻碍。特殊主义是指任何一个社会个体及其所处的具体社会现实环境和历史文化传统、知识和价值,只适用于某一社会、群体或地区,且具有主观性、特殊性和历史局限性。人们对事物的认识过程、理论构建都是由其所处的特定社会现实环境中创立起来的,所以特殊主义认为思想不具有普适性[7]。特殊主义的逻辑是,既然西方文化是特殊的,那么西方人积累的知识和价值也是特殊的,其他文化也是如此,因此,任何知识或价值都没有普适性,而只适用于某一社会[8]。

我们需要认真处理中国文化特殊主义给儒学普世化带来的问题。儒学不能因自身历史悠久而产生傲慢心理,不能把西方的现代性等同于西方人独享的现代性,不能为中西文化类型划分所困扰[9]。普世主义和特殊主义的关系不能用简单的二分法加以区分,不应该各自地、绝对地追求自我的身份和认同。在后殖民理论中,西方人(殖民者)往往被称为主体性的"自我",殖民地的人民(被殖民者)则被称为"殖民地的他者",是一种东方的他异性与欧洲中心主义的体现[10],具有鲜明的排他性。从文化个体生成论的角度来看,不同的文化都是基于不同社会发展阶段和水平而形成的,是不同历史文化传统与具体社会实践形成的产物,这些文化个体和文化产物并不是停滞不前、彼此对立的静止和斗争关系,而是前后递进、不断相互吸收和取长补短的生成和发展关系。这种关于文化发展的辩证的动态理论视角,有利于我们消解文化普世主义和文化特殊主义的二元对立。

霍夫斯泰德提出的儒家物力论究竟能否作为具有普世价值的思想维度,为儒学普世化研究提供现代借鉴意义呢?我们将做进一步的介绍和分析。

二、霍夫斯泰德儒家物力论

1967~1973年期间,霍夫斯泰德对来自全球70多个国家的11.6万名IBM分公司员工的文化价值观做了调查[11],归纳总结出人们衡量价值观的四个文化维度。后又基于彭麦克(Michael Bond)等学者对东西方文化的对比研究成果,霍夫斯泰德在《文化与组织:心灵的软件》(1991年)中增加了反映儒家文化价值观的第五维度——长期导向/短期导向,指的是某一文化中的成员对延迟其物质、情感、社会需求的满足所能接受的程度,长期导向的人视时间为一种无止境的资源,更注重长远目标,为目标而不断奉献。[12]

长期导向又称"儒家物力论"[13]。霍夫斯泰德认为,深受儒家文化影响的国家或者地区(特别是东亚)具有这样一种普遍价值观,即对待长期生活的态度是积极的,在长期/短期导向维度中倾向于长期导向,这一导向强调人们往往具有节俭、积累、容忍和坚持传统等特质。[14]霍夫斯泰德称长期导向指数与各国经济增长有着密切的关系,20世纪后期东亚经济突飞猛进,学者们认为长期导向是促进东亚经济发展的主要原因之一。[15]研究调查发现中国属于长期导向指数最高的国家之一,其他长期导向指数较高的还有日本和韩国等受儒家文化影响深远的国家。

从霍夫斯泰德的儒家物力论可以窥见儒家思想动态发展性的端倪。长期导向指数与这些地区和国家人们的合作性、仁爱心和道德纪律有关。合作性表示这些地区和国家的人们之间相处和睦、友好以及认可的程度;仁爱心表示这些地区和国家的人们对待他人的礼仪性、耐性和爱心程度;道德纪律表示这些地区和国家的人们远离不符合道德和规范事务的距离和坚定的态度。人们的合作性、仁爱心、道德纪律程度越高,长期导向指数就越高。合作性和仁爱心都体现了儒家五伦中的人际道德关系和言行准则;仁爱心是儒家仁学的核心思想;道德纪律既蕴含了儒家伦理中的三纲八目,还体现了儒家思想中"仁政"和"德治"的政治主张。

霍夫斯泰德提出的儒家物力论表明:从古至今,儒家思想历久弥新,其核心价值理念早已潜移默化,成为东亚地区人们共同遵守的准则,且外化为具有机体倾向性的高合作性、富有仁爱心与遵从道德纪律等行为特质。这种长期的、稳固的文化传承原因何在?

三、构建儒家物力新论的哲理思考

通过对霍氏儒家物力论局限性的哲理性思辨,我们确信,儒学普世化研究应该回归到儒学本身话语体系的研究立场,继而发掘儒家思想随着时代的进步而发展的动态发展性潜质。

霍夫斯泰德虽然对东亚地区的儒家文化所构成的社会特质进行了一定程度的揭示和概括,体现了一定的代表性,但其理论仍有局限性。

霍夫斯泰德儒家物力论的局限性主要体现在以下两点：

其一，霍夫斯泰德所做的实验主要是基于西方视角的，以西方价值观为主，难免有失偏颇。尤泽顺、陈建平两位学者通过分析霍夫斯泰德描述和评论文化价值维度的话语，认为霍夫斯泰德的调查问卷中隐含着文化偏见，其偏见的产生主要在于霍夫斯泰德头脑中固有的西方文化价值理念。[16] 霍夫斯泰德团队实验的前期研究对象大部分都是IBM公司的员工，后来的调查对象包括航空公司飞行员、公务员、"高端市场"顾客和社会精英[17]，导致他所做的实验结果不具有广泛的代表性，特别是对西方资本主义国家来说，这一调查的阶级倾向性非常明显，无法得出普遍有效的结论。

其二，当我们把霍氏儒家物力论所描述的长期导向特点与中国现实相对照，会发现这些描述并不完全符合中国的现状。霍氏进行其文化研究的年代是20世纪80年代，而中国在20世纪80年代开始了具有划时代意义的改革开放，其后，整个社会发生了翻天覆地的变化，不应再用静态的观点来看待中国的文化。这揭示出霍氏研究中的一个关键的弱点：静态性。霍氏在对文化进行研究时，实际上假设文化是静态的、连续的。他认为国家文化和职业文化是稳固不变的，并且是早期社会化的结果。[18]

通过上述分析，我们发现，霍氏儒家物力论存在主体偏见和静态观的两大局限性思维；同时，我们还发现霍氏儒家物力论展示出当代中国人对儒家思想传承和创新的立足点，它为我们提供了新的儒学普世化研究视角——动态发展观，而这正是构建儒家物力新论的依据。

首先，儒家物力新论需要回归中国视角，采用儒家思想自身的话语体系，不能偏离其仁、义、礼、智、圣、孝等核心思想。霍夫斯泰德虽然用合作性、仁爱心和道德纪律来描述长期导向维度，但并未谈及这些思想是如何与儒家的核心思想紧密结合的。构建儒家物力新论要对文化研究的主体进行界定，尽可能减少由于其他因素所导致的文化偏见，需站在客观普遍的立场。霍夫斯泰德的理论确实有助于人们理解不同国家文化的差异，但在使用该理论研究某国文化时可能出现绝对化倾向，对该国的文化形成一种"刻板印象"[19]。

其次，需要强调的是，文化并不是静态的，而是动态的和不断发展的。构建儒家物力新论,我们需要深刻把握改革开放后中国社会的动态变化和现代化发展,为儒家思想现代化的问题寻找新的理论生长点。得益于儒家思想本身所具有的动态发展特性,当代中国人展现出对儒家思想传承的强大精神活力。

基于以上分析,我们认为,构建新的儒家物力论一方面不仅要解决儒学普世化问题,另一方面还要解决儒学现代化问题,展现其作为普世论的微观、中观与宏观三位一体的整体性和动态发展性。

四、儒家物力新论的构建

儒家思想是否具有普世价值?要回答这一问题,首先我们需要对儒家思想的基本价值立场和政治主张进行审视。儒家的核心思想是"仁",仁是指人与人之间要相互关爱,鼓励人们达到道德的超越,一视同仁的思想成为对一切个体的道德指引。这是一种超越历史与社会限制的思想,而"仁者爱人"(《孟子·离娄下》)更是把仁爱上升到政治层面的君主道德。其次,儒家"五伦"也具有普适性的价值蕴含。"五伦"是指中国传统社会基本的五种人伦关系和言行准则。古人提倡用"忠、孝、悌、忍、善"为关系准则来对照君臣、父子、兄弟、夫妇、朋友五种人伦关系,这五种基本的道德关系结构反映出儒家德性主体的广泛性,实践主体的广泛性一定程度上淡化了古代社会的阶级分化,使处于社会各阶层的人们看到阶级流动的可能性,维护了封建统治,符合儒家的政治主张,有其历史选择性,其认知规律的价值对现代政治治理体系具有普世意义。另外,传统儒学还构建了一个普世性的道德境界递进的路径,即"三纲八目",它呈现的是普世的德性境界和德行项目,而不仅仅是针对古人所提出的道德要求。[20]儒家三纲"明明德、亲民、止于至善"即大学的宗旨在于弘扬光明正大的品德,在于服务老百姓,在于使人达到最完善的境界,是一种普世性道德修为的表达;儒家八目"格物、致知、诚意、正心、修身、齐家、治国、平天下"即推究事物的原理,从而获得知识,保持意真诚、心纯正,进行自我修炼,进而达到兼济天下的理想。从基本认知到态度、原则,进而到方法论,儒家八目道出了内在德性修为和外在德性修为的关系,它们环环相扣、层层递进,从个体内在到个体外在,从个人修养到社会的政治治理,体现了超越性的普世道德与家国治理情怀。综上所述,儒家仁学、儒家五伦和儒家三纲八目都具有普世价值。

儒家思想的当代传承,离不开儒家思想本身所具有的动态发展性特征。如今,在中国快速发展的过程中,需重视儒家思想的传承作用,修补大众在快餐文化、物质消费的现实缺失,使人们的思维取得相应的动态平衡。

普世主义语境下的儒家物力新论,是指儒家思想中具有普世价值的、动态发展特点的思想和价值观。[21]基于对这些思想和价值观进行哲理辩证分析,会发现儒家思想处处透露出动态和发展的特点,这也是儒家思想之所以源远流长、历久弥新的重要原因之一。

传统儒学一般有内圣之学和王道之学之分,也就是"内圣外王"。"内圣外王"最早出现于《庄子·天下篇》,"圣有所生,王有所成,皆原于一(道)",是故"内圣外王之道,闇而不明,郁而不发"。内圣之学主张德性感悟而达到良好的个人道德修养,对应"修身"的境界,若从更广泛意义理解,内圣既包括个人之修身,也指统治者推行仁政,提倡仁义道德,用礼乐德治的教化手段促进民众的内圣化,因此,内圣之学不是客观知识,而是人的精神领域,如何习得需要自己体悟。外王意指对建功立业理想的追求,提倡君主以仁义治天下的政策,推崇儒家认为正确的选择、方法,例如"仁、义、礼、智、信"等,以促进社会道德的进步,因此,外王之学从对个人的成功状态的倡导,升华为对国家民族或社会组织对太平强盛理想的追求和实现。[22]从内圣之学和王道之学的区别可以看出,内圣之学强调的是个人的内在德性修养,王道之学强调的是个人处理外部事物的行为方法,从内到外、由隐到显,根据个人的内在与外在道德修为的区别,以及个人对"内圣外王"理想追求的整体把握,凸显个人动态发展的超越性精神。儒家物力新论的构建如下页图所示。

儒家物力新论的构建是以其自身思想的具有动态发展性的普世价值为脉络,其目的在于构建普世主义语境的儒家思想理论,以适应现代社会发展的需要。儒家思想认为,人的内在德性修养要作为"人之所以为人"的基础和出发点,强调个体的内部动态发展过程,属于微观层面;其次,个体要处理好自我与家庭、自我与社会、自我与政治以及自我与

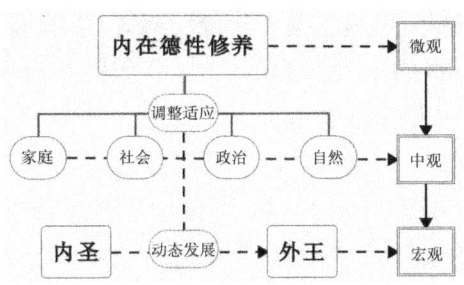

儒家物力新论的结构示意图

自然的适应性关系,强调个体与外部的关系调节和动态发展过程,这属于中观层面;最后,个体最终要达到"内圣外王"的超越性精神境界,强调个体对自身动态发展的整体观,属于宏观层面。

微观层面的儒家物力新论,是人们追求提高内在德性修养、追求理想人格的动态发展观。就"内圣"而言,孟子明确地提出"性善"论,认为人生来就具有恻隐之心、羞恶之心、辞让之心、是非之心,四者分别是仁、义、礼、智之端,称为"四端"[23]。人们追求内在修养的过程就是扩充"四端",完善自己的道德,是人的德性向善力的重要体现。德性不是外在一种形态,而是一种善的价值观念,而由德性确立的向善动机是善的价值观念。人内在的德性的选择力和自控力,是实现向善的能力和基础。因此,人们向善的动机是自我精神修炼的追求。德性又是幸福的阶梯,在德性向善力的指引下,人们会不断获得幸福,而幸福又在于追求[24],这种追求往往处于动态发展的过程。

古代圣哲提出的"无善无恶,是谓至善"中"至善"一词,并不是谓语动词,而是指最崇高的善,是道德上追求的最高目的;"止于至善"中"至善"一词,指的是最完美的境界[25]。人的德性修为要画上一个圆满句号,那便是至善。然而,"止于至善"虽是指处于最完美的境界,但其语境更强调的是坚持善而达到圆善的过程,鼓励人们向善而为,毕竟连圣人都难以"止于至善"。所以,正如牟宗三所言,圆善是指完满的善,个体要达到完满的善,就要坚持修为。实际上,儒家的善与佛家圆善思想都离不开意识境界,二者都告诫我们:每一个人必须如苦行僧般修为,道阻且长,每一个个体都处于这样一种动态发展的过程。

现代社会仍为"善"保留核心的思想地位。社会观念不再执着于

"性善论"和"性恶论",而是倡导"友善""善心""善有善报"以及"善举"等关于善的认知和善的实践方法论。"善"作为个体内在德性修为的内容,在当代社会能够得到重视和传承,离不开其本身具有伦理普世价值和动态发展的特点。

中观层面的儒家物力新论,是个体不断调整自我与家庭、自我与社会、自我与政治、自我与自然的适应关系的动态发展观。

我们首先论述自我与家庭的适应性动态发展脉络。儒家思想一个重要的伦理普世价值取向就是重家庭、重血缘的家庭伦理观念。[26]家庭伦理观念主要体现了个人如何处理与家庭成员的关系。儒家的家庭伦理观念的主要内容是血缘关系和婚姻关系,其中包括"三伦"关系:父子关系、夫妇关系和兄弟关系。在家庭中,儒家文化讲究在与不同的家人相处时都要遵守一定的礼节。一直以来,孔子反复强调"仁"的思想,孔子曾教导他的学生,所谓"仁"的本质就是"孝悌"。"孝悌"是儒家最基本的家庭伦理观念。

中国传统社会是典型的父权社会,父子关系是家庭关系中的核心。儒家强调的基本理论规范首先是"父为子纲",其次为"父慈子孝",意思就是父母要对子女慈爱,子女要服从父母的命令,并且需要承担照顾和赡养父母的责任(即孝敬父母),更强调的是"子孝",即使父母对子女不慈爱,子女也要尊敬父母、孝顺父母。同时,传统社会的男权主义形成的夫妻关系也是不平等的,表现为男尊女卑,强调"夫为妻纲"和"父义妻顺",就是说丈夫的做法要合乎道义,妻子要尊敬丈夫和服从丈夫的命令。兄弟之间的关系强调"兄友弟悌"及"长幼有序",即兄长要爱护、帮助弟弟,弟弟要尊敬兄长,恪守弟弟的本分,只有兄弟间互敬互爱,才能家庭和睦。由上述分析得出,传统家庭中的社会关系往往处于不平等的静止状态。

在现代社会中,家庭开始强调"父慈子孝"的均衡发展,不能只偏重其中一方,父母和子女之间的爱应该是双向的;夫妻关系也趋于平等的伴侣关系,妻子不再完全服从于丈夫,而是有了自己独立的地位。这就代表着当今的家庭伦理观念发生了变化,不过,传统家庭观念的合理成分——即核心"孝悌"在当今社会中依然保持恒久的存在价值,但个人与家庭成员的关系是趋于相对平等的动态发展过程中的,随着家庭成员关系的改善,家庭也朝着越来越好的方向不断发展,因此,个人与家庭的关系是相互促进、相互发展的。

其次,自我与社会也具有适应性动态发展脉络。在儒家的社会公德观之下,个人与社会的关系是变化发展着的。"礼"是儒家社会公德观的核心,指人们在古代社会中长期形成的立身处事行为规范的基本准则,在日常的社会生活中,一个人在礼仪、礼节方面的修养,会在其仪态气度、言行举止等方面表现出来,它实际上反映和体现着一个人的道德修养程度、文化素养状况以及处理和协调人际关系的能力。同样,"礼之用,和为贵"(《论语·学而篇》)提示我们如何对待和处理个人与他人、个人与社会的矛盾和冲突,这样不但有利于建立和谐协调的人际关系和良好的社会秩序,也有助于使一定群体和整个社会形成强大的凝聚力。[27]依靠儒家的社会公德观而维持的良好社会公序,展现出了绝对运动与相对静止的辩证关系,人与人之间保持的关系是相对静止的状态,而社会公序逐渐向"好"是绝对运动的状态。[28]这也表明个人与社会之间的关系需要时间和耐心维持,良好的社会公序需要每一个个体的努力和自我调整适应。

在现代社会中,人们离不开"礼"这一儒家核心思想。家有家规、校有校规以及行有行规的思想深受大众重视。家规、校规、行规都是现代社会不可或缺的行为规范和准则,规范并不具有法律效应,但是能够与法律相辅相成、互相补充。一个良好的社会公序,不仅需要法律作为底线保障,还需要行为和道德规范进行约束和引导。儒家"礼"的思想性具有卓越远见,体现了儒家思想的普世价值和动态发展的特征。

自我与政治的关系也具有适应性动态发展脉络。儒家天下为公的政治治理观反映了"从下往上"的社会阶层的游动性。国家稳定、政治通达、百姓安乐、民心和顺是儒家为政思想不断展开的一个逻辑终点。[29]子路说,"不仕无义"(《论语·微子》),更是表达了儒家的积极入世和从政的愿望。唐朝确立的科举制度[30]使得选拔并任用贤能之士从政成为可能,"学而优则仕"(《论语·子张》)成为普遍的社会观念,社会阶层之间具有"从下往上"的游动性,这是儒家"仁政"的具体体现,能够实现"天下为公"(《礼记·礼运》)的社会理想。由此,个人与国家的关系是相互促进、相互发展着的。

儒家的政治治理观,对现代政治治理有着重要的启示意义。儒家先哲早就认识到自下往上的社会阶层游动性是一个国家稳定发展的重要政治保障,而且认识到社会分层难以消灭,因为"仕者"代表精英,国家是需要精英来领导的。儒家的"仕"观体现了国家治理的普世价值,具有动态发展性,启示我们要将清精英政治和民主政治之间的关系,二者并不是"你死我亡",而是相辅相成的关系,为新时代治国理政提供基本遵循。

最后,我们对自我与自然的适应性动态发展脉络进行阐述。儒家思想中的"天人之学"包含着人与自然的适应性关系的重要思想,体现"智"作为儒家核心思想之一的重要性。"智"同"知",是指儒家的认识论。在中国传统哲学中,关于天人关系(即人与自然的关系)存在着两种基本认知观点:"天人之分"与"天人合一"。"天人之分"这一命题是由荀子提出来的,他认为,天是自然之天,天的动态变化是无意识、无目的的;天不是世界的最高主宰,人才是自然界的主宰。"明于天人之分,则可谓至人矣"(《天论》),人和天是相互独立的,自然界有自己的运行规律,不会因为人而存亡,也不会主宰人的命运,鼓励人们破除对天的迷信,充分发挥人的主观能动性,充分了解关于人与自然的知识,去改造和利用自然,人要制天命而用之。"天人合一"的基本思想是人与自然的统一,强调人与自然的整体关系。[31]不论是在人类改造自然的过程中,还是在实现人与万物完美契合的过程中,人与自然的关系一直都处于动态发展的。在天人关系存在和展开的历程中,不可能在某一阶段是单纯的"天人之分",也不可能在某一阶段是单纯的"天人合一"。所以,持"天人合一"观点的人,不能排斥"天人之分";持"天人之分"观点的人也不能否认"天人合一"。[32]。有关二者之争,体现了儒家对人与自然的认知。

在现代社会中,"天人之分"与"天人合一"的两个观点也备受争议。有学者认为,"绿水青山就是金山银山"虽然强调了人与自然密不可分(天人合一)的关系,但是不应当将二者混同,应该分开来看(天人之分)。随着时代的发展,人与自然的关系也在不断变化,儒家关于天人之分与天人合一的观点充分披露了其思想的动态发展性,其辩证的观点也具有普世意义。

宏观层面构建的儒家物力新论，是个体追求实现内圣和达到外王的动态发展观，是个体对人生的整体把握，涵括了微观和中观的儒家动态发展观。儒家物力新论的结构以儒家思想的核心——德性为基础，以人的德性与外部联系为发展脉络，凸显人的内在与外在逐步统一的动态发展过程，"内圣外王"涉及从个体的内在修养到个体处理与外界联系的道德修行的整个过程。传统儒家思想中的德性，是个体内在修养的主要内容。个体的内在修养是个体处理与外部联系的道德修行的基础，内在德性修行与外部联系的道德修行两者既有先后顺序，又存在范围大小。没有个体内在修养，个体与外界联系的道德修行就无从谈起，因此，个体要先实现"内圣"，才能进一步做到"外王"。《大学》提出了"三纲""八目"，强调修己是治人的前提，修己的目的是为了齐家、治国、平天下，说明个人道德修养和治国平天下的内在联系。在"古之欲明明德于天下者，先治其国；欲治其国者，先齐其家；欲齐其家者，先修其身；欲修其身者，先正其心；欲正其心者，先诚其意；欲诚其意者，先致其知；致知在格物"这段话中，"格致诚正"指的是人内在修养的条件，"修齐治平"指的是提高自身修为，管理好家庭，治理好国家，安抚天下百姓苍生的抱负。在这里，格物、致知、诚意、正心、修身、齐家、治国、平天下是分先后、有递进的德性思想。因此，人在追求"内圣外王"的过程，就是处于不断动态发展的过程。

在短短的几十年间，中国已出现了翻天覆地的变化：城市经济飞速发展，科技广泛应用，人民的平均生活水平不断提高，物质虽极大丰富，精神需求却难以满足，仍处于较为匮乏的状态，人们往往缺乏对人生的超越性精神追求。所以，当代国人需要一套整体性的精神指引。儒家的"三纲""八目"以其超越性，道出了修己治人的个体发展路径，由"小我"引向"大我"，不仅超越了时空的限制，还展现出了动态发展的生命力，警示现代人要处理好"小我"与"大我"之间的关系，将人生的整体观普之于世。

结语

普世主义语境下的儒家物力新论，是分析和继承儒家文化中具有动态发展特点的思想和价值观的理论。儒家思想的基本价值立场和政治主张展示了其本身作为普世道德的文化价值,儒家思想的内圣外王之学本身所具有的立体德性追求,充分展示了其动态发展性,涵括个体提高内在德性修养的追求,个体对自我与家庭、自我与社会、自我与政治、自我与自然的适应性协调发展,个体激活和实现内在精神磨炼和外在行为道德规范的统一的内生动力和绝对运动。

普世主义语境下的儒家物力新论,与不断发展的中国特色社会主义思想实现动态互补,与当今时代快速发展的中国同步,为儒学在普世主义的立场争得一席之地,通过构建普世主义语境下的儒家物力新论,能够丰富儒学普世化研究,增强中国儒家文化的国际影响力,提升当代中国文化的国际话语权。

参考文献

[1][13] HOFSTEDE G. *Cultures and Organizations: software of the mind*[M]. New York: McGraw-Hill, 1991.

[2] FANG T A. *Critique of Hofstede's Fifth National Culture Dimension*[M]. International Journal of Cross Cultural Management, 2003.3(3): 347-368.

[3][12] 陈东平. 以中国文化为视角的霍夫斯泰德跨文化研究及其评价[J]. 江淮论坛, 2008(01): 123-127.

[4][15] 李文娟. 霍夫斯泰德文化维度与跨文化研究[J]. 社会科学, 2009(12): 126-129+185.

[5][8] 赵敦华. 为普世主义辩护——兼评中国文化特殊主义思潮[J]. 学术月刊, 2007(05): 34-40.

[6] 童世骏. 为何种普遍主义辩护——与赵敦华教授商榷[J]. 学术月刊, 2007(05): 41-49.

[7][9][20] 任剑涛. 吁求普世儒学——现代性儒学普世论立场的建构[J]. 开放时代, 2001(03): 5-33.

[10] 张剑. 西方文论关键词: 他者[J]. 外国文学, 2011(01): 118-127+

159-160.

[11][14] HOFSTEDE G. *Culture's Consequences：Comparing Values，Behaviors，Institutions and Organizations Across Nations* [M]. Los Angeles：Sage Publications Ltd，2001.

[16] 尤泽顺,陈建平.跨文化研究中的文化偏见:对霍夫斯泰德文化模式话语的批判性分析[J].中国外语,2010,7(2):93.

[17] SCHWARTZ S H. *Individualism-collectivism：Critique and Proposed Refinements* [J]. *Journal of Crosscultural Psychology*，1990(21):139.

[18] 潘瑶,张子刚.从中国文化看霍氏文化研究的不足[J].湖北社会科学,2003(07):24-25.

[19] 王蕙.Hofstede的文化维度理论的局限性[J].西安工业大学学报,2013(1):58-62.

[21] 丁伟志.要从动态上研究儒学[J].中华文化论坛,1994(01):7-8.

[22] 张怀承,姚站军."内圣外王"思想及其时代价值新探[J].湖南大学学报(社会科学版),2010(06):103-107.

[23] 田勤耘,罗家祥."内圣外王"与中华民族精神的建构[J].华中科技大学学报(社会科学版),2006(05):12-18.

[24] 陈根法.德性论[M].上海:上海人民出版社,2004:12-31.

[25] 牟宗三.圆善论[M].长春:吉林出版集团有限公司,2010:234-256.

[26] 莫小芃.论儒家文化对越南社会主流家庭价值观的影响[J].才智,2015(25).

[27][28] 杜振吉,郭鲁兵.儒家的社会公德观[J].儒家伦理研究,2007(6):4-15.

[29] 汤月娥.儒家天下为公的社会理想及其现代启示[J].人文天下,2019(17):18-24.

[30] 何忠礼.科举制起源辨析——兼论进士科首创于唐[J].历史研究,1983.

[31] 李鸿,金涛.从"天人合一"看儒学关于人与自然和谐的生态智慧[J].大连民族大学学报,2000,2(3):28-30.

[32] 夏甄陶.天人之分与天人合一[J].哲学研究,2002(06):6-14+80.

三 区域与国别研究

◎ 为什么要重新阅读经典《利维坦》（陆道夫）

◎ 墨子与穆罕默德哲学思想的比较研究（马占明）

◎ 大众传媒立法视域下的俄罗斯政治精英治国理念变迁（刘春杰）

◎ 俄罗斯对金砖国家机制的利益诉求
　　——以建构主义为视角（刘春杰）

为什么要重新阅读经典《利维坦》

陆道夫

作为西方现代政治学说的开创者和奠基人，托马斯·霍布斯（Thomas Hobbes，1588～1679）首次在其代表作《利维坦》（*Leviathan*，1651）中提出了"自然权利"与"社会契约论"等学说，成为构建现代国家的理论基础，产生了深远的影响。《利维坦》于 1651 年在英国出版时，虽然霍布斯的学说与当时西方的非启蒙状态和宗教传统格格不入，但他却"运用自己的理智"，坚守自己的"勇气与决心"，为 17 世纪晚期到 20 世纪早期的所有政治学理论家提供了一种理论标杆和启发。

一、国家学说的历史钩沉

"国家"的概念产生于 16 世纪欧洲宗教改革以后兴起的民族国家建国运动。西罗马帝国灭亡于 5 世纪，而环地中海的东罗马帝国（即拜占庭帝国）灭亡于 15 世纪。当时的欧洲并没有出现近现代意义的国家，只有各种小城邦联合体、军事集团以及教会的统治体系。现代国家的概念是在 1100～1600 年间形成于法国和英国的。就广义层面而言，国家主要是指拥有共同的语言、文化、种族、血统、领土、政府或者历史的社会群体；而狭义层面上的国家，指的是一定范围内的人群所形成的共同体形式。

事实上，在人类历史的长河中，随着人类文明的推演与进程，人们从来都没有停止过对于国家问题的探讨。不同的历史阶段，不同的政治家、不同的思想家都直接或间接地对国家问题和政权问题做过深入研究和精辟论述。西方最早的国家学说应该肇始于古希腊。早在公元前 4 世纪，苏格拉底（Socrates，公元前 469～公元前 399）、德谟克利特

(Democritus,约公元前460~公元前370)等人就开始对国家的起源、本质、政体等问题有所涉猎。之后的柏拉图(Plato,公元前427~公元前347)和亚里士多德(Aristotle,公元前384~公元前322)以抽象的人性论视角,对国家的起源、目的和使命加以相对详尽的阐释。柏拉图把国家归结为人类要求互助的结果;亚里士多德则认为,国家起源于人类合群的天性和品德。在此基础上,柏拉图划分了贤人政治、军阀政治、富阀政治、平民政治和专制政治五种政体;亚里士多德则首次对国家政体进行了系统的研究,提出了极具影响的君主政体、贵族政体和共和政体三种国家制度的构想。

到了中世纪,以基督教神学为基础的神学国家论或君权神授论占据了统治地位,因而圣·奥古斯丁(Saint Augustine,354~430)、托马斯·阿奎那(Thomas Aquinas,1225~1274)等人就成了神学国家论的代表人物。他们睿智而灵活地借助于亚里士多德的理论,并对其加以神学化的改造,用基督教教义来解释国家诸多问题。他们推崇君主政体,强调神权高于政权、国家从属于教会。声称国家的主要目的在于维持正义、崇尚公平、制约犯罪、消除暴力。

14~16世纪的文艺复兴时期,是西欧封建社会解体和资本主义形成的重要节点。马基雅维利(Machiavelli,1469~1527)、博丹(Bodin,1530~1596)等人的国家学说反映了当时建立君主专制中央集权国家,对于促进资本主义市场的发展要求。马基雅维利强调国家的绝对权威,而博丹则认为,主权产生于人类的需要,家庭是国家的基础,国家是拥有最高主权的若干家庭及其财产所组成的合法政府。

到了17世纪,随着资本主义在西欧的快速发展,荷兰、英国、法国等先后发生了资产阶级革命。这一时期的思想家们,如霍布斯、洛克(John Locke,1632~1704)、孟德斯鸠(Montesquieu,1689~1755)、卢梭(Jean-Jacques Rousseau,1712~1778)、康德(Immanuel Kant,1724~1804)、黑格尔(G. W. F. Hegel,1770~1831)等人对封建主义的国家学说和君权神授学说可谓深恶痛绝。他们分别从人的角度,根据理性原则,对国家的起源、国家的定义与实质、国家权力、国家与人民、国家与宗教等问题进行了深入系统的研究,使得国家学说无论在广度上抑或深度上都得到了很大的提升。霍布斯主张要按照契约建国,实行君主制,推崇绝对权威的国家统治权。洛克则认为,立约建国的目的是为了保护人们的生命、自由、财产等自然权利。人民是主权者,政府没有绝对的权威。他反对专制政体,把君主立宪制视为最好的国家制度,并主张国家立法权与行政权的分离。洛克的这种分权学说得到了孟德斯鸠的弘扬。孟德斯鸠通过对各种政体的深入研究,创立了影响深远的"三权分立说",亦即国家的立法权、行政权和司法权必须分开,相互制衡的创新思想。法国思想家卢梭既不同于霍布斯,也有别于洛克。洛克是人民主权论的集大成者,特别推崇主权在人民的共和制,这就难免让人想起法国大革命时期的思想家西耶斯(Emmanuel-Joseph Sieyès,1748～1836)提出的制宪权(constituent power)。西耶斯一再强调,制宪权是人民主权的直接体现,表达至高无上的普遍意志(general will),不受任何既有的宪法原则或规则所约束。在他眼里,制宪是一切国家权力的起源,国家建立之后,立法、行政、司法等所有公权力必须按照宪法规定的权限和程序而行使。

　　与卢梭不同的是,康德则从人性的角度来研究国家。在康德看来,每个人都有两种天性:一种是群性,即社会性;另一种是己性,即反社会性。因此,他把国家看成许多人依据法律组织起来的联合体。与卢梭和霍布斯一样,他把国家的建立看成是由于缔结契约的结果。然而,黑格尔却不同意国家起源于契约的学说。他把国家看作是绝对自在、绝对自为的理性之物,更倾向于君主立宪制。与上述这些思想大家不同的是,空想社会主义者则从私有制和阶级对立关系中去一探国家的实质,主张以公有制取代私有制。他们的国家学说代表了早期无产阶级不成熟的国家观。托马斯·莫尔(St. Thomas More,1478～1535)、圣西门(Claude H. de Saint-Simon,1760～1825)等人曾设想过,要么在公有制基础上建立自由共和国,要么通过人民革命和人民专政,建立平等共和国,或者干脆废除国家。因为,在他们看来,国家是有阶级性的,国家的建立,是少数人对多数人的统治,国家是暴力统治的机关,国家权力总是与阶级斗争的激化如影随形,相伴相生。

　　18世纪下半期发生的英国工业革命,不仅促进了生产力的巨大发展,也带来了社会关系的深刻变化。在这种历史背景下,建立并健全资产阶级国家制度就愈来愈受重视。以英国思想家边沁(Jeremy

Bentham,1748~1832)、约翰·密尔(John Stuart Mill,1806~1873)、斯宾塞(Herbert Spencer,1820~1903)等人为代表的国家学说就非常明显地反映了这一特点。他们注重用经验性、实证性的方法对现实的政治现象和政府活动进行科学、周密的考察与研究,摈弃了之前的所谓"自然法"和"社会契约"等概念主张,推崇自由主义政府制度,反对政府对社会事务的过多干涉。约翰·密尔更是以"社会暴虐"与"政治压迫"为突破口,阐释了政府权威和人民权利之间的关系。他认为,对人民权利和自由的最大威胁不再是专制时代的政治权威,而是大众社会中的社会权威。公民自由不仅需要在政府权威和人民权利之间划定一条界线,更应该在社会权力和个体权利之间划定界限。与此同时,以施密特(Johann Kaspar Schmidt,1806~1856)、蒲鲁东(Pierre-Joseph Proudhon,1809~1865)、巴枯宁(Michael Bakunin,1814~1876)等人为代表的无政府主义国家学说也得以广泛传播。他们从"个人至上"的观点出发,视国家为政治压迫、经济剥削和战争动乱的根源,反对任何权威和国家,推崇个人绝对自由。

19世纪末,国家学说流派众多,一些流派对传统的国家学说持否定的态度,如莱昂·狄骥(Léon Duguit,1859~1928)、拉斯基(Harold Joseph Laski,1893~1950)等人就反对国家占有绝对的主权,主张国家应是多元的。自称为马克思主义者的拉斯基更是明确指出,由于现实国家的权力是由实际掌握着主要生产工具的集团所控制,故而,这些集团绝不会自动放弃手中的权力,竭力要把私有制公有化。因此,要实现社会主义,暴力革命几乎是不可避免的。由于施密特主张要以"全权国家"取代"限权国家",以强力意志取代民主法制,随着第二次世界大战的结束,以希特勒和墨索里尼为代表的法西斯主义国家学说受到了致命的打击,他最终落得一个为强权纳粹而辩护的令人扼腕的不幸晚年。

为了缓解资本主义国家的社会矛盾,从20世纪开始,福利国家的学说开始风靡。他们要求国家放弃对经济自由放任的政策,积极干预经济和社会事务,消除失业,使国家的作用从维护社会秩序扩大到保障其成员享有美好生活的社会福利。英国的费边社会主义(Fabianism)和凯恩斯主义(Keynesianism)是这一理论的早期代表。按照国家存在的生产关系基础,马克思、恩格斯的国家学说给人耳目一新的感觉。他们认为,随着私有制的产生,社会逐渐产生贫富分化,在贫富分化的基础上,整个社会形成两大对立的集团——奴隶主阶级和奴隶阶级,阶级于是就产生了。阶级产生之后,矛盾不断加深,为了维护阶级的统治利益,奴隶主阶级建立了自己的统治工具,即奴隶制国家。而国家则是阶级矛盾不可调和的产物。马克思和恩格斯的追随者们则按照阶级矛盾不可调和的表现形式,创造性地将国家划分成奴隶制国家、封建主义国家、资本主义国家、社会主义国家和共产主义(国家消亡)等形态。第二次世界大战之后,法兰克福学派的马克思主义追随者,如马尔库塞(Herbert Marcuse,1898～1979)、哈贝马斯(Jürgen Habermas,1929～)等人试图结合当代资本主义国家的实际状况,对西方发达国家的阶级结构进行了阐释。他们一方面承认国家的阶级性,另一方面又强调国家的相对自主性。按照他们的理解,除了经济因素之外,国家还会受到政治因素、意识形态因素等诸多方面的影响。随着现代科学技术的迅猛发展,有些学者如美国的伯纳姆(James Burnham,1905～1987)和加尔布雷思(J.K.Galbraith 1908～2006)甚至认为,现代国家已经卷入经济生产过程之中,因为国家的职能不仅扩大了,而且更为复杂了。因此,国家需要由各种各样的行政专家和技术专家去实施管理,国家的权力也逐渐转移到这些专家手中,专家统治将逐渐代替早先柏拉图等人所倡导的贤人统治和富人统治。奥尔森(Mancur Olson,1932～)甚至提出了富有洞察力和前瞻性的剥削论或掠夺论国家观。他认为,国家的本质是掠夺性的,而不是为了所谓的善或正义。但是,由于有的匪帮是流寇,其手段是烧杀劫掠,试图一次性获得最多的战利品。一旦有匪帮能够长期控制一片领地,他们就会发现,烧杀劫掠并不能带来自身收益的最大化。所以,常驻的匪帮会选择收取最大化的保护费(税收),摈弃烧杀劫掠的暴力,并保护民众不受其他匪帮的劫掠,最终逐渐变成一个国家。比奥尔森更为超前的是,道格拉斯·诺斯(Douglass C. North,1920～2015)提出了一个基于契约论而又融入了剥削论的国家观——国家是一种在行使暴力上有比较优势的组织,国家对纳税选民所拥有的权力决定了国家地理疆域的延伸。与诺斯类似的是,美国学者巴泽尔(Yofam Barzel,1931～)提出的国家学说,也强调国家实施权的疆域拓展,这的确让人脑洞大开。

众所周知,冷战结束后产生的"后共产主义国家",与西欧国家和发展中国家大相径庭。这类国家同时面临着四重转型:政体转型(民主化,亦即亨廷顿所称的第三波民主化)、经济转轨(市场转型和私有化)、公民社会的产生和发展、国家自身的转型。与此同时,地缘政治也发生了剧烈的变化,东欧国家脱离了苏联的政治控制,逐渐加入了欧盟,苏联的加盟共和国也都各自独立。所有这些,都对后共产主义国家的国家性质和体制建构产生了深刻影响。

从上述简要的国家学说的历史钩沉中,我们不难看出,霍布斯的国家学说具有承上启下的重要地位。当年的霍布斯因为写作《利维坦》这部宏著而被推崇为近代欧洲史上的伟大哲学家。他对于国家学说的贡献甚至可以比肩于古希腊哲学家亚里士多德。英国哲学家罗素(Bertrand Arthur William Russell,1872~1970)认为,虽然霍布斯、洛克、贝克莱(George Berkeley,1685~1753)、休谟(David Hume,1711~1776)等人一样都是经验主义者,但霍布斯又与他们不尽相同。因为霍布斯是个赞赏数学方法并能够运用数学的人。在罗素看来,霍布斯的一般见解多半得益于伽利略(Galileo Galilei,1564~1642)和培根(Francis Bacon,1561~1626)的影响。因此,我们大致可以这样来推断:霍布斯的国家学说带有经验主义和自然科学的痕迹。

二、《利维坦》的核心思想

霍布斯虽然借用了《圣经》中的一种巨大水生怪物"利维坦"(Leviathan)作为其哲学著作的书名。但在他的眼里,"利维坦"已不再是水怪,而是由人类创造出来的"活的上帝",是人间的"利维坦"——亦即国家。用霍布斯自己的话来说,就是:"国家者,乃伟大的利维坦也。它是一个模拟之人(Artificial Man);其中,主权是其获得生命和运动的灵魂;官员和其他的司法、行政人员则是其关节;与最高主权职位密切相关的赏罚制度则是其神经所在,推动着每一关节和成员去运行。所有个体成员的财富和财产都是其力量所在,人民的安全则是其事务,提供必要知识的顾问们则是其记忆,公平和立法则其理智和意志,和谐乃是其健康所在,动乱则是其疾病之因,内战则是其死亡之源。"[1]

《利维坦》全书的重点聚焦于"国家"问题:"国家"的来源与实质是什么?是谁赋予了"国家"如此的威严与权力?国家的生长因素包括哪些?国家"羸弱"甚至"解体"的因素又包括哪些?国家主权与公民权利之间的关系如何?国家与宗教有着怎样的关系?等等。这些问题对现当代的国家治理无疑具有很大的启发意义。

《利维坦》英文版封面

《利维坦》共分为四个部分。第一部分开宗明义宣布了作者的唯物主义自然观和一般的哲学观点,声称宇宙是由物质的微粒构成,物体是独立的客观存在,物质永恒存在,既非人所创造,也非人所能消灭,一切物质都处于运动状态中。接着,他从"论人"的角度入手,指出人的生命也不过是四肢的运动;作为一个自然的生物,人的自然本性首先在于求自保、求生存,结果就陷入到了自私自利、恐惧、贪婪、残暴无情,人人互为防范、纷纷敌对争战,像狼一样处于可怕的自然状态中。

  第二部分是全书的主体内容。侧重描述自然状态下人们在不幸的生活中一方面享有"生而平等"的自然权利,另一方面则又拥有渴望和平,维护安定生活的共同诉求。于是,出于人的理性,人们相互之间便同意订立契约,放弃各人的自然权利,把它托付给某一个人或一个由多人组成的集体(如议会),而这个人或集体则能把大家的意志化为一种意志,大家因而就服从他的意志和他的判断。通过这种方式订立的契约,就是所谓的社会契约,而这个人或这个集体就是主权者,一群人依约而组成了国家。在这一部分,霍布斯重点讨论主权者的权力——至高无上;国家制度的最佳形式——君主制;民众的义务——绝对服从。主权者或国家承担三种职责:一是对外抵御敌人侵略,保障国家安全;二是对内维护社会的和平与安宁;三是保障民众通过合法的劳动生产致富。

  第三部分着重讨论"基督教国家"中的教会与教皇。霍布斯运用以子之矛攻子之盾的论证方式,通过列举《圣经》经文段落,抨击教皇掌有超越世俗政权的绝对神权,指责教皇和教会教义的荒谬性,坚决主张教会必须臣服于世俗政权,并且只能作为政权的一种辅助机构,从而根本否认所谓"教皇无过错"的谬说。

  第四部分的主要矛头是针对罗马教会。霍布斯通过对《圣经》文本的认真研读和条分缕析,有理有据地揭发了罗马教会的种种腐败黑暗、剥削贪婪之丑行劣迹,夯实了自己的国家学说根基。

  总的来看,《利维坦》的核心观点主要体现在霍布斯关于"自然状态"与国家起源的学说,以及他关于君主制主权主义的理论观点两个方面。对于当下我们思考国家各类问题来说,这两个方面的问题非常具有启发性,也是我们重新阅读这本经典名著必须先要解决的关键问题。

  在《利维坦》第 14 章和第 15 章中,霍布斯分别列举了 10 余种"自然法"(a law of nature),其中最主要的是"第一自然法"与"第二自然法"。所谓"第一自然法",指的是:"每一个人只要有获得和平的希望时,就应当力求和平;在不能得到和平时,就应该寻求并利用战争的一切有利条件和助力。"[2] 所谓"第二自然法",则是对"第一自然法"的引申、补充与深化,主要是指:"在别人也愿意力求和平的条件下,一个人出于和平与自卫目的而考量每每会自愿放弃这种对任何事物所主张的权利；而在对他人的自由权方面则要满足于他自己大致与人相当的自由权利。因为，只要每个人都保留随心所欲或为所欲为的权利，所有的人就会永远处在战争状态中。但是，如果有人不愿意像他那样去放弃自己的权利，那么，任何人都没有理由去剥夺他自己的权利，因为那样做的话，就等于是自取灭亡（没有人必须如此而为），而不是处在安全和平的状态中。这就是《圣经》福音书上的戒律'你想要别人怎样对待你，你就应该怎样去对待别人'。这条准则适用于所有人，己所不欲，勿施于人（Whatsoever you require that others should do to you, that do ye to them）。"[3]在霍布斯看来，"自然法"是永恒不变的，因为忘恩负义、傲慢自负、偏袒不公等之类的品行，向来都是有悖于"自然法"的。只有和平才能让人保全生命，战争总是毁灭生命。这种建立在共同和平、以达到生命自保愿望基础上的"权利的放弃与相互转让，就是所谓的契约（contract）"。[4]霍布斯强调指出，由于人是欲望动物，总是活在杀死别人和提防被别人杀死的悲惨境地中。所以，人们就会签订契约，互相确保不去伤害对方的生命。为了保证每个人都不会违背契约，就需要一个强大而中立的权威力量，对那些背叛契约的人施以威慑力，而这个权威就是国家。霍布斯反对宗教式的"君权神授"。他认为，国家权力只来自于人们签订的契约，与神并无任何关系。民众一旦将权力交给了君主，那就不能反悔。因为，君主本身并没有签订契约，所以，他就不受契约的限制。这就意味着：国家完全不受权力的约束，可以置民众的利益诉求于不顾。显然，霍布斯的这种国家学说带有明显的君权思想，后人很难接受与实践。

事实上，霍布斯关于主权至上的专制主义理论主要体现在他对权力的思考中。在他看来，国家既是一种强制性权力，又是一种公共性权力，它是产生于从一开始按照契约建立国家时提出的安全和平与自我保护的人类诉求。用霍布斯的话来说，就是："要想建立这样一种抵御外来侵略并阻止相互侵害的共同权力，从而保障人民能够辛勤劳作，丰衣足食。唯一的途径在于，人们应该把所有的权力和力量授予某个人或某个人的集合体，并且要把所有人的意志或多数人的意见转化成为一种意志。这就相当于任命一个人或一个由多数人组成的集合体去承担群体的人格,每个人都必须承认他自己所授权其本身人格的代表者在有关公共和平或安全防务方面所采取的任何行为或命令。在这种行为中,每个人的意志必须服从于这个代表者的意志,每个人的判断必须服从于代表者……根据国家中每个人给予他的授权,这个代表者就能使用授予他的强大权力与力量,借助于这一强大权力和力量的威慑,他就能够形成群体的共同意志,对内谋求和平,对外共同御敌。"[5]很显然,霍布斯一方面认为,国家的本质就存在于这个代表者的身上;另一方面则强调国家与臣民的关系。在他看来,"国家是这样一个人格,人们通过相互之间的契约订立而使得群体的每个人都成为他的授权者,他的行为就是群体的行为,以至于他最终可以使用群体的力量和手段去维护群体和平,做出共同防卫。承认这一人格的人被称为主权者(Soveraigne),并且拥有君权(Sovereign power),而其余的每一个人则都是他的臣民(Subject)"。[6]

就霍布斯的国家主权理论而言,被授权去行使全体臣民力量与手段的"人格"称之为"主权者",主权的获得可以是人们相互达成协议或自觉"转让"协议的结果,霍布斯称之为"按约建立"的国家;也可以通过战争(征服)或通过自然之力(血缘宗法家族的自然统治)而获得,霍布斯称之为"以力取得"的国家。霍布斯明确指出,当一群人达成协议,并且每一个人都与每一个其他人订立信约,无论大多数人把代表全体的人格权力授予任何个人或一群人组成的集体时,赞成者和反对者都将以同一种方式对这个人或这个集体所做的一切行为裁断授权,就像是为自己的行为裁断授权一样。在这种情况下,国家就称之为按约建立了。霍布斯在《利维坦》中一再强调:臣民不能违背与国家签下的"契约",享受和平,是人民的权利,服从国家,是人民的义务,权利与义务相辅相成,须臾也不能分割。当然,霍布斯也告诫我们:国家——"利维坦"这个庞然大物,肯定不可以为所欲为,臣民不仅有权对它进行监督,而且还有权把它关进笼子里。当国家不再保护其臣民时,它和臣民签订的契约就会自动失效,臣民也就无须承担对国家的义务。

霍布斯非常清晰而智慧地认为,国家的组成有三种可能性:第一,当代表者只是一个人的时候,国家就是君主制国家(Monarchy);第二,当代表者是集合在一起的代表全体人民的议会时,那就是民主制国家

(Democracy);第三,当代表者是由少部分人组成的议会时,那就是贵族统治的国家(Aristocracy)。霍布斯本人对于君主制更是情有独钟。因为,在君主制国家中,私人利益和公共利益并行不悖。君主的财富、权力和荣誉只可能来自臣民的财富、权力和荣誉。如果臣民或者因为贫困、卑贱,或者因为贫乏、分裂而羸弱,以至于不能作战御敌,在这种情况下,君主也就不可能获得富裕、光荣与安全。而在民主制国家或贵族政体国家中,公共利益的繁荣每每抵不上一个奸诈的建议、一种背叛的行为,以及内战所带来的利益分赃。虽然霍布斯对君主制政体钟爱有加,但他同时也正确地分析了君主制国家中存在的弊端,亦即"所有臣民的全部权力皆有可能因为一个人(君主)的权力而被剥夺,用以养肥君主身边的宠臣或谗臣"。而"同样的事情在主权由一个议会掌控的地方也会产生。因为,他们拥有与君主同样的权力,如同君王会听信谗臣妄语一样,他们也会受到游说家谗言的诱惑。不仅如此,他们甚至还可能会相互阿谀奉承,狼狈为奸,以实现其贪婪野心之愿。君王的宠臣人数很少,而且除了自己的亲族以外,很少会去提拔任何其他人。与君王相比,议会的宠臣说客显然很多,其亲属也要超过任何君王的亲属。此外,君王的宠臣们大多属于那种既能伤害敌人,也能救助友人之人;而主控议会的说客宠臣们虽则拥有巨大的权力去实施伤害,但却没有什么能力去救助他人"。[7]为此,霍布斯自然而然地得出了这样的结论:君主制显然比议会制要优越。

三、《利维坦》国家理论赋予当下的启示

应该强调的是,霍布斯的《利维坦》对后来政治学说的发展产生了深远的影响。实际上,可以把霍布斯的这部著作看成是一部讨论"国家主义"与"保守主义"思想的政治学经典。由于霍布斯在书中首创了"契约论"和"自然法则"理论主张,而"契约论"又是欧洲自由思想的核心要素所在,因此,自由主义者对霍布斯也是极为敬仰和尊重的,将他视为"欧洲自由主义"思想的先驱,霍布斯应该是当之无愧的。

前已所述,从政治理论上来看,《利维坦》的贡献并不亚于亚里士多德的《政治学》。在西方,如果说亚里士多德是古代的第一个政治思想

家,那么,把霍布斯称之为近代第一个政治思想家,他应该也是当之无愧的。因为,古代的政治学始终与伦理学和道德相糅合,强调人们在国家中生活的目的在于求真、求善、求美,崇尚有道德的生活,况且亚里士多德是作为奴隶主的思想家而立论的。相比而言,霍布斯的政治理论则完全摆脱了伦理、道德和宗教的束缚,以一个彻底唯物主义者和无神论者的姿态,代表早期新兴资产阶级和贵族们去立言定说。他摆脱了神学观点之后,开始用人性的眼光来观察国家,并企图用自然科学的研究方法来研究社会,并从理性和经验中提出了自然法的某些规律,建立了自己的国家学说体系。某种程度上,我们甚至可以这么说,如果没有霍布斯的《利维坦》,就不会有洛克的《政府论》,也不会有卢梭的《社会契约论》。不仅如此,霍布斯淡化神道教义,把自己的唯物主义思想遗产留传给了后来18世纪的启蒙思想家们,并使之得到进一步的发扬光大。如果说霍布斯讲的是一套"消极自由"的理论,即人们在社会中必须选其一:要么自由,要么被统治;那么,卢梭提出的则是一套"积极自由"的理论,否认自由与被统治之间存在不可调和的矛盾。因为,人民转让出来的权力已经变成了"普遍意志",人民实际上并没有因此而失去其自由权力。当然,卢梭的"社会契约论"并未充分认识到这一点,亦即:任何主权权力都必须通过具体的个人而行使,这就为个人或小集团以人民的代理人而自居以追逐私利创造了可能。实际上,19世纪和20世纪的历史已经证明:类似的问题绝不是政治哲学家们凭空想象就能够解决的。于是,问题再一次被归结为如何对权力进行监督与制约的问题,无论这种权力的行使是以谁的名义而进行。民主政体取代君主政体,不仅是政治支配权的转移,还有德性观念、精神品质的支配权转移。与民主政体一同出现的是一系列价值观念革命:王者气概、领袖尊荣、卓绝的个人优质品质观念,不再拥有主权,也不再受人景仰。[8]民主意识意味着要改变"价值判断的等级秩序",切割"价值权威与效力权威"之间的关系,使得低级趣味"能够对地球上一切高贵的东西发动殊死的战争"。[9]

国内有学者认为,一个成功而令人向往的国家应当追求五个终极目标:第一,没有严重的外部和内部的安全威胁,国内政治稳定,暴力犯罪率低;第二,国家和民众都比较富裕,经济稳步增长;第三,国家有相对统一的信仰体系、道德准则和主流价值观，并包容一部分公民所奉行的其他信仰，公民对国家认同度高；第四，公民之间贫富差距较小，公民平等在教育和社会保障体系中得到较好体现，社会不公能够通过法律和政策调整得到矫正，抑止官员腐败；第五，公民的自由权利得到充分保障，个人自由同民族、国家的自由相一致。也可以说，安全、财富、信仰、公正、自由这五位一体，应该是衡量"成功国家"还是"失败国家"的有机指标体系。虽然在不同的历史阶段和社会条件下，世界各国的政治目标各有不同，甚至每每相互矛盾，但各国都有其共同的这五大终极追求目标——安全、财富、信仰、公正、自由，它们应该是世界各国的永恒政治主题和基本价值。人们追逐权力也好，创建国家亦罢，抑或提倡民主和法制，所有这些，无非都是为了实现这五大终极目标所采取的方式和手段。[10]意大利哲学家马西莫·卡奇亚里（Massimo Cacciari，1944~ ）在一次访谈中，将2020年春季处于新冠病毒疫情震中的意大利称为"一个脆弱而无脑的国家"，因为国家让自己被各种事件所震慑，并显露出它最易受害的一面。[11]在他看来，疫情当前，国民需要一个保持清醒、勇担责任、强而有力的国家。作为意大利深刻理论家的阿甘本（Giorgio Agamben，1942~ ）也同样认为："人们渴望安全，于是接受了政府对个人自由的限制；然而让人们产生这种渴望，并采取措施加以满足的，恰恰也是政府。"[12]

在今天看来，霍布斯在《利维坦》中孜孜以求的理想的国家政权，或多或少具备了上述五大指标体系的种子，也有上述两位当代哲学家所期盼的某种因子，只不过在程度上和力度上稍微有些弱化。实际上，霍布斯以其丰富的人生经历和政治智慧，为后人提出了普世安民之道、治国理政之法，尤其值得当下的我们警醒与反思。这或许就是我们为什么要在当下重新阅读经典名著《利维坦》的原因之一吧。

参考文献

[1][2][3][4][5][6][7] HOBBES T. *Leviathan*[M]. Oxford: Oxford

University Press,1943:7-8,80,81,82,105,106,120-121.

[8] 刘小枫.被斩首的人民身体——人民主权政体的政治神学和史学问题[M]//恩内斯特·康托洛维茨.国王的两个身体.徐震宇译,上海:华东师范大学出版社,2017:62.

[9] 尼采:《善恶的彼岸》.魏育青等译,上海:华东师范大学出版社,2016:180.

[10] 王缉思.世界政治的终极目标[M].北京:中信出版社,2018:3-5.

[11] 2020年3月2日意大利《快报》(*L'Espresso*)周刊上的社论《新冠病毒与全体封锁的幻觉》(*Il coronavirus e l'illusione di chiudere tutto*)。

[12] 2020年2月25日意大利《宣言报》(*Il Manifesto*)上刊登的社论《由无端的紧急情况带来的例外状态》(*Lo stato d'eccezione provocato da un'emergenza immotivata*)。

墨子与穆罕默德哲学思想的比较研究

马占明

墨子是我国古代伟大的思想家之一,墨家学说的创立者。关于墨子的姓名,一般认为墨子姓墨名翟,为春秋战国时期鲁国人。水渭松认为墨子的生年当在公元前466年前后,卒于公元前400年左右。[1]墨子曾学儒者之业,受孔子之术。后来,他对儒家提倡的繁文缛节极为不满,于是另立学说,形成了与儒家分庭抗礼的墨家学派。可是,自秦始皇焚书坑儒以后,墨学开始走向衰落,从此由一代显学成为千古绝学。墨家宗教哲学思想集中表述在《墨子》一书中,其内容大致可分为三个方面:一是政治思想,反映在其《兼爱》《尚贤》《尚同》和《非攻》四篇中;二是经济思想,反映在其《节用》《节葬》和《非乐》三篇中;三是宗教思想,反映在其《天志》《明鬼》和《非命》三篇中。[2]

穆罕默德是伊斯兰教先知,阿拉伯半岛麦加人,生于571年,卒于632年。他童年时放过牧,青年时期替人打理过生意,40岁那年宣称接到安拉的启示,开始向人们宣读《古兰经》,传播伊斯兰教义,其追随者有家大业大的贵族,也有极度贫困的奴隶。在麦加传教13年,伊斯兰教发展较快,引起麦加贵族的恐慌与反对,先是其追随者被迫迁徙异国他乡逃避宗教迫害,后来他本人也不得不离开麦加,前往400公里以外的麦地那。

到麦地那以后,穆罕默德要求麦加穆斯林与麦地那穆斯林结为兄弟,并与当地其他居民签署了著名的《麦地那宪章》,明确了阿拉伯人与非阿拉伯人、穆斯林与非穆斯林的权利和义务,为伊斯兰教的传播创造了良好的条件,远近阿拉伯部落陆续派人前来觐见穆罕默德,听其讲解伊斯兰教义。从610年至632年,《古兰经》颁布完毕,伊斯兰教思想形成,麦加和平解放,半岛各地居民纷纷加入伊斯兰教。不久,穆罕默德便与世长辞了。伊斯兰教哲学思想集中表述在《古兰经》中,提出了"普慈世界""和平安宁""信仰真主""信仰天使""顺从领袖""任人唯贤""勤俭节约""简葬速葬""反对作乐"以及"前定与自由"等思想。

伊斯兰教的这些思想与墨家哲学思想虽表述各异,却有着惊人的相似之处,可谓异曲同工、殊途同归。墨家哲学思想可以概括为政治思想、经济思想和宗教思想,我们试从以下三个方面对墨家哲学思想与伊斯兰教思想进行一番比较。

一、政治思想比较论

墨家的政治思想反映在其"兼爱""非攻""尚贤"与"尚同"四大主张中,而伊斯兰教提出"普慈""和平""顺从"及"任贤"思想。

第一,墨家"兼爱"思想与伊斯兰教"普慈"思想。

墨子是一个关心天下大事的人,他看到"国之与国之相攻,家之与家之相篡,人之与人之相贼,君臣不惠忠,父子不慈孝,兄弟不和调"(《墨子·兼爱中》)的社会现象,非常忧虑,于是提出"兼爱"思想。在他看来,如果人们能做到"兼相爱,交相利",就不会发生上述现象了。墨子认为"兼相爱"就是要大家树立把别人的国当作自己的国,把别人的家当作自己的家,把别人的身体当作自己的身体看待。有了这种思想,就能把别人与自己同等看待了。他还认为,我必须先做那些爱和利于别人的事情,然后别人再报答我的爱,做出有利于我的事情。这样,人与人之间就不会互相残害了。他说,想要天下太平,而不要天下动乱,就应当贯彻"兼相爱,交相利"原则。

伊斯兰教提出了与此相近的主张。首先,它认为人类拥有共同的祖先,《古兰经》中说:"人们啊,我从一男一女创造了你们,我使你们成为若干民族和部落,以便你们彼此了解。"(49:13,即参阅第49章第13节,以下皆同此格式)就是说,人类虽然分为许多民族和部落,但大家是兄弟姐妹关系,理应彼此加强了解,互敬互爱,而非相互残害。其次,穆斯林坚信真主是至仁慈的,而先知的使命就是在人间实现主的仁慈。《古兰经》中说:"我派遣你,只为普慈众世界。"(21:107)实现真主的仁慈是伊斯兰教的根本宗旨,一切与此宗旨相悖的言论和行为都是伊斯兰教所反对的。至于实现"普慈"的具体形式,先知在其著名的辞朝演说中明确提出保护生命、财产和声誉的主张。[3]根据上述《古兰经》文和先知的相关言论,安萨里等伊斯兰学者提出伊斯兰教法的宗旨,即保护宗教信仰、保护生命与财产安全、保护声誉与理智,认为教法就是为实现真主对世界的普慈而颁布和实施的。

伊斯兰教还要求人们对动物仁慈,以体现真主的普慈。先知穆罕默德说:"没有仁慈之心者,不被慈爱。"他要求人们对动物仁慈,不要让它们超负荷承载;要求穆斯林在屠宰牲畜的时候用锋利的刀子,以减少屠宰给动物造成的疼痛等。在他看来,种植花草树木供动物觅食和鸟类筑巢也是一种施舍,是一种有回报的善行。

第二,墨家的"非攻"主张与伊斯兰教"和平"思想。

墨子生活的年代,各国为了攻城略地,不惜花费巨资互相攻伐,导致生灵涂炭、百姓苦不堪言。为了实现"兼爱"思想,减少战争带给人民的创伤,墨子提出了"非攻"主张。所谓"非攻",就是反对非正义的战争。墨子的"非攻"主张其实就是其"兼相爱,交相利"思想的具体体现,反映了墨子反对战争、保护百姓生命与财产安全的价值取向。在墨子看来,春秋战国时期的兼并战争都是违背"兼爱"原则的。他批判那些为了扬名天下或者追求最大利益而发动战争的人,指出发动战争是"夺民之用,废民之利"(《墨子·非攻中》)的愚蠢之举,不但耗费大量物资,而且造成大量人员伤亡。但是,墨子只反对"攻伐无罪之国"的侵略战争,他不反对师出有名的讨伐性战争,支持旨在保家卫国的防御性战争,他曾帮助宋国抵御楚国的进攻。

"伊斯兰"一词是阿拉伯语"Al-Islam"的音译,词根是"Silm",基本意思就是"和平"。因此,"和平"是伊斯兰教的基本属性之一,也是穆斯林为之奋斗的重要目标之一。当年,先知穆罕默德在麦加传教时曾受到贵族阶级的干扰,他们迫害加入伊斯兰教的人,甚至实施暗杀先知。麦加穆斯林先后两度被迫到埃塞俄比亚躲避宗教迫害,先知本人也不得不迁徙到麦地那继续自己的传教事业。但是,麦加的贵族们还是不肯放过他,他们追到400公里以外的麦地那,剿灭穆斯林,消灭伊斯兰教。在这种情况下,当时的穆斯林才被允许杀敌:"那些与敌厮杀的人被允许杀敌,因为他们曾受迫害。"(22:39)这节经文被认为是第一节允许穆斯林应战的经文。在战争无法避免的时候,伊斯兰教要求穆斯林积极备战:"你们预备武器和战马,以威慑真主的敌人和你们的敌人,还有另外一些人。"(8:60)"你们当为主道而与那些试图杀死你们的敌人拼杀,但不要过分,安拉不喜欢过分之人。"(2:190)这里的"主道"可以理解为一切正义的事情;"过分"指诸如割喉、挖眼、毁容等非人道的行为。上述经文告诉我们伊斯兰教允许在被迫无奈的情况下与人交战但不能有过分的行为。而且,在交战期间,如果敌人提出停战,穆斯林必须接受。(8:61)在没有来自敌人威胁的情况下,伊斯兰教要求穆斯林"全体进入'希勒米'中"。据泰伯里记载,有些学者把经文中"希勒米"一词解释为"讲和""和平相处""放弃战争",这种解释与伊斯兰教的"和平"属性完全吻合。

第三,墨家"尚贤"思想与伊斯兰教"任贤"思想。

在墨子看来,社会秩序之所以混乱、国家之所以不强大、百姓之所以不富裕,主要原因之一是很多管理国家的人无德无能。为了改变这一现状,墨子提出"官无常贵,而民无终贱,有能则举之,无能则下之"(《墨子·尚贤上》)的用人原则。墨子所说的"能"者是指"厚乎德行,辩乎言谈,博乎道术者"(《墨子·尚贤上》)。他把使用贤能之人提到"为政之本"(《墨子·尚贤中》)的高度,主张给贤者高官厚禄和发号施令的权力,让他们最大限度地发挥自己的才能,他说:"爵位不高,则民不敬也;蓄禄不厚,则民不信也;政令不断,则民不畏也。"(《墨子·尚贤中》)这一主张反映了墨子改革政权机构,建立贤人政治的主观愿望。他想让德才兼备的贤能之士取代那些无德无能之辈管理国家,造福人民。

穆罕默德生前没有指定代位人,他去世以后,人们通过选举产生了代其主持穆斯林社会政务的人——"哈里发",这说明伊斯兰教是不主张世袭制的。伊斯兰历史上总共有过30位哈里发,其中只有4位被逊尼派穆斯林公认为"正统哈里发"。究其原因主要有两个:第一,他们人品好、能力强,是贤能之人,为伊斯兰教的传播做出了巨大贡献;第二,他们是通过选举或者推举产生的,他们在执政期间取得的政绩证明了大家的选举是正确的。而其他20多位哈里发是靠武力或者世袭取得政权的,虽然当时的穆斯林承认其领导地位,却不认为他们是"正统哈里发"。根据伊斯兰教法,哈里发人选必须具备如下条件:公正、有学问、五官健全、身体健康、懂得管理、勇敢且有勇气等。[4]具备这些条件者无疑是贤能之人。

第四，墨家"尚同"思想与伊斯兰教"顺从"思想。

墨子认为，从下到上，都要"尚同"。就是说，下级的行为要符合上级的命令，天子的行为要符合上天的意志，以此达到统一思想和行为的目的。墨子还认为，在国家出现之前，人们的意见之所以不能统一，是因为每个人都有自己的是非标准，因而天下大乱。所以，他主张选举天下的贤德、善良、人格高尚又有智慧且能言善辩的人立为天子，"使从事乎一同天下之义"（《墨子·尚同中》）。然后，天子再选择贤者来担任"三公、诸侯、国君"与各级的"正长"和"里长"，以帮助天子统一民众的思想。

伊斯兰教虽然没有明确提出"尚同"的概念，却提出了"顺从"思想。《古兰经》中说："你们要顺从真主，顺从使者，和你们当中的管理者。"（4:59）"顺从真主"就是按照真主的意志和《古兰经》的要求，履行对真主、对父母及亲朋好友和街坊邻居应尽的义务。"顺从使者"是要求按照其教导践行伊斯兰教法，令行禁止。注释学家们认为经文里的"管理者"指执政者和管理者，也指学者。"顺从管理者"是指服从他们的政令，听从他们的调遣。[5]先知曾教导穆斯林，即使管理者是一个埃塞俄比亚的奴隶也要服从。在穆斯林看来，人对真主的顺从是绝对的、无条件的，因为真主是全知全能的，其裁决永远是正确的；对使者的顺从原则上也是无条件的，因为他是在传达真主的旨意。但在世俗事务上不必事事听从，因为他也是人，也会出错；而对管理者的顺从是有条件的，其命令不能违背真主的意志。由此可见，伊斯兰教主张民众必须服从管理者，管理者必须顺从真主，与墨家"尚同"主张不谋而合。

二、经济思想比较论

墨家经济思想集中反映在《墨子》一书《节用》《节葬》和《非乐》三篇中，在这些章节里，墨子明确表达了自己的经济主张。伊斯兰教有"节约""速葬"和"禁乐"的规定，反映了其经济思想。我们试从这几个方面对墨家和伊斯兰教进行一番比较。

第一,墨家"节用"思想与伊斯兰教"节约"思想。

当时的统治者过着荒淫奢侈的生活,对物质条件要求很高,到了穷奢极欲的程度。为了满足自己的欲望,他们大量耗费百姓的民力财力,使人民陷于困境。针对这些现象,墨子提出了"节用"主张,倡导节约物资。墨子所说的"节用"并非只是节约费用,他很重视免除无益的消耗。他认为古代圣人治政,宫室、衣服、饮食、舟车只要适用就够了。墨子认为,凡不利于适用,不能给百姓带来利益的费用都应当取消。他提出为政者应该增加生产,使物质财富成倍增长。当时有些人主张通过侵略他国,扩张领土,掠夺资源来实现成倍增长财富的目标。墨子对此表示反对,他认为只要开发本国资源,同时厉行节约,减少不必要的开支,物质财富就可以成倍增长了。他说:"圣人为政一国,一国可倍也。大之为政天下,天下可倍也。其倍之,非外取地也。因其国家,去其无用之费,足以倍之。"(《墨子·节用上》)同时,墨子还主张国家的财政开支也要对人民有利,他说:"诸加费不加于民利者,圣王弗为。"(《墨子·节用中》)

伊斯兰教鼓励劳动,提倡节俭,反对铺张浪费。《古兰经》中说:"阿丹的子孙们,在礼拜的场所你们要衣着整洁,你们可以吃、可以喝,但不许浪费,真主不喜欢浪费之人。"(7:31)博得真主喜悦是穆斯林的最高精神追求,凡是真主不喜欢的,都是穆斯林应当避免的。帮助贫困是伊斯兰教提倡的一种善举,即便是做这样的善事,也要保持适度,既不过分吝啬,也不过于铺张,以免把自己变得一贫如洗,让家人的生活受到影响。(17:29)

第二,墨家"节葬"与伊斯兰教"速葬"。

墨子生活的年代,人们奉行儒家提倡的"厚葬"和"久丧"礼制。所谓"厚葬"就是陪葬的服饰、器物精美量多;所谓"久丧"是指人死以后,家人为其守丧,少则数月,多则三年,守丧期间茶饭不思,衣着朴素,不耕不织,以示对死者的哀思。墨子强烈反对这些做法,他指出"厚葬"是一种极大的浪费;而"久丧"则影响劳动生产,其结果是"国家必贫,人民必寡,刑政必乱"(《墨子·节葬下》)。他根据节俭原则提出"节葬""短丧"主张,认为葬礼不分贵贱,一律"桐棺三寸"(《墨子·节葬下》),守丧只需三天处理善后事宜,然后马上恢复生产。

伊斯兰教法要求简葬和速葬，规定人死以后用净水清洗全身，然后用白布包裹尸体，男性用三块，女性用五块，且不用棺椁，也不在墓穴内安放任何陪葬品。在穆斯林看来，人死以后进入另外一个世界，不再需要这个世界的物资了。所以，安放陪葬品对故人毫无意义，纯属浪费。伊斯兰教还要求速葬，人死以后尸体一般不得停留超过一天时间。穆斯林社会有"亡人奔土如奔金"的传统思想。

第三，墨家的"非乐"思想与伊斯兰教"禁乐"思想。

春秋战国时期，我国的音乐事业取得了辉煌的成就。墨子生活的年代，战争频发，百姓疾苦，统治阶级却天天歌舞升平，享受音乐带来的快乐。在墨子看来，制造各种乐器会加重百姓的经济负担，演奏音乐会占用百姓从事生产的时间，欣赏音乐会使统治者疏于朝政，上不利于天，下不利于民，完全无用。何况，演奏音乐需要挑选优秀的青年，让他们脱离生产劳动，这些人不但不能为社会创造财富，还要靠百姓养活，给他们吃穿。总之，墨子认为音乐对国家、对社会、对百姓均有害而无益，所以"乐之为物，将不可不禁而止"（《墨子·非乐上》）。

穆罕默德生前曾陪同妻子观赏过庆祝节日的活动，当时有黑人在敲鼓唱歌。穆斯林先贤中也有人在负伤养病期间寂寞的时候哼曲。[5]伊斯兰教法对不同乐器做了不同规定，吹奏笛子等乐器为"憎嫌"，如果经常演奏则为"非法"；弹奏用肠线做成的乐器和演奏内容粗俗的歌曲为非法，演奏大鼓无妨。安萨里说，经训和类比都证明可以听歌曲和鼓类乐器，笛子和琴类乐器为非法，因为有圣训明文禁止。[6]至于跳舞，有些法学家认为是憎嫌，有些人认为无妨，有些人认为在某些场合对某些人允许，对其他人是憎嫌。不过也有穆斯林学者认为所有娱乐活动均为非法。

在如何看待音乐这个问题上，墨家似乎比伊斯兰教更保守，而中国穆斯林的态度更接近墨家的主张。

三、宗教思想比较论

墨家的宗教思想反映在"天志""明鬼"和"非命"主张中，而伊斯兰教有"信仰真主""信仰天使"和"信仰前定"三个基本信条。我们试从这些方面对墨家和伊斯兰教思想进行比较。

第一,墨家"天志"说与伊斯兰教"真主"论。

首先,墨子认为天是最高贵、最有智慧的,也是最公正的裁判者和执行者,因而具有最高的权威。他说:"天之行广而无私,其施厚而不德,其明久而不衰。"(《墨子·法仪》)其次,在他看来,天拥有世界上的一切:"今天下无大小国,皆天之邑也。人无幼长贵贱,皆天之臣也。"(《墨子·法仪》)而且,天具有最高的意志:天"以磨为日月星辰,以昭道之;制为四时春秋冬夏,以纪纲之;雷降雪霜雨露,以长遂五谷麻丝,使民得而财利之;列为山川溪谷,播赋百事,以临司民之善否;为王公侯伯,使之赏贤而罚暴;贼金木鸟兽,从事乎五谷麻丝,以为民衣食之财。自古及今,未尝不有此也。"(《墨子·天志中》)所以,包括天子在内的所有人都必须"以天为法",并顺从之。墨子说:"既以天为法,动作有为,必度于天,天之所欲则为之,天所不欲则止。"(《墨子·法仪》)那么,天欲什么呢? 墨子说,天之意,"欲人之有力相营,有道相教,有财相分也;又欲上之强听治也,下之强从事也"(《墨子·天志中》)。相反,天"不欲大国之攻小国也,大家之乱小家也,强之暴寡,诈之谋愚,贵之傲贱"(《墨子·天志中》)。墨子所说的"天"还有赏善罚恶的威力。如果顺从天的意志,实行"兼相爱,交相利"原则,就必然得到奖赏;而违反天的意志,即"别相恶,交相贼",就会遭到惩罚。因此,墨子认为:"今天下之士君子之欲为义者,则不可不顺天之意矣。"(《墨子·天志下》)

穆斯林相信茫茫宇宙有一个造物主存在,名曰"安拉",一般译作"真主"。在他们看来,真主具有完美的属性,比如至尊、至知、至聪、至明、至仁慈、至威严等。真主创造了天地万物,"天地的创造,昼夜的轮流,在有理智的人看来,此中确有许多迹象"(3:190),也创造了人类,"人们啊,你们的主创造了你们,和你们以前的人,你们当崇拜他,以便你们敬畏"(2:21)。他还创造了人类生存所需的一切条件,"他以大地为你们的席,以天空为你们的幕,并且从云中降下雨水,而借雨水生出许多果实,做你们的给养"(2:22)。可见穆斯林相信的真主是有意志的,而且是天地万物的主宰者、拥有者、支配者和裁决者。那么真主意欲什么呢?《古兰经》告诉我们,他意欲替人们减轻负担(4:28),意欲给人们容易(2:185),意欲你们走前人的正道,意欲接受你们的忏悔(4:

26、27），意欲使你们变得洁净，完成对你们的恩典（5：6）。真主不欲什么呢？他不欲亏待众世界（3：108），不欲亏待人类（40：31），不欲你们困难（2：185）。为了引导全人类，普慈众世界，真主曾在不同时期派遣众多先知，最后一位是穆罕默德。真主要求人类顺从其意志，以体现其普慈，泽被全人类。真主曾惩罚过顽固不化、怙恶不悛、为非作歹的不义之徒，他承诺过要奖赏那些虔诚信仰、多行善事的好人，给他们以丰厚的回报。

第二，墨家"明鬼"论与伊斯兰教"天使"说。

墨子所处的时代社会十分混乱，他认为社会之所以如此混乱是因为人们不信鬼神，不怕鬼神，于是，他提出"明鬼"说，以期达到整饬社会风气之目的。然而，当时有很多人表示反对"明鬼"的说法，坚持"无鬼"主张。墨子列举古代传闻和古代圣王重视祭祀以及古籍上的一些记载论证鬼神的存在和灵验，证明鬼神的存在和作用，驳斥那些持"无鬼神论"者。在他看来"鬼神"可以帮助"天"实施赏善罚恶，因而不能不信，不能不怕。他认为，如果人人都相信鬼神能够赏善罚恶，天下就不会那么乱了。墨子所说的"鬼神"可能指冤死者的灵魂，比如在论证"鬼神"存在的时候他提到曾经被冤杀的人变回原来的样子杀死了仇家（《墨子·明鬼下》）；也指一种人面鸟身的生命，墨子说："昔者郑穆公，当昼日中处乎庙，有神入门而左，鸟身，素服三绝，面状正方。"（《墨子·明鬼下》）这似乎与伊斯兰教经典里所说天使很相似。

穆斯林相信有天使存在，相信天使往返于真主和人类之间，按照真主的意志管理万事万物。《古兰经》中说："一切赞颂，全归真主——天地的创造者！他使每个天使具有两翼，或三翼，或四翼。他在创造中增加他所欲增加的。真主对于万事确是全能的。"（35：1）"众天使和精神，奉他们主的命令，为一切事物而在那夜间降临。"（97：4）"你们的上面确有许多监视者，他们是尊贵的，是记录的，他们知道你们的一切行为。"（82：10－12）经文提及的"监视者""尊贵的""记录的"指的就是天使。天使还会奉真主之命援助正义之师："当时，你对信士们说：……如果你们坚忍并且敬畏，而敌人立刻来攻你们，那末，你们的主将使五千袭击的天使来援助你们。"（3：124－125）根据《古兰经》记载，真主曾经惩罚过许多不义之人（6：6；17：17；19：74；28：43；43：8），而实施惩罚的正是天使。

第三，墨家的"非命"说与伊斯兰教的"前定"论。

墨子生活的年代很多人相信有"命"，认为富贵贫贱都由上天安排定夺，人再努力也徒劳无益。墨子虽然主张"天志"，却反对听天由命，提出"非命"说。他强调命定论的危害性，指出如果相信天命的学说并用以指导行动，则王公大人必然懒于断案和治理政事，卿大夫必然懒于治理官府，农夫必然懒于耕种田地，妇女必然懒于纺纱织布，其结果必然是社会秩序混乱，社会财富严重不足(《墨子·非命上》)。墨子指出"天命"论并非天的意志，而是古代暴君为了欺骗民众、维护自己的统治而编造出来的谎言。他认为相信"天命"说"上不利于天，中不利于鬼，下不利于人"(《墨子·非命上》)，主张这种论调是一切坏言论、坏行为的总根子。因此，墨子认为，天下的士君子，若真想要天下富裕起来，让国家得到大治，就不能再相信天命之说了。[7]

伊斯兰教有"前定"论，即一切均由真主定夺和安排，没有人能够改变。从表面上看，这一说法似乎与墨子所反对的"天命"说一样，要求人们安于现状，不求进取，不图发展，很多穆斯林也是这么理解的。但在艾布·哈尼法看来，"前定"是真主对事物的"预知"和"描述"而不是"规定"，所谓"描述"就是对事物发生的时间、地点、原因和状况的记载[8]。塔哈维的解释略有不同，他认为："前定本是安拉在其被造物中的秘密，任何亲近的天使，任何被派遣的使者都不曾窥见过。"[9]就是说，人类不可能知道真主是怎么定的，所以，你尽管去做你想做和该做的事情，不要管真主是怎么预定的。成功了，是真主的前定，不可以骄傲；不成功，也是真主的前定，不能气馁。据此，前定不是要人们不作为、不努力，而是要人们以积极的心态去面对天灾人祸。因为，既然发生了，那就是真主的意欲，穆斯林必须顺从真主的意志。从这个意义上看，墨家的"非命"论与伊斯兰教的"前定"说并不完全矛盾，不过前者强调思想的解放，后者更关注人们面对灾祸时的心态。

四、二者比较研究的现实意义

墨家是我国传统文化的重要组成部分，而伊斯兰教自唐代传入中国,已有1400多年的历史,已成为中国文化的重要组成部分。墨家和伊斯兰教提出的一些哲学思想和社会主张对今天的中国社会具有重要的借鉴意义。

人有物质与精神或者说生理和心理需求,也有自私与贪婪的本性。需求会促使人去占有,人类往往通过非法甚至暴力手段达到其占有的目的。为了占有,有些人会罔顾法律的约束,产生伤及他人、危害社会的行为。由于自私和贪婪,有些人即便在基本需求得到满足的情况下也会以身试法,做出伤天害理的事情。这种现象,古今中外,概莫能外。

一般宗教都有信仰造物主一条,只是称谓不同而已。根据《诗经》《尚书》及《论语》等古代文献,中国古人似乎信仰有"上天"的一种力量存在。这种力量是至尊贵、至强大的。墨子明确指出"天"最大的职能是赏善罚恶,他要求人们做符合天意的事情,远离违背天意的行为,以免遭到上天的惩罚。伊斯兰教有信仰真主一条,要求人们顺从真主的意志,做真主要求的事情,远离他所禁止的事情。

对于不信仰宗教的人而言,古代圣贤的这些话显得苍白无力,毫无约束力可言。而对于信仰上天的人来说,上天的意志是不能听而不闻的;对于信仰真主的人而言,真主的命令与禁令是不能不遵从的。穆斯林以博取真主喜悦、获得后世永恒幸福为人生目标,他们深信顺从真主的意志就能够实现这一目标。

随着改革开放的不断深化,经济建设不断取得胜利,我国成为世界第二大经济体。与此同时,经济犯罪时有发生,贪腐现象十分普遍,造假问题非常严重,危害健康的产品层出不穷。国家虽三令五申并严厉打击,却屡禁不止。假若那些贪官和那些厂商心中有些许信仰,就会有所畏惧,犯罪现象就会少许多。我们有理由相信,对于任何一个社会而言,信仰都是必要的,它能对法律和道德起到辅助作用,能够让信仰者心生畏惧、懂得自律。

歌曲《爱的奉献》中有一句歌词是"只要人人都献出一点爱,世界将变成美好的人间"。自古以来,多少人间悲剧,就是因为人与人之间缺乏爱而发生的。今天的人类社会,依然比较普遍地存在着墨子所说的"国之与国之相攻,家之与家之相篡,人之与人之相贼"的现象。究其原因,主要是人类不懂得生命之宝贵,不惜牺牲他人性命来满足自己的欲望。假若人们懂得珍爱生命,心中有仁爱之心,世界上就不会发生那么多战争,人间也不会发生那么多悲剧。因此,墨家提倡的"兼爱""非攻"思想和伊斯兰教的"普慈""和平"主张,对于今天的人们,无疑具有重要的现实意义。

治理国家,人是关键因素。一个国家的管理者是否贤能、国家意志是否统一,是决定这个国家能否繁荣富强的决定性因素。如果由贤能之士管理国家,则万众一心,国家的意志就能统一,其结果是国强而民富;如果让一些无能之辈管理国家,则人心涣散,貌合神离,其结果是国弱而民穷,这是社会发展的必然规律。正因为如此,墨子提出了"尚贤""尚同"思想,伊斯兰教也有"顺从""任贤"的传统。这些传统思想,对于今天的中国,仍然具有重要的借鉴意义。

李绅在《悯农诗》中所说:"锄禾日当午,汗滴禾下土。谁知盘中餐,粒粒皆辛苦。"这是妇孺皆知的佳句。然而在现实生活中,很多人根本不懂得节约,铺张浪费现象非常普遍。据中央电视台2013年1月22日报道,中国每年浪费的粮食800万吨,够2亿人吃一年。据粮农组织报告,全球约有1/3的食物在生产与消费过程中被浪费或损失。在工业化地区,每年约3亿吨食物被浪费,估计可满足全球8.7亿饥饿人口的需求。水电等资源浪费也非常严重,尤其是在节假日期间。

"奢侈"原本是一个令人不齿的现象。如今,随着我国经济的快速发展和一部分人的暴富,在很多人眼里,奢侈成为"富贵"的象征,奢侈的人成为被羡慕的对象。发达国家存在奢侈现象,欧美和日本的奢侈品消费水准曾居世界前列。2008年金融风暴以后,中国成为奢侈品消费大国。据《世界奢侈品协会2011年蓝皮书》发布的消息,截至2011年3月底,中国奢侈品市场销售额已达到107亿美元,占全球份额的1/4,已成为世界最大的奢侈品消费国。很多人不但活着的时候奢侈,去世以后也要奢侈,临终前吩咐身边的人为自己准备价值不菲的陪葬品供其在阴间"享用",其结果是,既造成了资源浪费,又招来盗墓者。

因此,墨家提出的"节用""节葬"思想,伊斯兰教提倡简葬、速葬和反对挥霍浪费、主张适度消费等思想,对今天的人们具有重要的指导意义。墨家主张与人分享钱财的思想,伊斯兰教规定的天课制度和鼓励施舍的主张对解决贫困问题,拉近贫富关系,维护社会稳定与和谐,无疑具有重要的现实意义。

结语

　　古人曰：千圣同心，至言不二。的确，古代圣贤为后人留下了宝贵的思想遗产。墨子是中国古代哲学家之一，他毕生忧国忧民，致力于改良社会制度、维护百姓利益、实现天下太平。为此，他提出了兼爱、非攻、尚同、尚贤、节用、节葬、非乐、天志、明鬼、非命十大主张，论述了其政治、经济和宗教思想。墨子去世后不久，其思想便成为一支哲学流派，对当时和后来的中国社会产生了较大影响。1000年后，阿拉伯先知穆罕默德提出了普慈世界、维护和平、信仰真主、信仰天使、顺从与任贤、节约与速葬、禁止音乐以及前定与自由等概念。今天，人类虽然进入了信息时代，但我们依然看到墨子曾经描述的"国之与国之相攻，家之与家之相篡，人之与人之相贼，君臣不惠忠，父子不慈孝，兄弟不和调"现象普遍存在。种种现象表明，人类在认识自我，为人处世，在处理国与国、家与家、人与人之间关系等重大问题上还十分幼稚。我国领导人认识到了问题的严重性并开始整饬社会，中国已经步入建设法治国家的时代。在这个过程中，国人需要学习和借鉴传统文化和古代圣贤的思想，墨家和伊斯兰教哲学思想能够为我们提供丰富的精神养分。

参考文献

[1] 水魏松.墨子[M].北京：中国国际广播出版社，2011.

[2] 萧公权.中国政治思想史（一）[M].沈阳：辽宁教育出版社，1998.

[3] 艾布·哈桑·奈德伟.先知传记[M].上海：东方出版社，1986.

[4] 阿卜杜·瓦哈比.伊斯兰政治[M].德黑兰：使命出版机构，1993.

[5] 穆罕默德·本·哈桑.战争法规大全第1册[M].贝鲁特：科学图书出版社，1993.

[6] 沃海柏·祖海里.伊斯兰教法百科第8册[M].大马士革：思想出版

社,2013.
　　[7] 方勇.墨子[M].北京:中华书局,2011.
　　[8] 曼俩·阿里.大学注释[M].贝鲁特:科学图书出版社,1984.
　　[9] 马占明.塔哈维及其教义思想研究[J].世界宗教研究,2014(5).

大众传媒立法视域下的俄罗斯政治精英治国理念变迁

刘春杰

随着苏联的解体,一个全新的又与苏联有着千丝万缕联系的联邦制国家俄罗斯诞生了。普京执政之始的 2000 年,是俄罗斯全面变革、走上强国之路的开端,而 2013 年底开始的乌克兰危机则是俄罗斯与欧美关系恶化的起点,对外关系和格局的改变,促使俄罗斯政治精英重新审视内政外交,对国家治理进行新一轮的改革。革新性立法是政治精英治国理念变革的必然结果,每一个新的法律条文都凝聚着执政者的执政思路和执政目标。如果说 2000 年以后的大量立法体现了以普京为核心的俄罗斯政治精英树立联邦中央权威、建立强国政治、发展经济、改善民生的治国理念,那么 2013 年底乌克兰危机后的大量立法则体现了俄罗斯政治精英利用立法手段维护国家安全、对抗西方制裁和发展本国民族经济的治国方针。在各类革新性立法之中,大众传媒立法更全面地体现了执政者治国理念和执政方针的变迁,原因在于大众传媒是政府、社会各界和民众三者之间沟通的桥梁,是执政者推行治国理念和执政方针的重要工具。

当代俄罗斯大众传媒立法并没有形成一个单独的法律部门,具有跨部门的特征。俄罗斯现行的大众传媒专门法是 1991 年 12 月 27 日由时任俄罗斯苏维埃联邦社会主义共和国总统叶利钦签署的《大众传媒法》,其处于《俄罗斯联邦法律文件分类表》三级结构中的第二级,位于信息与信息化法律部门和教育、科学、文化法律部门之下。

虽然俄罗斯大众传媒立法还没有形成一个独立的法律部门,但《俄罗斯联邦宪法》第 29 条从宪法的高度为大众传媒立法确定了大众信息自由和禁止新闻审查的原则。2004 年 8 月修订后的俄罗斯《大众传媒法》在传媒领域具有"小宪法的性质"。因此,俄罗斯大众传媒立法体系可以定义为以宪法为立法基础,专门法为立法核心,其他法律条文为立法补充的开放式结构。

自2000年以来,俄罗斯大众传媒立法的多次重大修订,无不反映了以普京为核心的政治精英治国理念的变迁。以俄罗斯大众传媒立法为视角,透过大众传媒立法各项新举措,对俄罗斯政治精英治国理念的变迁进行解读,对其立法行为的深层含义进行分析,不仅具有可行性,更具有现实和学理意义。但中俄学术界对此却鲜有研究,俄罗斯学术界在2000～2006年间对俄罗斯大众传媒立法组成和变革,以及大众传媒法律监管效果做过广泛的研究;中国学者对俄罗斯大众传媒立法的研究一般集中在10年前俄罗斯转型期的大众传媒法立法过程、大众传媒活动受政府和法律监管情况以及与媒体相关的法律等,而对近10年的大众传媒立法变革及变革根源少有涉及。为扩展俄罗斯大众传媒立法研究领域,本文在查找、归类、翻译、分析大量俄罗斯大众传媒相关法律条文的基础上,结合官方报告和数据以及各大媒体网站资料,对2000年以来俄罗斯的大众传媒立法改革和发展进行总结和分析,并透过立法行为解读俄罗斯政治精英阶层国家治理观的变迁。

一、《大众传媒法》全境效力立法与确立中央权威

叶利钦执政时期,俄罗斯《大众传媒法》规定作为联邦成员的各共和国大众传媒立法是其组成部分,即联邦内各共和国地方政府可以拥有自己的大众传媒法律。但地方政府的大众传媒法律大多存在很多公认的错误和一系列限制条款,比如巴什科尔托斯坦共和国和阿迪格共和国要求,未经地方当局的许可,禁止在本地区以外注册的组织在其领土范围内成立和/或扩展任何大众传媒机构。普京在2000年的国情咨文中指出,俄罗斯大众传媒还处于形成阶段,大众传媒就像一面镜子,反映了国家的所有问题和成长之病痛,"有什么样的社会、什么样的政权,就有什么样的新闻业","地方国家机关和官员可以拒不执行法院做出的法律或规范性法律文件违宪或违反联邦立法的判决,可以继续使用法院认定为无效的条文,这种现象在我们的生活中无处不在"。俄罗

斯联邦《大众传媒法》和其他联邦法律一样,在各联邦主体内难以发挥效力,权威性受到挑战。

2000年5月13日,俄罗斯颁布建立7个联邦区和在联邦区设立总统全权代表制度的总统令,各区全权代表被授权检查联邦法律的执行情况,整顿与联邦法律不符的地区立法,以普京为核心的俄罗斯政治精英开始了建立联邦统一立法空间的改革。

2000年8月5日,普京签署联邦法律《俄罗斯联邦会议联邦委员会组成办法》,规定地方行政长官和地方立法会议主席不再担任联邦委员会委员,从而剥夺了地方行政长官的最高立法权。

在2001年国情咨文中,普京指出,"战略转变成功的必要条件是整顿联邦和地方权力机关的关系,不能清楚地区分各权力层之间的权限,缺少高效的协作机制,导致了大量的经济和社会损失",要建立统一、高效的国家权力,"首要的任务是明确中央和联邦主体在共同管辖范围内的具体明确的权限,由联邦法律区分联邦中央和地方的管辖范围和权限"。

2003年7月4日,俄罗斯颁布第95号联邦法律,改革俄罗斯联邦与联邦主体关系。2003年10月6日颁布第131号联邦法律,对俄罗斯联邦地方自治进行改革。这两部法律限定联邦主体和地方自治机关只能创办以及财政支持那些发布官方消息的印刷大众传媒,从而将这一类型之外的其他大众传媒归并到联邦管辖之下,其中第95号联邦法律明确规定,俄罗斯联邦主体的法律和其他规范性法律条文不能与适用于俄罗斯联邦管辖对象以及联邦与主体共同管辖对象的联邦法律相冲突。

以第95号和第131号法律为基础,2004年8月22日颁布的第122号联邦法律对超过150部涉及划分各级权力机关权限及财务保障的联邦立法进行修订,同时废止大量的法律和法律条款。大众传媒立法方面,《经济扶持地区(市)报纸法》和《国家支持俄罗斯联邦大众传媒与图书出版法》失效,对《大众传媒法》第5条第1款做了重要修订,删除了俄罗斯联邦大众传媒立法组成中包含联邦各共和国大众传媒立法的句子,从而明确了俄罗斯《大众传媒法》在所有联邦主体内的法律效力。这项革新性立法凝聚了俄罗斯政治精英阶层新的治国理念,是4年间一系列改革的结晶,其根源是 2000 年开始的联邦和地方关系的改革,而联邦和地方关系改革只是新任总统普京建立联邦中央和总统权威的垂直权力体系改革的一部分。2004 年第 122 号联邦法律的颁布,标志着俄罗斯形成了新的垂直权力体系,地方的权力被削弱,总统和中央权力大大增强。联邦中央权威的确立,使地方各自为政的局面得到有效遏制。

《大众传媒法》在俄罗斯全境具有法律效力的一个代表性判例,是 2006 年 2 月 6 日伏尔加格勒州法院判决伏尔加格勒州 2002 年 2 月 5 日的第 666 号法律《国家支持伏尔加格勒州大众传媒和图书出版法》违反联邦法律《大众传媒法》第 5 条第 1 款等联邦法律条款,通过分析联邦立法,法庭认定颁布涉及大众传媒的规范性法律文件是属于联邦层面的权限,联邦主体无权对相关问题进行法律规范,现行联邦立法排除了联邦主体通过规范性法律文件对大众传媒领域进行监管的可能性。俄罗斯联邦最高法院民事审判庭维持了以上判决。根据判决,《国家支持伏尔加格勒州大众传媒和图书出版法》于 2006 年 8 月 2 日由伏尔加格勒州第 1272 号法律宣布失效。

《大众传媒法》在俄罗斯联邦全境法律效力的确立,不仅是俄罗斯大众传媒立法的一次革新性转变,也是俄罗斯政治精英治国理念的重大变革。此次立法不仅保障了俄罗斯联邦中央权力机关对境内所有大众传媒的法律规范和监管,更为重要的意义在于,通过立法取消联邦主体对当地大众传媒的监管和控制,俄罗斯联邦中央掌握了主流媒体的舆论导向,遏制了地区分离趋势,实现了对地方全面有效的领导。此项立法体现了以普京为代表的俄罗斯政治精英对叶利钦时代大众传媒政策的根本转变,其政治意义远远大于立法本身的意义。

二、保障传播爱国主义信息立法与提升公民爱国意识

苏联各加盟共和国纷纷独立以后,俄罗斯联邦内部同样存在着分裂主义情绪,自治共和国都曾要求联邦给予更多的主权,俄罗斯民众缺乏国家认同感和民族团结观念。普京所进行的一系列改革需要国民的认同和支持才能得到有效执行,所以,培养国民的爱国主义价值观和爱

国意识,提高国民的大国信念和公民责任感成为俄罗斯政治精英阶层的重要治国方针,这一方针从普京执政起一直持续至今,从未间断。大众传媒作为治国方针的宣传工具,其承担的爱国主义和民族团结宣传义务也以立法的形式予以确认。

俄罗斯联邦政府分别于2001年2月16日、2005年7月11日和2010年10月5日颁布《关于俄罗斯联邦公民爱国主义教育2001～2005年国家规划》《关于俄罗斯联邦公民爱国主义教育2006～2010年国家规划》和《关于俄罗斯联邦公民爱国主义教育2011～2015年国家规划》三个政府决议,规定大众传媒要对爱国主义教育提供信息保障,明确了在大众传媒等领域实施爱国主义教育和爱国主义宣传的国家政策。

普京在2007年国情咨文中指出,人民精神的统一和凝聚人民团结的道德观是与政治和经济稳定同等重要的发展因素;在2012年国情咨文中他进一步强调爱国主义精神的重要性,指出公民的责任感和爱国主义是国家政策的坚实基础,作为一个爱国者,不仅要怀着敬爱之心对待自己的历史,更要怀着敬爱之心服务社会和国家。普京还对大众传媒应遵循的工作原则进行说明,指出大众传媒在工作中应该首先以全社会的利益为重,以崇高的道德准则为指引。

为贯彻爱国主义教育方针,2012年10月20日普京签署了《完善国家爱国主义教育政策》总统令,在俄罗斯联邦总统办公厅内部成立俄罗斯联邦总统社会项目管理局,其职能包括收集和汇总中央和地方大众传媒对国家爱国主义教育政策的立场,准备并向俄罗斯联邦总统办公厅领导提交关于如何与大众传媒协作、如何在信息上支持俄罗斯联邦总统办公厅举办的活动的提议。

为贯彻民族团结发展方针,2013年8月20日俄罗斯联邦政府颁布第718号决议《关于〈加强俄罗斯民族团结和俄罗斯各民族文化发展(2014～2020年)〉联邦目标规划》,在第2部分"计划的主要目的和任务"中对大众传媒在加强民族团结、宣传爱国主义和推广各民族文化中的任务做了规定。

2013年底乌克兰危机发生后,俄罗斯政治精英继续加强对青年进行爱国主义宣传和教育。2014年11月29日,俄罗斯联邦政府发布第

2403号指示,确定《俄罗斯联邦至2025年国家青年政策纲要》,纲要指出国家青年政策的关键任务是用爱国主义培养青年具有独立思考能力,掌握创造性的世界观和专业知识,展示高端文化,具有独立做出造福于国家、人民和自己家人的决定的责任和能力。根据2403号指示,因特网等信息—电信网络和大众传媒承担发布有关实施国家青年政策的信息。

俄罗斯政府对爱国主义教育的极大关注,吸引了俄罗斯众多学者对爱国主义教育理论、方法、目标和存在问题等进行广泛研究。国家的爱国主义教育政策得到了学术界和教育界的大力支持,俄罗斯著名历史学家亚历山大·贝科夫指出,对公民、儿童和青年人的爱国主义教育是国家内政和意识形态活动的组成部分,因此,爱国主义教育的战略目标、任务和基本方向由国家机关来确定。俄罗斯科斯特罗马国立大学普通教育学专业学生德米特里·维亚特列夫在自己的副博士学位论文中写道:"当今的危机形势之下,在青年人当中保持俄罗斯爱国主义所固有的对自己祖国实力和潜力的信念和希望,培养青年人对祖国命运和繁荣的责任感是非常重要的。"

俄罗斯主流大众传媒在法律文件的规范下,担负起了宣传爱国主义思想的责任,其宣传工作也得到了大众的认可。2013年俄罗斯社会舆论基金会所做的问卷调查显示,有57%的民众对大众传媒中经常出现的"爱国主义"一词总是或经常产生正面情绪,22%的民众有时产生正面、有时产生负面情绪,11%的人难以回答,只有10%的民众总是对此产生负面情绪。

对于国家是否有必要对居民进行爱国主义教育并实施相应的教育计划,俄罗斯列瓦达分析中心2015年4月的民调结果显示,49%的民众认为国家对居民进行爱国主义教育方案是必需的,因为目前在外部和内部的威胁面前,国家应该培养准备保护国家利益的爱国主义者;19%的民众认同爱国主义教育是必需的,但担心会成为官僚捞好处的工具,不会带来实际结果;16%的受访民众认为不需要进行爱国主义教育,因为首先要解决重要的问题(腐败、生活水平低下等),这些问题解决了,人民的爱国主义精神自然就有了;8%的民众认为爱国主义是私人问题,国家不应干涉;8%的民众选择难以回答。

俄罗斯政治精英多年来推行的爱国主义教育政策显而易见是很有成效的,全俄舆论调查中心 2014 年 10 月 25～26 日的民调结果显示,认同俄罗斯人民团结的民众占 44%。乌克兰危机以来,西方对俄罗斯的全面制裁不仅没有使俄罗斯政权倒台,反而使俄罗斯民众达到空前的团结,在卢布严重贬值、经济严重下滑、民生受到严重影响的形势之下,俄罗斯民众选择了支持总统和政府,共渡难关,公民责任感和国家荣誉感大幅上升,这是俄罗斯政治精英长期培养公民爱国主义意识和民族团结思想施政方针取得成功的最好体现。

三、限制外资比例立法与限制西方舆论宣传和吸引资金回流

2001 年 8 月 4 日,俄罗斯联邦第 107 号法律对《大众传媒法》进行修订,增加第 19.1 条"对创办电视、视频节目和电视传播组织(法人)的限制",规定外国法人、有外资参与且外资比例占法定资本 50% 或以上的俄罗斯法人,以及有双重国籍的俄罗斯公民,无权做电视、视频节目的创办人。这是俄罗斯《大众传媒法》首次对大众传媒(只限电视传媒)的外资比例进行限制。该条款自公布之日起生效,要求之前注册的电视、视频节目创办人和电视传播组织(法人)在法律生效起一年内按新条款整理注册和创办文件。

俄罗斯国家杜马议员将本项立法的目的解释为保护宪法制度基础和他人的道德、健康、权利和合法利益,保障国家国防和安全,包括保障国家信息安全和防范国家信息安全受到威胁。本项立法反映了俄罗斯政治精英对外资电视传媒的警惕和防范。一方面,苏联解体以后,俄罗斯开放媒体市场,奉行言论自由政策,大量外资进入大众传媒产业,对宣扬西方的价值观念和批判俄罗斯内政外交推波助澜,为防止电视传媒受西方掌控,普京执政以后,着手对外资控股电视媒体进行整治。另一方面,普京执政初期,一直对融入欧洲抱有希望,同时俄罗斯经济发展需要吸收大量的国外投资,因此,对大众传媒外资比例的限制设为相对温和的比例 50%。本项立法直到 2011 年 6 月 14 日才由梅德韦杰夫总统签署的第 142 号联邦法律重新修订,新修订的条款将外资比例

50%的限制范围扩大到了广播传媒,而广播和电视以外的其他大众传媒仍然不受外资比例的限制。

北约东扩、乌克兰危机,以及独联体国家的颜色革命,使俄罗斯政治精英融入西方世界的希望破灭。以美国为首的西方国家不仅在政治和外交上攻击普京领导的俄罗斯,而且采取一系列实际行动直接影响和干涉俄罗斯内政。据美国政府网站公布的数据,从2006年起,美国国务院和国际开发署在俄的项目为8.6亿美元,而仅2011年该署在俄的活动就花掉近1.3亿美元,其中7000万美元用于发展民主和人权。普京在2014年的国情咨文中讲道:"我们曾经将过去的对手视为亲近的朋友甚至是盟友,但他们却在境外对俄罗斯分裂分子提供信息、政治、金融和情报支持,这无非是想愉快地在俄罗斯上映南斯拉夫分裂和解体的剧本。"为防止西方国家继续干涉俄罗斯内政,俄罗斯政治精英在多个领域修订立法,限制西方势力在俄罗斯的存在,大众传媒外资比例立法改革也在其中。

2014年10月14日,俄罗斯联邦第305号法律对《大众传媒法》第19.1条做出革新性修订,将其标题改为"对创办大众传媒、传播组织(法人)的限制",2001年确定的不超过50%的外资比例被大幅下调到不超过20%,同时将限制的范围从广播和电视媒体扩展到报刊和网络等所有大众传媒。本次修订从2016年1月1日起生效,大众传媒的创办文件必须在2016年2月1日前按《大众传媒法》进行调整,证明遵守法律要求的文件须不迟于2016年2月15日提交。对外国法人和外资比例占法定资本20%以上的俄罗斯法人的规定从2017年1月1日起执行,证明其遵守法律要求的文件须不迟于2017年2月15日提交。负责大众传媒注册的联邦执行权力机关如果没有收到上述文件,或者收到的文件显示该人员没有遵守《大众传媒法》,则申请中止该大众传媒的活动。

限制大众传媒外资比例不超过20%的法律提案,是由俄罗斯国家杜马议员瓦季姆·坚京(自由民主党)、弗拉基米尔·帕拉欣(公正俄罗斯党)和丹尼斯·沃罗年科夫(俄罗斯联邦共产党)共同提出的,他们在提案的解释文件中指出,现行的外资限制比例使外国人能够控制大众传媒创办人并对决策施加影响,某些情况下,这种影响会威胁到国家信息安全并损害俄罗斯公民的权利和自由。俄罗斯国家杜马 2014 年 9 月 26 日在三读中以 340 票同意、2 票反对和 1 票弃权的高票数通过。从 9 月 23 日的一读到 9 月 26 日的三读,代表们对提案内容只做了一点修改,即外资比例限制不涉及按国际条约组建的大众传媒公司,这实际上是将俄罗斯与白俄罗斯在"联合国家"框架下组建和将要组建的大众传媒公司排除在限制之外。

该法律提案的作者之一,杜马信息政策委员会第一副主席瓦季姆·坚京对本次立法的政治目的直言不讳,他表示,该提案不是试图对大众传媒生意进行某种政治打压,目的只是为了保障国家信息安全,"'谁拥有信息谁就拥有世界',如果外国人进入其他国家的媒体市场,他们就能够影响人们的思想和社会舆论。需要明确区分人们购买大众传媒的目的,是做生意还是推行其政策和改变该国局势"。杜马信息政策委员会委员罗曼·崔琴科表示,限制外资比例,是与西方对等的保护措施,"针对我们国家在进行着信息战,我们要注意,不管以前西方大众传媒说过他们有多么客观和公正,实际上他们是宣传武器,是制造谎言的工厂"。

对于为什么将外资比例设定在 20% 以内,该提案的另一位作者,俄罗斯国家杜马土地关系和建设委员会第一副主席弗拉基米尔·帕拉欣表示:"如果比例再大一些的话,比如 25%,就是能够决定性地影响任何出版物信息政策的股权数量了。我们看到,在我们的媒体中很多有关乌克兰事件的报道并不完全可靠。"

以保障国家信息安全为目的而限制大众传媒外资比例不能超过 20% 的提案,虽然在国家杜马几乎全票通过,并最终由俄罗斯联邦委员会批准,但反对的声音依然存在。杜马议员德米特里·古德科夫认为,此项法律会损害俄罗斯传媒事业,将会出现人才、投资和技术外流,削减外国投资者,迟早会使俄罗斯媒体失去竞争力。公共新闻组织"媒体联盟"主席叶连娜·泽林斯卡娅认为此次修订是个错误,会使市场恶化、出版物数量减少、发行市场蒙受打击,最终使读者利益受损,因为他们会失去已经习惯了的多种出版物。而俄罗斯新闻记者联盟秘书帕维尔·古季翁托夫指出,法律提案的作者没有给出任何有关外资大众传媒违反法律的统计数据,某些西方资本家会破坏俄罗斯信息空间的论点完全是臆想出来蛊惑人心的,本次立法不会有任何意义,只不过是立法者们展示某种爱国旗帜而已,最终受伤害的会是读者。

与大众传媒经济利益和读者权益相比,俄罗斯政治精英更关注的显然是限制西方舆论宣传,维护国家团结统一,但这并非本次立法的唯一目的。本次立法另一个重要目的是吸引境外资金回流,使传媒资本"去离岸化"。俄罗斯很多公司为避缴高额利润税而以离岸公司的形式注册,为吸引境外资金回流,俄罗斯在2001年将利润税从35%减至24%,2009年开始减至20%,但这一措施并未缓解俄罗斯资金外流,俄罗斯经济的"离岸化"现象依然严重。2012年通过离岸公司和半离岸公司交易的商品总额大约为1110亿美元,相当于整个出口的1/5,俄罗斯对他国投资的500亿美元中,有一半也是通过离岸公司进行的。为改变这一状况,普京在2014年国情咨文中,建议对海外回到俄罗斯的资本实行唯一一次的全面赦免,不追究资本的来源和途径,并最终将离岸经济从俄罗斯经济史和国家史中翻过去。本次大众传媒外资比例限制立法给境外资本回流创造了条件,因按本次立法要求,大量的外资媒体集团需要更改创办人和股东结构,而离岸媒体集团则需要将资金转回国内,以符合新的外资比例限定。在此背景之下,2014年俄罗斯大众传媒市场成交量活跃,交易金额同比增加了4.8倍,交易量增加了20%,平均交易金额增加了4倍。

四、提高国有大众传媒效率立法与实现强国梦想

叶利钦执政时期,俄罗斯经历了大规模的私有化运动,大量国有资产被贱卖和瓜分,造就了大量的金融寡头,而普通老百姓却陷入贫困。普京执政以后,将建立强国作为治国目标,他在2000年国情咨文中讲道:"不强化国家便无法解决各种挑战,俄罗斯唯一现实的选择是做强国。"为实现强国计划,2003年俄罗斯制定了10年内国内生产总值翻一番的计划,并将经济增长寄托于战略性企业国有化和国有企业效率和竞争力的提高。对于国有化的作用和成果,普京在2006年国情咨文中指出,俄罗斯的企业是完全具有竞争力的,比如俄罗斯天然气工业股份公司,在一直向俄罗斯用户收取极低费率的情况下,其市值仍在世界最

大型企业中排名第三,这种结果不是自发产生的,而是国家有针对性行动的结果。

俄罗斯政治精英以强国为目标所进行的战略性经济领域国有化运动,遭到很多西方学者的质疑。美国学者祖博克认为:"克里姆林宫试图建立一个威权主义国家,它不仅要控制大众传媒和大众政治,还有大公司。普京动用国家力量查抄大公司,并创建了一批国家垄断企业。"而对于普京早期整顿"政治寡头",最终实现了国家对媒体的控制,英国的大卫·莱因认为其目的是为了实现对政治组织和意识形态的控制,因为"国家控制的媒体支持政府的政策","媒体中没有出现过的东西,公共意识里就不会出现"。

虽然外界质疑和批判不断,但普京执政后的俄罗斯国有化进程并没有止步,在大众传媒领域独立媒体的比例逐渐下降。截至2012年1月,俄罗斯许多大型大众传媒属于或部分属于国家、国有企业和莫斯科政府(详见表1)。

表1 属于或部分属于国家、国有企业和莫斯科政府的俄罗斯主要大众传媒

媒体类别	国有类型		
	属于或部分属于国家	属于或部分属于国有企业	属于或部分属于莫斯科政府
新闻社	俄新社、俄塔社		
印刷媒体	《俄罗斯报》《议会报》《莫斯科新闻报》	俄罗斯天然气工业股份公司媒体公司属下七天出版社;《总结》杂志和《7天报》	《特维尔大街13号报》《莫斯科晚报》
电视和广播	全俄国家电视广播公司所属:俄罗斯1台、俄罗斯2台、俄罗斯文化台和俄罗斯24台电视台;灯塔台、俄罗斯广播电台、文化和消息FM广播电台;89个地方电视台和广播电台	俄罗斯天然气工业股份公司媒体集团所属:NTV、TNT、NTV-plus和Comedy TV电视台;莫斯科回声、City FM、Relax FM、第一流行广播和儿童广播电台	中心电视台莫斯科24台广播中心康采恩:莫斯科说(2014年2月26日改为《莫斯科电台》)和体育广播电台
	星空媒体集团所属:"星空"电视台和广播电台		
	"第1频道"电视台		

资料来源:http://ria.ru/infografika/20120127/550041009.html,2012年1月27日。

2014年,俄罗斯大众传媒领域最引人关注的国有化事件是国有俄罗斯天然气工业股份公司媒体集团收购私人传媒集团ПрофМедиа的100％股份。截至2015年9月,俄罗斯天然气工业股份公司媒体集团已经拥有7家电视公司和10家广播电台(包括1家网络电台),以及众多的出版社、媒体产品制作公司、网络公司和广告公司等,是俄罗斯拥有媒体品牌最多的一家大众传媒集团。

在国有大众传媒持续发展壮大的基础上,俄罗斯通过立法提高国有大众传媒的工作效率,增强国有媒体对国内外的宣传力度。2013年12月9日,普京签发《提高国有大众传媒效率的一些措施》第894号总统令,对一系列国有媒体进行合并重组。国有通讯社、广播电视公司和报纸杂志社的兼并重组,不仅能够提高国有大众传媒的市场竞争力,更有助于国家掌握社会舆论方向,对抗西方舆论宣传,树立俄罗斯国家、社会、政府和领导人的正面形象。

随着乌克兰危机后西方对俄罗斯制裁的不断加深,俄罗斯利用国有大众传媒进行反宣传的趋势更加明显。2014年11月10日,国有媒体"今日俄罗斯"通讯社开设面对外国受众的新品牌"卫星(Sputnik)"媒体集团,集团内包括电台、网站和新闻社,将在34个国家用30种语言进行网站宣传和广播。普京在2014年国情咨文中讲道:"即便一些国家政府试图在俄罗斯周围建起新的铁幕,我们仍将坚持世界的多样性,我们会让外国人民知道真相,让所有人看到真实、真正,而不是扭曲和虚假的俄罗斯形象。"新成立的"卫星"媒体集团,担负起塑造俄罗斯国家正面形象、提高俄罗斯国际声誉的重任,是俄罗斯在舆论上对抗美国及其追随者的主要阵地。

俄罗斯国有大众传媒实力和竞争力不断增强,其影响力得到了俄罗斯民众的广泛认可。俄罗斯社会舆论基金会2015年4月19日的民调数据显示,70％的民众更信任国有大众传媒,仅有11％的民众信任非国有大众传媒;而在2014年3月23日的调查结果则分别为62％和16％。俄罗斯电视收视份额数据也体现了俄罗斯民众对国有大众传媒的认可和支持,截至2014年11月15日,俄罗斯2014年度日均收视份额排名前10的电视台中有6家为国家所有或国企持有股份,其日均收视份额总和占总收视份额的52％(见表2)。

表 2　2014 年俄罗斯收视份额前 10 名的电视台

频道（国家占股比）	收视份额%
第 1 频道（国家占 51%股份）	14.4
俄罗斯 1 台（俄罗斯联邦政府全资）	13.2
HTB（国企占 35%股份）	11.3
THT（国企全资）	6.8
CTC（外资）	5.9
第 5 频道（私企全资）	5.6
REN 电视台（私企全资）	4.2
俄罗斯 24 台（俄罗斯联邦政府全资）	3.3
电视中心（莫斯科政府占 99.2326%股份）	3.0
第 3 电视台（外企合资）	2.5

收视份额数据来源：TNS 俄罗斯公司（转引自 adindex.ru）；股份配比数据来源：维基百科，上网时间 2015 年 5 月 10 日。

广大民众对国有大众传媒的认可，反映了俄罗斯大众传媒领域国有化以及提高国有大众传媒效率政策的成功。对于大众传媒国有化，在俄罗斯也有反对的声音。有学者认为，21 世纪初俄罗斯大众传媒国有化趋势明显，俄罗斯主要的联邦媒体在经济上依附于国家，大众传媒的活动受制于政权的利益，会限制舆论的多元化，在大众意识中形成有利于政权的社会政治活动认知。俄罗斯联邦社会署 2012 年度报告指出，地方媒体在经济上依赖地方政府，被迫丧失独立的编辑政策，国有大众传媒获得财政输入，造成了市场的不平衡，影响了竞争，因此，实施渐进的去国有化政策会促进俄罗斯大众传媒的积极变化。2014 年 3 月，俄联邦总统发展公民社会和人权委员会就俄罗斯新闻业出现的问题发表声明指出，大众传媒的进一步国有化会剥夺其社会使命所赋予的独立性和多样性，而独立性和多样性的缺乏会使大众传媒或者变成宣传武器，或者变成攫取好处的工具。

对于信息化时代政府应该掌握社会舆论方向，还是放任言论完全自由，曾任联合国副秘书长的陈建曾讲过："对政府来说要敢于和善于以国家的根本利益和长远利益为出发点来引导舆论而不受一时舆论的制约。"俄罗斯政治精英正是基于建立经济和政治强国的根本目标，为实现国家的长远利益，通过立法提高国有大众传媒效率，强化国有大众传媒市场份额，这是对叶利钦时代言论失控、国家和民心涣散、经济受制于西方的彻底转变。国有大众传媒的发展壮大及其对国家积极正面的宣传,是俄罗斯政治精英有效实施内政和外交政策,对抗西方制裁,维护国家利益,实现强国梦的重要前提条件,是俄罗斯维护民族尊严、凝聚民众爱国力量、提升俄罗斯政府威信和号召力的重要手段。

五、大众传媒酒类广告立法与国家长远发展战略

广告是大众传媒的主要收入来源,加强大众传媒广告治理、规范大众传媒业务经营,是俄罗斯大众传媒立法的重点之一,不仅如此,广告立法同时也是俄罗斯政治精英推行治国理念和执政方针的手段之一。以俄罗斯大众传媒酒类广告立法为例,其不仅规范了大众传媒广告业务,而且体现了俄罗斯政治精英建立强国和规划国家长远发展的战略。

人口不断减少一直是困扰俄罗斯政治精英的难题,也是普京历年国情咨文的重要话题。2000年他指出俄罗斯人口每年递减将威胁国家的生存;2004年指出国民是国家发展最重要的资本和源泉,国家要强大,就必须降低死亡率,延长国民寿命,解决人口下降问题;2005年指出俄罗斯每年因酒精中毒死亡人数在4万人左右,要求联邦政府对此提出解决方案;2006年提出将降低死亡率、有效的移民政策和提高生育率作为遏制人口逐年减少的三种途径。

2006年1月1日,由普京推动的作为国家四大民生项目之一的"健康"项目启动,该项目旨在提高俄罗斯医疗服务质量,并把重心放在检查、预防和治疗心血管疾病等引起高死亡率的疾病上面。

2006年3月13日,俄罗斯颁布第38号联邦法律《广告法》,取代1995年《广告法》,对酒类、药品类、军事武器类和有价证券类等不同商品的广告进行规定,其第21条第2款第1点对印刷类大众传媒刊登酒类广告的限制沿用了原《广告法》条文:(酒类产品广告不能投放在)报纸的第一版和最后一版,以及杂志的第一页、最后一页和封面上。

沿用旧的条文,说明当时执政者并未打算对酒类广告限制进行改革。但随着俄罗斯改革进程逐步推进,社会政治经济生活逐渐走上正轨,俄罗斯政治精英逐渐将利用酒类广告立法控制居民酗酒与增加人口数量、保持国家长远发展结合起来。

2009年12月30日,俄罗斯联邦政府通过《到2020年减少俄罗斯联邦居民滥用酒类产品与预防嗜酒过度国家政策的实施构想》,构想的任务之一是限制(直到完全禁止)吸引公众,尤其是儿童和青年注意力的酒类产品隐性广告。普京在2012年国情咨文中强调,俄罗斯若要成为独立自主和强大的国家,就应该有更多的人口,俄罗斯人均寿命虽然超过了70岁,但死亡率,尤其是中年男子的死亡率依然非常高,因此在发展卫生保健的同时,更应注意保护健康,"仅吸烟、酗酒和吸毒每年就过早地带走我们几十万公民的生命",俄罗斯执政者逐渐将控制居民酗酒视为降低死亡率、增加人口数量的途径之一。

以预防酗酒,降低死亡率,延长公民寿命,增加人口数量,保持国家长远发展这一系列思想为基础,2012年7月20日俄罗斯颁布第119号联邦法律,修订《广告法》酒类产品广告限令,禁止在定期印刷刊物的任何版面投放酒类产品广告。

此次修订还将禁令扩大到互联网,全面禁止所有大众传媒、广告建筑和公共交通工具刊登和播放酒类广告。受此次禁令和其他一些因素的影响,俄罗斯印刷媒体2013~2014年广告总收入大幅下降(见表3),其中2014年前20强出版社广告收入同比下降了11%,其余印刷刊物出版商广告收入则下降了24%,印刷媒体经济受到严重打击。时任莫斯科新闻工作者联盟主席、《莫斯科共青团员报》主编帕维尔·古谢夫认为,对大众传媒广告活动的限制,使俄罗斯刊物从2013年开始失去了超过一半的广告收入来源。

表3 俄罗斯中央报刊2012~2014年广告收入(单位:百万卢布,不含税)

刊物类型	2012年	2013年	2014年
日报	3486	3314	3126
周报	3193	2804	2329
月刊	12210	11702	10794
周刊	5700	4866	3892
广告刊物	3298	2463	1645
合计	27887	25149	21786

资料来源:АЦВИ,TNS Media Intelligence,转引自俄罗斯联邦出版和大众传媒署2012~2014年度报告。

在经济利益受到严重打击之下,大众传媒和酒类行业呼吁解除酒类产品广告禁令,定期出版商联盟(ГИПП)2014年5月建议对广告立法全面自由化:解除现存的对刊物中烟草、烟草制品和烟具、酒精制品和啤酒、医疗处方药物广告的限制,希望以此缓解印刷传媒广告业务的严峻形势。但在扩大广告收入以促进经济发展和降低公众饮酒量以维护国民身心健康、保护青少年智力发育及实现大国长远发展之间,俄罗斯官方的立场依旧倾向于后者。俄罗斯联邦消费者权益保护和公益监督局2015年5月18日在官方网站刊登文章指出:"嗜酒过度的大规模扩散严重制约社会保障公民生存和安全的权利、获得培养、教育和体面生活所必需的职业的权利,并降低社会保护他们免受来自酒精滥用者的犯罪、道德暴力和侮辱的能力。因此俄罗斯联邦消费者权益保护和公益监督局认为解除任何类型酒精产品广告的限制都是不能接受的。"

但俄罗斯的酒类广告禁令与国际赛事赞助商广告惯例发生冲突,国际足联因大赞助商中有啤酒公司而向俄罗斯施压,要求啤酒广告必须出现在2018年莫斯科举办的世界杯足球赛事之中。在经济利益和通过举办世界杯赛展示大国形象面前,俄罗斯政治精英做出暂时让步,2014年7月21日第235号联邦法律对《广告法》第21条第2款第1点进行第二次修订,修订后的内容为:(酒类产品广告不能投放在)定期印刷出版物,除啤酒和以啤酒为原料的饮料广告以外,该广告不能刊登在报纸的第一版和最后一版,以及杂志的第一页、最后一页和封面上。

这次修订还解除了体育比赛直播和转播中的啤酒类广告禁令,以及体育类电视频道的啤酒类广告禁令,并允许在体育建筑设施100米以内的区域刊登啤酒名称或制造商名称的文字广告。修订内容自颁布之日起生效,至世界杯足球赛结束后的2019年1月1日起,全部修订内容将不再适用。但俄罗斯印刷媒体的广告收入并未因这次修订而有所好转,主要原因在于2014年以来俄罗斯经济因遭受西方制裁而深受打击,媒体经济同样深受影响。

第二次修订后不久,2014年12月31日,俄罗斯颁布第490号联邦法律《对联邦法律〈国家调控酒精、酒类和含酒精产品生产和流通以及限制消费(饮用)酒类产品法〉进行修订并对部分俄罗斯联邦法律条款进行修订法》,对包括《广告法》在内的一些法律条款进行修订。《广告法》第21条第2款第1点经历了第三次修订,修订后的内容为:(酒类产品广告不能投放在)定期印刷出版物,除啤酒和以啤酒为原料的饮料广告、用产自俄罗斯联邦境内的葡萄在俄罗斯联邦生产的葡萄酒和起泡酒(香槟)广告以外,该广告不能刊登在报纸的第一版和最后一版,以及杂志的第一页、最后一页和封面上。

根据第490号联邦法律第4条第3款规定,《广告法》第21条第2款第1点"在印刷出版物刊登啤酒和啤酒饮料广告"这一部分从2019年1月1日起不再适用,这意味着俄罗斯国产葡萄酒类产品从2019年1月1日起将成为唯一不受广告禁令限制的酒类。

修订的《广告法》还包括新增第21条第8款,部分地解除了电视和广播节目国产葡萄酒广告的禁令:允许在当地时间23点至7点的电视节目和广播节目中投放、播放用产自俄罗斯联邦境内的葡萄在俄罗斯联邦生产的葡萄酒和起泡酒(香槟)广告(除直播少儿体育比赛或播放少儿体育比赛录像以外)。

修订版体现了俄罗斯政治精英扶持本地葡萄产业,加快发展多种经济形式,改变单一能源出口经济结构的治国方针。保护和扶持农业发展虽然是俄罗斯政府一贯的政策,但俄罗斯农业发展一直相对滞后,农业保护措施不足。2014年,西方对俄罗斯实施经济制裁,迫使俄罗斯政治精英重新审视国家发展战略,扶持本土农业和工业,发展进口替代产业成为政府工作重点。2014年5月,俄罗斯总理梅德韦杰夫和农业部长费奥多罗夫视察克拉斯诺达尔边疆区葡萄产品企业,并与当地葡萄种植和加工行业代表召开"葡萄栽培及酿酒业的发展前景会议",就保护葡萄产业商讨对策。根据会议讨论结果,俄罗斯总统和联邦政府授权政府和立法部门修订相关立法,保护葡萄种植和加工产业。解除国产葡萄酒类产品广告禁令便是一系列保护国产葡萄酒行业的立法之一,推动该项立法的议员们认为,葡萄酒消费文化不会像烈性酒一样引起大规模嗜酒过度,现存的禁令与国家扩大葡萄园种植面积和增加本国葡萄酒生产商的政策相悖,取消广告限制会帮助葡萄园主更积极地将高品质葡萄酒的信息推送给消费者,从而扩大农民的利润。

除扶持本土经济发展以外,这次修订的《广告法》也为俄罗斯国产葡萄酒替代进口葡萄酒提供了立法保障,这是俄罗斯政府帮助国产葡萄酒抢占市场、对西方进行反制裁的重要手段。2014年8月梅德韦杰夫指出,因欧盟和美国等西方国家对俄罗斯企业和公民实施了经济制裁,俄罗斯政府全面禁止从这些国家进口肉类、果蔬和奶制品,采取这些回应措施,"事实上将为我们的商品生产者腾出商品货架","不能错过这个开放和扩大进口替代生产的机会"。

自大众传媒酒类广告禁令颁布以来,俄罗斯大众传媒业和酒类行业的利益受到严重影响,收入下滑。对于商界和国家的关系,普京在2014年国情咨文中讲到,双方的共同目标是使俄罗斯富足,双方应以共同事业为理念,以合作和平等对话建立关系。但事实上,目前除国产葡萄酒类产品行业外,其他酒类行业和大众传媒业受酒类广告禁令影响而无法与国家实现双赢。在俄罗斯政治精英所坚持的增加人口数量、建立强国和规划国家长远发展的政策面前,商界利益必须服从国家利益。

那么,多年来对酒类广告的限制是否有助于降低居民饮酒量、延长居民的平均寿命呢？俄罗斯官方统计数据显示,从2013年最严格的酒类广告禁令开始生效起,俄罗斯啤酒和伏特加人均销售量大幅下降(具体数据见图1),这说明俄罗斯通过立法限制酒类广告,对遏制民众酗酒起到了一定的作用。在居民平均寿命方面,根据普京2012～2014年的国情咨文介绍,俄罗斯从2012年起人口开始出现增长,2014年居民平均寿命延长到了71岁,心血管疾病和其他疾病的死亡率有所降低。当然,这一成绩是俄罗斯政治精英一系列民生政策综合作用的结果,但酒类广告禁令的作用同样不可忽视。

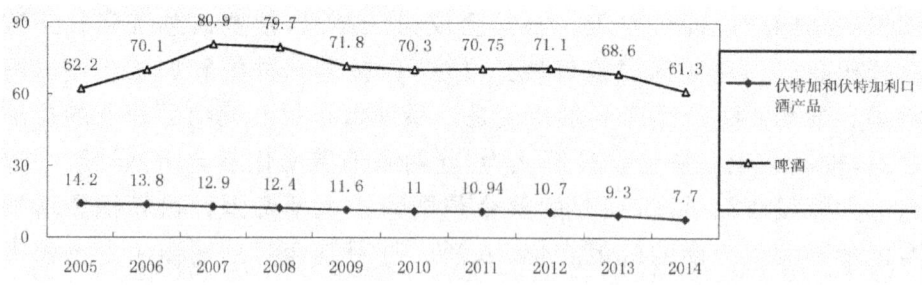

图1 俄罗斯2005～2014年人均啤酒和伏特加销售量(单位:升)

资料来源:俄罗斯联邦国家跨部门统一信息统计系统网站资料

六、互联网监管立法与维护网络安全和社会稳定

全俄舆论调查中心的调查资料显示,从 2011 年起,俄罗斯互联网用户已经超过人口半数,而俄罗斯社会舆论基金会的民调数据显示,至 2014 年底,每日至少使用 1 次网络的居民占总人口的 51%(5990 万人),而每月至少使用 1 次网络的居民占总人口的 62%(7230 万人)。

面对快速发展的互联网行业,俄罗斯政治精英将维护网络信息安全作为新时期的重任之一,并推动立法使网络治理和监管措施规范化。为加强和完善信息和互联网立法工作,2012 年 9 月,俄罗斯联邦会议成立新的独立立法部门——国家杜马信息政策、信息技术和通信委员会,负责之前由国家杜马文化委员会所做的信息技术和大众传媒领域的立法规范工作。2013 年 5 月,国家杜马信息政策、信息技术和通信委员会内成立了互联网和电子民主发展分委会,负责讨论互联网和电子民主方面的问题并提出意见。

为规范网络信息内容,明确网络出版物的权利和义务,俄罗斯于 2011 年 6 月 14 日颁布第 142 号联邦法律,对《大众传媒法》进行修订,确认了按该法律程序自愿注册为网络出版物的互联网网站为大众传媒,没有注册为大众传媒的网站不是大众传媒,此项修订确立了网络大众传媒的法律地位,保障了他们法定的权利,但同时也明确了他们必须遵守法律对大众传媒的要求。

为明确信息领域的发展方向,保障国家信息安全,2013 年 7 月俄罗斯联邦总统普京签署《俄罗斯联邦国际信息安全领域至 2020 年前国家政策纲要》,确定了俄罗斯在国际信息安全保障领域的政策,并将利用信息和电信技术作为信息武器进行军事—政治活动和犯罪活动以及干涉主权国家内政的行为,视为俄罗斯在国际信息安全领域的主要威胁。2013 年 11 月,俄罗斯联邦政府通过《俄罗斯联邦 2014~2020 年信息技术产业发展战略和 2025 年前景展望》,确定了俄罗斯信息社会的未来发展战略。

而在联邦法律立法层面,俄罗斯革新性网络治理立法主要有"网络反盗版法"、"博主法"和"卢戈沃伊法",这三部法律是俄罗斯树立文明

社会形象、治理网络空间、维护信息安全和社会稳定的重要立法。

(一)"网络反盗版法"与树立文明社会形象

为了与WTO的TRIPS协议、伯尔尼公约相一致,俄罗斯加强了著作权的保护,提高了立法基础,在更大程度上保护了著作权人的利益,而且增加了网上著作权保护的内容。普京在2006年国情咨文中指出,坚定地保护知识产权是发展新技术的必要条件,俄罗斯必须为保护著作权提供保障,这也是俄罗斯对外国合作者应负的责任。

虽然俄罗斯在保护知识产权立法方面取得了一定的成效,但随着互联网的快速发展,俄罗斯网络盗版问题日趋严重,俄罗斯网民可以免费使用各种网络资源,但版权人却因此损失巨大,俄罗斯的社会形象也受到损害。为杜绝网络盗版行为和树立文明大国形象,俄罗斯于2013年7月2日颁布第187号联邦法律《就保护信息—通信网络著作权问题修订部分俄罗斯联邦法律条文法》,即所谓"网络反盗版法"。"网络反盗版法"增订俄罗斯联邦民事诉讼法典第144.1条,规定法院在民事起诉前有权根据组织或公民的书面申请采取法律规定的预防措施,保障申请人在互联网等信息—通信网络上的影片专有权;增订2006年7月27日的第149号联邦法律《信息、信息技术和信息保护法》第15.2条"限制访问违反电影和电视影片专有权信息的程序",规定影片专有权人在发现被侵权后,有权根据法院判决,向监管大众传媒、大众通讯、信息技术和通信领域的联邦执行权力机关申请采取措施限制访问侵权资源,联邦执行权力机关须在3个工作日内以电子方式通告网络运营商侵权行为的详细信息,网络运营商在收到通告后1个工作日内向其服务对象或信息资源所有者通知,立刻删除侵权信息并/或采取措施限制访问该信息,信息资源所有者在收到通知后必须在1个工作日内删除该信息,如果信息资源所有者拒绝或不采取行动删除该信息,则网络运营商应在收到上述联邦执行权力机关通告的3个工作日内删除相应的信息资源,如果网络运营商不采取相应行动,则侵权网站域名、网址、网页等信息将通过协作系统发往电信运营商,电信运营商必须在收到信息的24小时内采取措施限制访问该信息资源。

2013年的"网络反盗版法"只是对电影和电视剧的著作权予以保

护,音频、图书、图片和软件等的著作权保护问题并未涉及,因此,这部法律只是俄罗斯保护网络领域知识产权立法和监管的一个开端,还需要继续补充和完善。

2014年11月24日颁布的第364号联邦法律对《信息、信息技术和信息保护法》等法律和法典的网络反盗版内容进一步修订,修订内容从2015年5月1日起生效。新版"网络反盗版法"有三个关键的革新性修订:第一是扩大保护范围,将《信息、信息技术和信息保护法》第15.2条名称改为"限制访问违反著作权和(或)邻接权信息的程序",将保护范围扩大到除图片外的一切内容,包括音乐、图书和软件等;第二是引入版权人和互联网平台之间的审前协调机制,即增订《信息、信息技术和信息保护法》第15.7条,规定版权人向互联网网站发出删除侵权内容的要求,网站所有人或者按时删帖,或者向版权人提供已有的授权证明;第三是规定网站重复侵权将被永久关闭,即增订《信息、信息技术和信息保护法》第15.6条和修订民事诉讼法典第26条第3款,规定莫斯科市法院如果第二次审理上一次获胜原告起诉同一网站同一网络资源重复侵权案件,则莫斯科市法院决定永久关闭该侵权网站的事宜,被关闭的网站不可以被解除限制,其信息会被登在俄罗斯联邦通信、信息技术和大众传媒监督局网站上。

由于两版"网络反盗版法"未与互联网界商讨便快速出台,因而受到互联网界的广泛质疑。俄罗斯大型搜索引擎"Яндекс"的代表认为,法律规定所采用的监管方式,打击的不是盗版者,而是互联网。也有人担心政府会利用这部法律进行政治审查并打击其不满意的资源。"俄罗斯社会倡议"网发起了取消"网络反盗版法"的网络请愿书,有超过10万个用户投票支持,于是该请愿书被提交到俄罗斯国家杜马进行审议,但最终未获得政府专家工作小组的支持,请愿失败。

虽然"网络反盗版法"引起了广泛的讨论和业界的不满,但这部法律还是取得了不错的效果。据通信和大众传媒部副部长阿列克谢·沃林介绍,自2013年8月1日"网络反盗版法"生效以来,互联网上电视剧和电影的销售量增加了2倍,付费使用网上合法资源的人数也从2012年底的600万人增加到2014年底的1200万人,到2015年11月,这一数字增加到1800万人。

需要指出的是,"网络反盗版法"打击的对象是盗版内容的传播者,而盗版内容的下载者则无须担责。另外,重复侵权的网站虽然会被永久关闭,但法律并未禁止侵权网站所有人创建另外的网站,新建网站如果再次侵权,则需要重新按流程审理,这无疑增加了法院的负担,也削弱了法律的打击力度。因此,俄罗斯一些网民认为,"网络反盗版法"不过是俄罗斯向欧洲证明支持反盗版的面子工程而已。尽管"网络反盗版法"还存在着不足,但此项立法仍然是俄罗斯在保护网络知识产权方面迈出的重要一步,对规范网络信息空间、树立俄罗斯文明社会形象具有重要意义,是俄罗斯政治精英向世界证明其保护知识产权立场的重要举措。

(二)"博主法"与建立信息安全空间

网络信息安全一直是俄罗斯政治精英极为重视的问题,因俄罗斯与西方关系日趋紧张,而目前俄罗斯用户是在美国公司控制之下接入全球网络,解决网络信息安全问题变得更加迫切。为避免受制于西方,防范网络风险,解决信息安全问题,俄罗斯加快了网络技术进口替代工作。"博主法"正是为开展网络技术进口替代工作、强化国家网络监管和建立信息安全空间而出台的立法。

2014年5月5日,俄罗斯颁布第97号联邦法律《对联邦法律〈信息、信息技术和信息保护法〉及部分俄罗斯联邦法律条文就整顿利用信息—电信网络进行信息交流问题进行修订法》,因其确定了互联网博客拥有者(博主)的法律地位,而被业界称为"博主法"。"博主法"增订《信息、信息技术和信息保护法》第10.1、10.2和15.4条。

新增的第10.1条"互联网信息传播组织者的责任",确定了"信息传播组织者"的法律地位,将其定义为保障作为交流、交换信息和发布博客等网上活动的网络平台运作人员,对其设置名册。被纳入信息传播组织者名册的网站必须遵守相关条款,其中第10.1条第3款规定:信息传播组织者必须在俄罗斯联邦境内保存并在法律规定的情况下向主管机关提交互联网使用者的所有信息,既包括他们在网络上的行动和互动,也包括他们非公众平面上的信息,保存期为互联网使用者停止该活动起的6个月。进入名册的网站还必须遵守俄罗斯联邦政府于

2014年7月31日743号决议通过的《信息—通信网络互联网的信息传播组织者与进行追踪侦查活动或保障俄罗斯联邦安全的国家授权机关的协作规则》。

新增的第10.2条"博主传播公众信息的特点",规定24小时内有3000个以上互联网用户访问的博主必须遵守大众传媒信息传播法律规定,并将其纳入博主名册。被纳入名册的博主必须在自己的网站或网页上标明姓名和能送达法律文件的电邮地址,检查所发布信息的可靠性。

新增的第15.4条"限制访问互联网信息传播组织者的信息资源的程序",规定不按期执行相关义务的互联网信息传播组织者的信息资源系统将被电信运营商限制访问,直至其完成相关义务。

"博主法"自2014年8月1日起生效,截至9月22日,信息传播组织者名册中超过3000个以上用户访问的博主,登记了872个网站和网页。

"博主法"对国家有效监管网络信息、建立安全的信息空间具有重要意义,其规定的网络运作平台必须在俄罗斯境内保存网络使用者的所有信息,为俄罗斯进一步实现信息技术进口替代奠定了基础,体现了俄罗斯政治精英努力摆脱西方信息技术控制、维护国家信息安全的长远考虑。

(三)"卢戈沃伊法"与维护社会稳定

为打击利用网络传播极端主义信息,俄罗斯于2013年12月28日颁布第398号联邦法律,该法律文件因其倡议者为杜马议员卢戈沃伊(Луговой)又被称为"卢戈沃伊法"。"卢戈沃伊法"增订《信息、信息技术和信息保护法》第15.3条,对限制访问违法传播信息的互联网等信息—电信网络的程序作了详细的规范。违法传播的信息指含有号召大众参加骚乱、极端主义活动和违反秩序的群体性(公众)事件的信息。"卢戈沃伊法"确定了不经法院审理便可以限制访问或关闭违法网站的原则,因此引起互联网界的强烈反响。限制访问违法网站的具体程序是:俄罗斯联邦总检察长或他的副手发现上述违法传播的信息后,向通信、信息技术和大众传媒监督局发出采取措施限制访问该资源的要求,而后者须立刻通知电信运营商采取措施限制访问该资源。在网站所有者删除违法传播的信息并通知通信、信息技术和大众传媒监督局后,后者核实无误后通知电信运营商取消限制。

有法律界人士指责"卢戈沃伊法"违背宪法赋予的大众信息自由原则,认为其内部条款措辞模糊,违背宪法法院所要求的必须明确违法界限的原则,另外,《大众传媒法》规定关闭大众传媒网站资源的决定只能由创办人或者法官做出,但该条法律却把法官的权限赋予了检察官,创造了关闭大众传媒的第三条途径。

被限制访问的网站如果对总检察长的决定不满,可以向法院起诉申请撤销限制。除此之外,一些网站通过增设镜像网站,或将资源迁移到位于国外的主机等方式来应对被限制访问。对此,通信、信息技术和大众传媒监督局表示,如果发现被限制访问网站的镜像网站,他们同样会予以封锁,而对于境外运营商,他们虽然无法限制,但他们能够限制信息在俄罗斯境内的传播。法律生效后,首批于2014年3月13日被封锁网站之一的grani.ru向莫斯科塔甘区法院起诉封锁网站的决定不合法败诉,网站随后上诉到莫斯科市法院,市法院维持了区法院的判决。

"卢戈沃伊法"提案是在乌克兰危机背景下提交、快速通过并生效的,其赋予了政府执行权力机关立即封锁传播违法信息网站的权力,有效地预防了俄罗斯发生乌克兰式的街头暴乱,显示了俄罗斯政治精英们反极端主义的坚强决心。虽然受到了"限制言论自由"的指责,但其设定的快速封锁煽动民众参加群体性事件信息的程序,对改善社会治安、避免流血事件以及维护社会稳定和国家团结统一,具有重要作用。关于打击网络极端主义的决心和力度,普京在2014年10月1日安全委员会信息安全问题会议上指出,俄罗斯不会限制访问网络,不会对网络实行全面监控,但俄罗斯将持续进行整顿网络工作,并关闭鼓吹暴力和极端主义的网站,及时阻止破坏网络稳定和安全的企图。

结语

立法作为一种政治行为,体现了执政者的治国理念和治国方针。

本文对俄罗斯大众传媒立法作了详细梳理分析后发现,2000年后俄罗斯大众传媒一系列革新性立法,既是约束大众传媒的新规范,也是俄罗斯政治精英治国理念的具体体现,更是俄罗斯政治精英处理国际关系、对抗西方制裁的有效手段。俄罗斯大众传媒在新时期的新立法,体现了以普京为核心的俄罗斯政治精英确立中央权威、提升公民爱国意识、大力发展民族经济、规范网络空间、维护社会稳定、建立团结统一的现代化强国、对抗西方势力干扰的治国理念,其立法经验为其他新兴经济体国家提供了有益的思路和启示。

参考文献

(由于文中引用文献较多,篇幅有限,故省去文中夹注,兹录主要中文文献于此,谨致说明,并向所引文献作者表示歉意。)

[1] 张树华.俄罗斯向何处去:衰落、转型与重生[J].学术前沿,2013(04):6-23.

[2] 冯绍雷.俄罗斯:2013年的多重含义[J].俄罗斯研究,2013(06):3-11.

[3] 祖博克.失败的帝国:从斯大林到戈尔巴乔夫[M].李晓江译,北京:社会科学文献出版社,2014:9.

[4] 大卫·莱因.俄罗斯政治精英的分化[J].禚明亮译,俄罗斯东欧中亚研究,2013(06):90-92.

[5] 肖秋惠.俄罗斯信息政策和信息法律研究[M].武汉:武汉大学出版社,2008:175.

俄罗斯对金砖国家机制的利益诉求
——以建构主义为视角

刘春杰

20世纪80年代中后期建构主义兴起,其代表人物为美国学者亚历山大·温特。建构主义认为,国家是一种社会建构的实体,受到国际规范的塑造,并受到不断变化的国家身份和国家利益的影响,同时会被国际组织社会化。建构主义认为,国际体系作为社会建构而存在,国际和国内之间不存在界限,强调社会规范和身份的变革。建构主义关于国家和国际体系的理论对当今国际关系和国际体系具有很强的解释力,适用于分析当今主权国家所采取的一系列国内和国际政策。

俄罗斯从2006年就开始倡议和推动建立金砖国家机制,这一机制是俄罗斯国内政治和外交政策的智慧结晶。2013年2月9日,俄罗斯总统普京签署并确认《俄罗斯联邦加入金砖国家机制的构想》(以下简称《俄罗斯金砖构想》)。《俄罗斯金砖构想》指出,在金砖国家机制构架内合作是俄罗斯关键的长期对外政策,俄罗斯加入该机制的战略目的包括以下五个方面。

1. 利用金砖国家对国际货币金融体系改革根本问题的共同立场,推动国际货币金融体系向更加公正、稳定和高效的方向转变,以改善俄罗斯和其他成员国发展经济、构建金融体系的外部条件。

2. 依托金砖国家机制,在国际关系中依法尊重他国主权和领土完整、不干涉他国内部事务,在此基础上,逐步扩大与其他金砖国家在对外政策上的合作,以巩固和平和安全。

3. 利用金砖国家机制巩固俄罗斯对外政策的多向量性,以强化俄罗斯国际地位的稳定性。

4. 依托金砖成员身份,发展与其他成员国的优先双边关系,在不同领域内更全面地发挥成员国的互补优势。

5. 借助金砖国家机制，扩大俄罗斯语言、文化和信息在包括金砖国家在内的世界大国中的存在。

以上五个方面，用建构主义有关国家和国际关系的理论解释，可以相应地简化为(1)国家利益、(2)国际规范、(3)角色身份、(4)集体身份和(5)文化认同。俄罗斯从金砖国家机制成立之初，便对其寄予厚望，上述5个目的，体现了俄罗斯希望借助金砖国家机制实现国家利益、扩大俄罗斯文化认同、建立国际新规范、确立并巩固国家身份等方面的愿望和利益诉求。那么，俄罗斯为何会有这些利益诉求？为实现这些诉求，俄罗斯对金砖国家机制采取了哪些政策？本文以建构主义有关国家文化、身份、利益和国际规范理论为视角，对这些问题进行梳理，解析俄罗斯推动金砖国家机制发展的深层含义。

一、俄罗斯利用金砖国家机制实现国家经济利益的诉求

温特将国家利益定义为国家—社会复合体的生存、独立、经济财富和集体自尊四种客观利益。本文将集体自尊视为国家身份的一部分，在下一部分讨论。

作为领土辽阔的资源大国，俄罗斯面临着保障国家生存和独立的挑战。自从俄罗斯宣布脱离苏联独立以来，俄罗斯不仅克服了政治和经济转型的阵痛，经历了恐怖主义和分离主义的挑战，面临着北约东扩的威胁，进行了因分裂和领土之争所引起的车臣战争和俄格（格鲁吉亚）战争，还卷入乌克兰危机，并承受着由克里米亚入俄而引起的欧美经济制裁。

要维护国家的生存和独立，俄罗斯必须发展经济，积累财富，走向经济强国。但俄罗斯经济一直没能摆脱对能源和原材料出口的依赖，"荷兰病"长期困扰着俄罗斯，工业生产投资少，石油天然气和其他矿产资源的出口比重一直居高不下，2012～2014年燃料和能源产品出口比重一直处于70%以上。俄罗斯急需调整产业结构、积累财富，提高国民生活水平和国家经济实力。

如何解决国家利益所受到的挑战，走出国内经济发展和国际认同

的困境,是俄罗斯所面临的难题。加强国际合作,创造良好的国际经济发展环境,完善俄罗斯的基础设施建设和调整产业结构,是俄罗斯解决经济难题的必然出路。金砖成员国经济互补性强,与金砖国家开展经贸合作,能有效地提升俄罗斯经济财富。有学者认为,金砖国家是世界经济的"火车头",俄罗斯可以搭上金砖国家经济发展的"顺风车"。借助金砖国家机制,推动经济多元化和经济结构合理化,实现国家经济的高速发展,是俄罗斯对金砖国家机制根本的利益诉求。在面临欧洲的经济制裁之际,利用金砖国家机制走出经济困境,对俄罗斯来说尤为重要。

目前金砖国家机制正向制度化和实体机制化的方向发展,成员国将改革国际货币金融体系作为主要奋斗目标之一,金砖国家开发银行和外汇储备库已在建立阶段,金砖国家合作的深度和广度在进一步延伸。在西方发达国家对俄罗斯进行经济制裁之时,俄罗斯已经打开了与新型经济体广泛合作的通道。

与金砖国家的合作,已经成为俄罗斯优先发展战略。《俄罗斯金砖构想》规划了在货币金融、商贸、工业、能源、科技创新、农业领域与金砖组织成员开展合作的政策,并设计了实现目标的机制。主要表现在以下六个方面:

第一,在金融货币领域,巩固和完善金砖国家的合作机制,包括财政部长和中央银行主管定期会议、20国集团内金砖国家代表定期会议、专家对涉及金砖国家金融贸易领域利益的重要问题进行协商。

第二,在经贸领域,巩固和完善金砖国家的合作机制,包括经贸部长定期会议、统计和反垄断局领导定期会议、在世贸组织内金砖国家常任代表层面上的合作、金砖国家联络小组为论坛的建制发展和扩大经济合作拟定提议。

第三,在工业领域,积极参与工业领域已经形成的机制,并启动建立新机制。

第四,在能源领域,俄罗斯将积极参加建立金砖国家多边合作机制的工作,比如能源对话机制等。

第五,在科技和创新领域,巩固和完善金砖成员国之间合作机制,包括科技领域高职别人员会议、科技领域合作问题国家协调网。

第六,在农业领域,积极利用该领域已经形成的合作机制,包括金砖成员国农业部长定期会议、成员国农业合作问题工作组的活动。

上述这六项政策措施的制定,体现了俄罗斯与金砖国家机制成员国开展全面经济合作的愿望,为俄罗斯实现国家利益提供了必要的前提保障。温特指出,国家对生存、独立、经济财富和集体自尊四种利益需求的理解往往是偏向自我利益的,这就使国家具有竞争性和"现实主义"的政治特征,但这并不意味着国家天生是自私的。一个国家采取任何的对内和对外政策,首先是以实现国家利益为目标。俄罗斯对金砖国家机制的经济利益诉求,虽然体现了该国的物质实用主义,但这种"现实主义"并非结构现实主义所指的国家在与他国合作中更关注相对收益以提高自己在国际体系中的地位,也并非新自由制度主义所认为的国家总是追求本国绝对获益的最大化,并不关心其他国家获益。

在西方经济制裁背景之下,俄罗斯通过开展与新兴经济体,尤其是金砖国家的广泛经贸合作,逐步改造以能源产品出口为主的经济结构。俄罗斯联邦财政部长西卢安诺夫(А. Г. Силуанов)表示,俄罗斯开始从"荷兰病"恢复过来,俄罗斯对石油行业的投资开始下降,资本将被投向非石油工业产业,目前正在接受重大的农业投资,发展进口替代产业。[1]

然而,金砖国家机制是否能成为治愈俄罗斯经济问题的良药,还存在着很多不确定因素。

首先,从金砖国家内部经济发展看,金砖国家的经济发展并不十分乐观,通过能源和劳动密集型产业积累了一定的社会财富之后,金砖国家难以在短时期内突破高新技术领域的难题,存在着陷入"中等收入陷阱"的危机:既无法与低收入国家竞争工资,又无法与富裕国家竞争尖端技术,经济停滞不前。世界银行按人均GDP高低把各国分为低收入阶段、中低收入阶段、中高收入阶段和高收入阶段四类。世界贸易组织2014年的报告数据显示,金砖国家除俄罗斯外,人均GDP均处于中等收入阶段。中国财政部部长楼继伟2015年4月24日在清华大学举行的"清华中国经济高层讲坛"上表示,中国在未来的5年或10年,有50%以上的可能性会滑入中等收入陷阱。为避免陷入"中等收入陷阱",包括中国在内的金砖国家必须进行技术创新和产业升级换代,但这并不是短期能够解决的。

其次,金砖国家之间的贸易水平也有待提高。目前金砖国家之间的贸易总额在全球贸易中所占比重还不高。根据世界贸易组织2014年的报告统计数据,2013年金砖国家商品贸易进口总额占国际进口总额的18%,出口总额占国际出口总额的16.6%,而同一时期"七国集团"相应的比重分别为31.1%和35.1%。

再次,包括金砖国家在内的发展中国家,还要面对发达国家主导的不公平的国际规范,经济发展受发达国家的制约和打压,外部发展环境恶劣。被称为"经济北约"的《跨大西洋贸易与投资伙伴关系协议》(TTIP)如果达成,美欧将进一步制定有利于发达国家的国际经济规范,挤压金砖国家的发展空间,金砖国家将面临更严峻的挑战。

由此可见,金砖国家无论是自身的经济发展,还是外部生存空间,都不容乐观。金砖五国都面临着提升经济竞争力、保持经济稳定增长和改善国际经济秩序的挑战。借助金砖国家机制,实现国家经济快速稳定发展,是包括俄罗斯在内的所有金砖成员国对金砖国家机制共同的利益诉求。

二、俄罗斯利用金砖国家机制再造国家角色身份的诉求

除了国家经济利益的诉求,俄罗斯还把金砖国家机制视为建立国际政治新秩序的途径之一。那么,在新的国际政治秩序中,俄罗斯谋求的是什么身份呢?

温特把身份看作是有意图行为体的属性,身份包含自我持有和他者持有的两种观念,由内在和外在结构建构而成。温特将身份分为四种:个人或团体、类属、角色、集体。对于国家身份,温特认为,国家和个人一样,有许许多多的身份,每一种身份都是在不同程度上由文化形式构成的脚本或图式。从"团体"身份来说,国家是一个具有群体层面认知能力的"团体自我";从"类属"身份来说,国家对应的是"国家形式"或"政权类型";"角色"身份对于国家来说,存在于国际体系中自我与他者的相互关系之中;"集体"身份是角色身份和类属身份的独特结合,是自我和他者的认同,即扩展自我的边界使其包含他者。

如果用建构主义的四种身份理论界定俄罗斯的身份,前两种身份非常明显:俄罗斯的团体身份是国家,类属身份是资本主义国家。但俄罗斯的角色身份和集体身份因俄罗斯在国际体系中与他者的互动关系的不确定性却难以界定。

温特将集体自尊视为国家利益,我们认为,集体自尊与国家身份联系更加紧密,获得集体自尊是获得国家身份的前提条件。在集体自尊方面,俄罗斯面临着来自西方国家的挑战。正如卡内基国际和平基金会莫斯科中心主任特列宁所述,苏联解体后,俄罗斯曾经努力加入西方国家的阵营,恢复俄罗斯的大国身份和地位。叶利钦1992年访问华盛顿期间曾建议建立俄美同盟,但美国以冷战的对抗时代已结束为理由予以拒绝,而北约不仅没有解散,苏联加盟共和国被建议加入该同盟,俄罗斯却没有收到这样的邀请,这使俄罗斯感到深受侮辱。伦敦政治经济学院国际史教授祖博克对俄罗斯在西方世界所经受的屈辱也有所描述:"1999年,北约无视联合国安理会的否决结果,轰炸了塞尔维亚,这让俄罗斯的政治精英觉得受到了侮辱,俄罗斯人都倾向于认为,美国和西方不想让俄罗斯在这个世界上拥有一个体面的位置。"[2]

叶利钦执政期间,俄罗斯就已确定世界多极化的对外政策,成为多极化世界中的一极是俄罗斯的政治目标。为此,俄罗斯展开全方位外交,积极参与全球治理,希望获得与欧美平等的国际地位,发挥自己的大国使命。普京因成功化解叙利亚危机、收回克里米亚,以及与中国签订超700亿美元天然气管道铺设合同,连续在2013年和2014年登上《福布斯》杂志全球最具影响力人物排行榜之首,这是俄罗斯发挥"大国使命感"的最好写照。但这种使命感也带来了"俄罗斯威胁论",引起了国际社会的诸多指责,俄罗斯的集体形象遭到西方国家的贬低,美国总统奥巴马于2014年将俄罗斯与"埃博拉""伊斯兰国"一起称为世界的三大威胁。虽然俄罗斯是唯一在军事领域能与美国抗衡的核大国,但经济力量的落后使俄罗斯难以摆脱美国的压制。

俄罗斯的政治精英追求的是拥有与俄罗斯军事实力相匹配的国际地位,并承担国际领导者的角色。俄罗斯于1997年加入"八国集团",并将其视为已经与欧美发达国家平起平坐的象征,但实际上西方发达国家并未真正将俄罗斯视为自己的伙伴,在经常威胁开除俄罗斯之后,终于在2014年3月因克里米亚事件,暂停了俄罗斯的成员国地位。与西方合作受挫后,俄罗斯调整对外政策,在国际社会角色方面,俄罗斯推动建立多极化国际格局,并努力成为其中的一极;在集体身份方面,俄罗斯希望通过非西方的全球组织金砖国家机制建构金砖国家集体身份。

俄罗斯外长拉夫罗夫2013年3月15日在莫斯科国立国际关系学院召开的"当代世界中的金砖国家机制:战略伙伴关系的特点和前景"学术会议上发言指出,俄罗斯加入金砖国家机制是对外政策的一个重要方向,而俄罗斯的对外政策聚焦于促进建立多极世界,金砖国家是多极世界中强大而稳定的一极。2014年7月15日普京接受俄塔社的采访时表示,当今世界是多极、复杂和多变的,试图建立单级框架下做一切决定的国际关系模式是不会有成效的,最终注定会失败。普京认为,"已经是时候将金砖国家机制的作用提高到一个新的水平,使其成为全球管理体系稳定发展中的不可分割的一部分"。

俄罗斯国家身份再造计划是国际政治形势压力下的必然选择。俄罗斯必须借助新兴大国的力量,才能实现和巩固自己在国际社会中的大国地位。利用金砖国家机制形成的集体身份,实现国家角色身份的再造,成为国际体系的一极,是俄罗斯对金砖国家机制的主要诉求之一。

《俄罗斯金砖构想》在国际政治和安全领域制定的目标和实现目标的机制包括:(1)在国际政治合作领域,创建对外政治合作机制的成熟系统:外交部长会议,对外政治主管部门高级职员就共同解决重大国际政治问题的讨论和筹备会议,联合国和其他国际组织中的金砖成员常设代表紧密协作,专家对国际政治问题定期协商。(2)在国际安全领域,发展对话机制,而远期是编制国际安全领域实践行动的共同提议和协调方案,这种机制下,需要由负责国家安全问题的高级代表定期召开会议,专家就国际安全的关键综合问题进行协商。

这些目标反映了俄罗斯推动金砖国家在国际政治领域开展全面合作的政策。金砖国家是否能成功构建集体身份,俄罗斯是否可以借助金砖国家力量成功构建国际体系新角色呢?

温特将相互依存、共同命运、同质性以及自我约束看作集体身份形成的四个主变量。温特指出,这四个主变量对群体形成集体身份具有有效性,但却不是集体身份形成的充分条件:相互依存可以内化集体身份,但相互依存不能帮助行为体克服担心被利用的心理,如果行为体增加,形成集体就会更加困难,因此相互依存不能保证形成集体身份;共同命运是由一个群体面临的外来威胁所造就的,是一个客观条件,但共同命运不包含互动内容,即使是有着共同命运,行为体之间也会难以达成合作,共同命运并不必然导致集体身份;同质性虽然能够使群体特征相似并彼此视为同类,但相似性并不一定造就集体身份,比如阿拉伯国家;自我约束是集体身份和友好关系的最根本基础,但它不包含任何帮助他人的意愿,因此不能推动集体身份的形成。

要形成集体身份,金砖国家需要利用四个变量中的主动和积极因素,克服被动和消极因素,包括克服担心被利用的心理,控制成员数量,增加互动以解决外部困境,促进群体成员彼此认同,遵守规范、尊重彼此利益等。在集体身份方面,金砖国家已经达成一些共识,多次在重大国际问题上统一立场,维护自身权益。但金砖国家发展道路各异,国家核心利益不同,合作的空间还有待扩展,距离形成金砖国家集体身份还有很远的路要走。

俄罗斯希望借助金砖国家机制再造国家角色身份、成为多极格局中的一级的诉求,也需要得到其他成员国家的认同,而认同,则主要指文化的认同。

三、俄罗斯借助金砖国家机制获得文化认同的诉求

温特指出,社会共有知识便是文化,文化对身份和利益产生作用,身份和利益取决于两种因素:话语形成(即体系中的观念分配)和物质力量。可见,俄罗斯欲实现国家利益和国家角色身份的诉求,除提升物质力量以外,还必须扩大俄罗斯文化观念在金砖国家以及整个国际社会中的影响力,使其倡导的友谊文化观念在金砖国家和国际社会得到认同。

温特将共有观念分成三种无政府结构:霍布斯文化结构、洛克文化结构和康德文化结构,文化结构的变换构成国际结构的变化。国际结

构属于哪种文化,取决于国家之间的主导关系是敌人、竞争对手,还是朋友。

冷战期间,美国和苏联以及以美苏为首的北约和华约两大集团的主导关系,用温特对文化结构的分类来看,属于霍布斯文化结构,他们之间的主导关系是敌人。但在北约体系内部或前华约体系内部共有的"互为朋友"的观念结构中,他们任何情景中的身份和利益在理想状态下都应该互为朋友。同一事件,在朋友的体系中被视为合法的"援助",而在敌人或对手的体系中可能被视为不合法的"干预",原因在于不同体系的文化环境不一样。

俄罗斯作为苏联在国际社会上的继承者,放弃了冷战时期对美国的敌对政策,希望与欧美等发达国家建立起朋友关系,即康德文化结构。俄罗斯第一任总统叶利钦全面亲近西方,希望得到欧美的经济援助和政治支持。遗憾的是,西方发达国家并没有摆脱冷战思维,继续视其为竞争对手。因此,在重申自己是欧洲一员的同时,俄罗斯逐渐将注意力转向亚太地区,强调与中国、印度等新兴经济大国开展友好合作,建立朋友式的主导关系。

普京2014年10月在瓦尔代国际辩论俱乐部总结发言时指出与东方合作的必要性:"我们在亚太地区的积极政策开始于多年之前,而并非现在,也与制裁无关。很多国家,包括西方国家,不可能不注意到东方在经济和政治上占据越来越重要的地位","我们的领土大部分位于亚洲,我们凭什么不利用自己的优势呢?否则就是目光短浅"[3]。

对东方的友谊观念,在俄罗斯国内逐渐内化。全俄舆论调查中心分别于2008年和2014年做了"谁是俄罗斯的朋友和敌人"的调查。两次结果显示,中国是排在首位的朋友(分别是23%和51%),而美国是排在首位的敌人(分别是25%和73%)。被俄罗斯民众视为朋友的还有金砖国家的印度(分别是7%和9%)和巴西(分别是1%和4%)。

俄罗斯欲建立金砖国家之间的康德友谊文化结构,不仅需要在国内获得民众认同,更需要在所有金砖国家内得到民众的认可。俄罗斯需要将友谊文化观念推广到其他金砖国家,使金砖国家有意识地内化这种文化结构,最终建构金砖国家集体身份。希望金砖国家认同自己的友谊文化观念,是俄罗斯对金砖国家机制的诉求之一。

2013年3月22日,普京在接受俄塔社专访时说:"我们很重视在金砖国家中推广俄罗斯语言、文化和信息,扩大教育交流和人民之间的交往。"[4]

《俄罗斯金砖构想》第五点战略目的是"借助金砖国家机制,扩大俄罗斯语言、文化和信息在包括金砖国家在内的世界大国中的存在",而在文化合作方面制定的目标为:在文化、教育、体育、青年和地区交流领域,俄罗斯联邦致力于定期举办成员国文化部长会议,文化部长会议应该成为发展和协调金砖国家文化问题多边合作的机制;利用金砖国家框架内多边对话机制,解决关于签订互相承认文凭和学位及其等同性的政府间协议的问题;分阶段建立成员国共享信息空间;建立成员国在旅游领域的互动机制;利用金砖国家内的区域和市镇论坛,促进发展多边区域联系。

温特所指的文化包括许多不同的规范、规则、制度,上述《俄罗斯金砖构想》的文化政策和目标中含有温特所指的规范和制度等方面内容,与温特所指的文化含义基本相同。

温特将康德文化内化分为三个等级:物质性强迫(威胁国家的因素如环境恶化导致地球毁灭,核战争导致地球毁灭)、朋友似的自我获取利益、自我包含他者的真正朋友。温特认为,第三等级内化的康德文化才能在国际层次上巩固下来。在第三个等级中,认同创造了集体利益,不仅行为体的选择是相互关联的,而且他们的利益也是相互关联的。集体身份的建构是把自我福祉延伸至包含他者福祉的程度,而不是为了他者福祉牺牲自我福祉。

俄罗斯利用金砖国家机制谋求文化认同的政策,体现的是康德文化第三等级内化途径,通过文化认同,创造集体利益和集体身份。但正如温特所指,"诸国家在考虑实际安全的时候,可能有着一种集体身份,但是当考虑责任分担、经济发展、文化独立或其他事情的时候,却对主权表现出极大的个体主义和自我保护意识"。[5]因此,俄罗斯在金砖国家内获得文化认同的诉求是否会达到预期结果,俄罗斯实施的文化政策是否会促进金砖国家形成集体身份,进而帮助俄罗斯在国际社会建构占主导地位的国家角色身份。第一,需要视俄罗斯国家硬实力发展情况,国富民强、社会和谐稳定才能使他国认同,"打铁还需自身硬",国家硬实力是外交政策的坚强后盾;第二,需要视俄罗斯能否与其他金砖国家结成利益共同体,共享发展成果;第三,需要视俄罗斯国家文化软实力在金砖国家的发挥情况。

俄罗斯为提高国家形象,逐步加强对外文化宣传力度。2014年11月10日,国有媒体"今日俄罗斯"通讯社创建面向外国受众的新品牌卫星媒体集团,其中包括面向金砖国家成员中国、印度和巴西受众的中文、英文和葡萄牙文网站和电台。

俄罗斯在世界各地的文化推广工作,主要依靠"俄罗斯世界基金会"在45个国家内与当地教育机构合办"俄语中心"来完成。金砖国家中,目前只在中国设有7个"俄语中心",中心的活动多数仅限于校园之内,对俄罗斯文化在民间的推广作用有限。显然,俄罗斯需要在所有金砖国家内设立"俄语中心",加强该中心对俄罗斯文化观念和俄罗斯国家形象的宣传力度,并将不定期的"俄语年""俄罗斯年"等文化活动扩展到金砖国家,以期获得金砖国家民众对俄罗斯文化的认同。

四、俄罗斯利用金砖国家机制重建国际规范的诉求

国际关系中的法律规范来源于威斯特法利亚体系中的尊重主权、不使用武力等普遍原则。温特指出,康德无政府体系的一个显著特征是:它是一个法治的体系,对国家合法谋取自我利益限定了范围。只要国家内化了这些限定规则,规则就会被视为对国家行为的合法约束,并以集体的方式加以执行。温特进而指出,康德文化创造的可能是权力分散的权威,怎样思考一个正在成为"接受管理"但又不是"权力集中"的世界,一个"后无政府体系"的世界,是国际政治学者所面临的重要问题。

本文认为,温特所指以"权力分散的权威"形成的"后无政府体系",与俄罗斯所指的"多极世界"有着某些相同的内涵,但也有不同之处。为维护世界的和平和稳定,国际事务需要由若干大国在康德文化互为朋友的体系里共同治理,而不是"权力集中"在一个霸权国手中。国际体系需要多极治理,这是俄罗斯提倡的"多极世界"与温特提出的"权力分散的权威"相同之处。它们之间的不同之处在于,温特相信国际社会

是朝着进步的方向发展,"后无政府体系"中康德文化结构将是主导特征,而俄罗斯所指的"多极世界"则隐含着洛克文化的竞争对手特征,产生这一差异的原因在于欧美发达国家极力维护"权力集中"的世界体系,要求发展中国家"接受管理",而发展中国家却需要公平的发展环境,要求与发达国家一起参与全球规则的制定,而不仅是"接受管理"。"多极世界"的理念,被欧美发达国家理解为发展中国家对现有权威的挑战,极力打压,试图继续独享权威,于是双方竞争激烈。因此,"多极世界"中的竞争特征,根源来自于西方发达国家对现有特权的极力维护。相反,中国、俄罗斯等新兴大国多次表态,愿与发达国家在友好的基础上进行平等互利的合作和共同发展。

2012年12月,习近平当选中共中央总书记后首次会见外宾时就指出:"中国走的是和平发展道路,中国的发展不是自私自利、损人利己、我赢你输的发展,对他国、对世界绝不是挑战和威胁。中国绝不会称霸、绝不搞扩张。"2013年3月22日,普京在接受俄塔社专访时说:"我们不将金砖国家机制视为西方国家或其机构的地缘政治竞争对手,相反,在多极化世界模式框架下,金砖国家愿意和感兴趣的各方进行讨论。"

为表明俄罗斯并不觊觎霸权,更不会陷入"修昔底德陷阱",挑起争端,2014年10月普京在瓦尔代国际辩论俱乐部的发言中表示,"俄罗斯积极通过欧亚经济联盟、上海合作组织、金砖国家机制与各国同行共事,认为俄罗斯打算成立任何同盟,或者试图重建任何帝国,以及会侵犯邻居主权的想法都是没有根据的。俄罗斯不要求自己在世界上有任何特殊和独特的地位,在尊重他国的利益之时,俄罗斯希望,俄罗斯的利益和立场也能被考虑"。[3]

在《俄罗斯金砖构想》中,俄罗斯政府强调将在遵守联合国章程、遵守国际法公认原则和规范,以及公开、实用、团结、非结盟性、不针对第三方等协商原则的基础上,与成员国建立关系,不采取强力压制和损害他国主权的政策。俄罗斯国家金砖组织研究委员会(НКИ БРИКС)出版的《巴西,俄罗斯,印度,中国,南非:2013年矿产开发战略》中指出,俄罗斯加入金砖国家机制的意义包括:扩大在全球和地区结构内的影响,以保持国际和平和安全,并强化联合国作为全球协调的中心组织的作用;在全球和地区稳定与安全问题、不扩散大规模杀伤性武器、调节地区冲突方面,五国协商立场,并共同解决恐怖主义、毒品贩运、海盗行径、气候和环境问题;在信息安全方面合作,共同抵制计算机犯罪。

俄罗斯对金砖国家机制合作规范和合作范围的设想,表达了俄罗斯希望在联合国的框架内,与各成员国团结一致、相互认同,对内彼此不干涉内政,对外不损害他国主权,遵守社会规范,共同实现集体利益的愿望,体现了利用金砖国家机制重建国际规范的诉求。

金砖五国地处欧、亚、拉、非四个大洲,金砖国家机制具有全球性和全面合作的特点,该机制是俄罗斯主导的唯一有望实现全球治理的国际组织。俄罗斯希望利用金砖国家机制重建国际规范,建立全球治理新模式的决心显而易见。《俄罗斯金砖构想》还指出,俄罗斯相信金砖国家机制有望成为新的全球治理系统中的关键成分,俄罗斯致力于将金砖国家机制建设成超越旧的以东西或者南北为分割线的全球关系新模式。俄罗斯对金砖国家机制设定的远景目标是,从论坛对话和协调有限问题立场的工具,逐渐转变为全方位的世界政治与经济问题战略和日常配合机制。

"一种规范如果与行为体外生的需求或需要吻合,那么,这个规范就会迅速内化",俄罗斯借助金砖国家机制重塑国际规范的诉求是否会成功,既要看俄罗斯推导的规范是否符合金砖成员国的需求,又要看该规范是否符合大多数国家包括发达国家的需求,只有让大多数成员都认同的规范才能巩固下来,"合作共赢"的规范才能打造一个康德式的国际社会。

参考文献

[1] Russia begins recovering from the "Dutch disease" — Finance Minister Siluanov[EB/OL]. (2015-03-27)[2021-08-01]. http://tass.ru/en/economy/785329.

[2] 祖博克.失败的帝国:从斯大林到戈尔巴乔夫[M].李晓江译,北京:

社会科学文献出版社,2014:7.

[3] Остановить глобальный хаос[EB/OL]. (2014-10-24)[2021-08-01]. http://www.rg.ru/2014/10/24/putin.html.

[4] Россия предлагает трансформировать БРИКС в полноформатный механизм стратегического взаимодействия — Владимир ПУТИН[EB/OL]. (2013-03-22)[2021-08-01]. http://itar-tass.com/arhiv/588299.

[5] 亚历山大·温特. 国际政治的社会理论(影印版)[M]. 北京:北京大学出版社,2005:296.

四 公民教育与社会伦理

◎ 跨文化教育实践的承传与超越
——以宋氏三姐妹在美国留学为例(蒋晓萍)

◎ 人生价值的终极求索
——《约伯记》与《九辩》比较论(蒋金运)

◎ 菅原道真对《孝经》"孝"之思想的接受(彭英)

跨文化教育实践的承传与超越
——以宋氏三姐妹在美国留学为例

蒋晓萍

跨文化教育理论的探讨始于20世纪60年代,兴于20世纪90年代,跨文化教育的实践历史悠久。从古至今,世界各国一直在进行着不同方式、不同层次的跨文化交流和学习,如国际旅游、访问、留学、研究、移居等都具有跨文化教育实践的性质。我国1998年出版的《教育大词典》中也编写了"跨文化教育"这个词条,把跨文化教育定义为:"在某个文化环境中成长的学生,到另一个语言、风俗、习惯和价值观、信仰都不相同的文化环境中去接受教育。"[1]

在中国近现代史上,极具影响力的宋氏三姐妹是首批赴美留学获得文学学士学位的中国女性,堪称跨文化教育实践的典范。她们与卫斯理安学院结缘,不仅开阔了眼界、增长了见识,也使她们摆脱了深锁闺阁的传统命运,成为新时代妇女的表率。她们以自身的智慧与才华引领了中华民族新女性的时代风尚,成为20世纪中国政治舞台上的风云人物,留下了不可磨灭的历史印记。在跨文化教育实践的背景下,宋氏三姐妹留美生涯特别是在卫斯理安学院的传奇故事,为国家汉办在卫斯理安学院成立孔子学院打下了坚实基础,延续了跨文化教育对话及实践的历史使命。

卫斯理安学院坐落于享有"世界樱花之都"美誉的美国佐治亚州梅肯市(Macon),创立于1836年,原名为佐治亚女子学院,1843年改名为卫斯里安女子学院,1917年更名为卫斯理安学院,至今仍维持只招收女生的传统。该学院创立之初的学生来源一般都是南美富裕人家的小姐,随着学校的发展,生源日趋多元化、国际化,现在全校近700名注册学生来自全球30多个国家和地区。

宋氏三姐妹：宋霭龄、宋庆龄、宋美龄

卫斯理安学院一直以"我们是世界上第一所获准向女性授予学位的学校"为傲。在它的历史上创造过许多"世界第一"，如1859年成立了世界上第一个校友协会；1851年和1852年成立了世界上第一批女学生联谊会 Alpha Delta Pi 和 Phi Mu；1904年，学校出现了第一位留学美国的中国女性宋霭龄；1919年卫斯理安学院正式成为美国南部各州大学与中学协会即后来的美国南部院校协会的重要一员。迄今，卫斯理安学院依然是女性教育的先锋，向女性提供30多个领域的主修专业和近30个辅修专业。许多聪明、具有创新精神、富有同情心、才华横溢的女性通过在卫斯理安学院就读，成为行业精英，乃至地区、国家领袖，其中包括名扬海内外的宋氏三姐妹。

宋氏三姐妹是第一批留美获得文学学士学位的中国女性，她们在卫斯理安学院留学的传奇经历，已成为卫斯里安学院异常珍贵的历史馈赠，学校图书馆特别为宋氏三姐妹开设了一间"中国室"，建立了数字化资料，收藏并展示了许多有关宋氏三姐妹的历史文献和资料。历史文献和资料显示，宋氏三姐妹能赴美留学，得益于开明的父亲宋耀如的支持。1904年5月28日，宋霭龄开始了她的留学生涯。经其父亲同窗好友卫理公会威廉·伯克（William Burke）牧师的大力引荐和细致周到的安排，宋霭龄就读威廉·伯克家乡梅肯市的卫斯理安女子学院。她是第一位正式到美国留学攻读文学学士学位的中国女性，一些当地报

卫斯理安学院

纸为此还作了专门的报道。凭借其顽强的毅力、刚强自信的性格以及在上海的中西女塾所受的教育,宋霭龄很快融入了那里的生活和学习。[2]

最初赴美入境时,宋霭玲因护照的问题被滞留在船上近一个月,遭受了不公平的待遇。后来她有机会与其姨夫温秉忠(时任教育顾问)一同出席了美国时任总统西奥多·罗斯福为中国教育代表团举办的招待会。席间,她就自己初来美国时的遭遇,当面向总统抗议了美国的排华政策,质疑了美国的"民主"。罗斯福总统惊异于这位中国姑娘的气势,当场向宋蔼龄表示了歉意。第二天,华盛顿的报纸刊出了《中国少女抗议美国政府的排华政策》的报道。消息迅速在同学们中传开,宋霭玲一时成了新闻人物。[3]

在卫斯理安学院留学期间,宋霭龄以开放的心态面对、理解美国文化的差异,尊重美国的文化习俗,主动融入校园和当地文化。在毕业晚会上,宋霭龄用甜润的嗓音朗诵了《蝴蝶夫人》剧中的一段台词,给当地民众留下了美好的印象。但作为一名中国人,她经常阅读父亲寄来的中文书籍,不忘中国文化的传统,坚守中国人身份认同。在某次历史课上,授课的马克涅教授称赞她是一位"优秀的美国公民",她当时就站起来说:"我不是美国公民,我是中国人,我家祖祖辈辈都是中国人,而且永远都是中国人。"1909 年春季,宋霭龄以优异的成绩毕业,获得文学学士学位。[3]

  1907年8月,14岁的宋庆龄偕同10岁的妹妹宋美龄,在温秉忠夫妇的监护下,乘船离沪赴美求学。宋庆龄以清政府官费生的身份赴美留学,她与宋美龄抵美后,先被安排在新泽西州萨密特镇柯拉拉·波特温小姐开办的私立学校进行了一年的法语和拉丁文功课补习,为入读美国大学做准备。1908年9月,宋庆龄考入姐姐宋霭龄所在的卫斯理安女子学院文学系,正式注册为卫斯理安女子学院学生,年幼的美龄也以特别生资格注册入学。宋庆龄学习非常用功,从不漏掉一门功课的作业。老师曾评价她是英文课班上文章写得最好的一位学生。宋庆龄留给校友们最深刻的印象是对文学、哲学和历史的浓厚兴趣,她关心政治、博览群书、善于思考、热衷校内公共活动。她曾担任校刊《卫斯理安》的文学编辑、舞蹈戏剧社社员和哈里斯文学社通讯干事。在校刊发表过令她在校内声名鹊起的《留学生在中国之影响》《20世纪最伟大的事件》《现代中国妇女》《四个小点》和《阿妈》等政论文和小说。这些文章反映了她在学生时代关心中国革命、关心妇女命运的进步思想。宋庆龄在《现代中国妇女》一文中特别说明:在国外留学学成归国的中国女留学生们在国内各个领域担任了重要职务,"由于受过更高层次的教育,她们比其他国家的大学生更清楚地认识到,为了共同的幸福,她们要比别人承担更多的义务。她们所取得的毕业文凭,并没有使得她们自命不凡,自视高人一等;她们也没有因此而希望自己成为置身'象牙之塔'的精神贵族"。在她撰写的《留学生在中国之影响》文中,她阐明中国青年到外国留学有助于中国的政治、教育和社会改革,把一切好的东西学到手,带回国学以致用,解决中国存在的各种重大问题。[3][4]

  虽然宋庆龄身在美国,但心系祖国的前途和命运。在1911年10月的一堂历史课上,同学们围绕"历史进程与历史演变"的论题进行讨论,她就世界文明的中心问题与一位美国学生展开辩论,她不同意其中国没有希望及中国已被淘汰的观点,她论证了中国悠久的历史和璀璨的古代文化对世界产生的巨大影响,并自信地阐述未来的历史也将证明这一点。这堂讨论课让老师和同学对宋庆龄有了更深刻的印象,老师为有像庆龄这样的学生感到万分荣幸。[5]

  在跨文化教育的背景下,宋庆龄理解尊重当地文化习俗,跟美国老师和同学保持友好的交流。同时紧跟国内形势,了解国情,实时传播中国文化,促使美国师生更多地了解中国。据其大学室友回忆,辛亥革命胜利后,宋庆龄收到了其父寄给她的共和国五色旗。宋庆龄立刻跳上椅子,把清朝的龙旗从墙上扯下来,用脚踩了又踩,并高呼"把龙拽下来!把共和国五色旗挂起来!"情绪之激烈,令这位室友在垂暮之年仍记忆犹新。校友们此时也意识到这个温柔少女的内心充满了革命热情,这也为其之后追随孙中山的民主革命埋下了伏笔。1913年5月,宋庆龄以优异成绩毕业于卫斯理安女子学院,获得文学学士学位。经过5年的跨文化教育,宋庆龄逐渐成长为一个成熟爱国的青年,她融会中美文化,更关心国家的命运,更加坚定民主独立意识,彰显了新时代女性特质。[2][3]

1907年,宋美龄因年龄太小被编入卫斯里安女子学院非正式班学习,学校派专人给予个别辅导。其间,受二姐影响,美龄热爱文学,创办了一份名为《三个小家伙》的抄写小报。那时她开始读狄更斯的大部头著作,经常跟高年级学生一起研究音乐和艺术。1912年,宋美龄正式入读卫斯里安女子学院。[2][3]

在卫斯里安学院,宋美龄度过了快乐的少女时代。尤其是时任校长夫人,给予了她母亲般的关怀。她在这里掌握了一切在上大学前应该具备的知识。因为年龄较小,她更快地融入了英文环境。在宋美龄西方化思维的背后有着对东方文化深深的依恋,她时常在师生们面前流露出对中国文学和艺术的自豪,从她翻译的《苏小妹》一文及在学生装上点缀的一块中国丝绸可以窥见一斑。

宋美龄原本可以像两个姐姐一样,成为卫斯理安学院的第三个中国毕业生,但是,当宋庆龄1913年毕业回国后,家人决定让宋美龄转学,以便正在哈佛大学读书的哥哥宋子文就近照顾。于是,她转入了马萨诸塞州波士顿附近的韦尔斯利学院(Wellesley College)。宋美龄在韦尔斯利学院学习4年,主修英国文学,兼修哲学。毕业时,她荣获该校最高荣誉"杜兰学者"称号。十年的跨文化教育使宋美龄并存中美两种文化取向。[2]

宋氏三姐妹在人生观和世界观形成的关键时期,均在美国留学,这段经历在她们的人生轨迹上留下了深刻的烙印。宋庆龄曾在各种场合谈到她的留美经历时说:"我在美国度过我的青年时代,受过美国伟大的民主传统的熏陶,它已经成为我生活中伟大的力量之一。"[6]

跨文化教育实践使宋氏三姐妹开阔了视野,增进了中美跨文化理解,了解了自文化和他文化的异同,意识到平等对待不同文化的重要性,增强了她们的民主意识,对她们的人生起了不可或缺的作用。三姐妹都对母校的培养感念至深,并通过捐赠物品、建立奖学金等方式回馈母校,表达爱校之情。

宋霭龄曾在1932年访问母校,馈赠了母校一份珍贵礼物,即现在仍设有的"The DuPont Guerry Scholarship"(杜邦格瑞奖学金)。宋庆龄尽管毕业后再也没有回过卫斯理安学院,但她一直惦记着培养了自己的母校,于1925年,她向母校捐款500美元发展教育。至今,她在1976年送给卫斯理安的中国织锦还挂在校友会陈列馆中。宋美龄曾在1943年和1965年两度回访卫斯理安学院,并设立"May-Ling Soong Chiang Scholarship"(宋美龄奖学金),使之成为卫斯理安学院从1944年开始专为中国学生设立的奖学金。1997年,卫斯理安学院收到了600万美元的捐赠,用于支撑之前的奖学金项目。这笔捐款是以宋氏三姐妹名义进行的匿名捐赠,充分表达了她们对母校美好建设愿景的期许。

改革开放后,国家汉办以宋氏三姐妹的卫斯理安学院求学之路为纽带,通过国内合作院校广州大学,于2013年在卫斯理安学院建立了孔子学院。揭牌仪式上,卫斯理安学院时任校长露丝·诺克斯女士表示:一百多年前,宋氏三姐妹都曾在卫斯理安学院求过学,其中宋庆龄女士从学院毕业,并成为一位曾发挥重要作用的女性领导者,这是卫斯理安学院一段骄人的历史,也是其与众不同的地方。一百年后的今天,我们很荣幸与中国广州大学合作设立孔子学院,将中国灿烂的文化与语言带到学院,深信孔子学院对于加强两所大学、两个城市以及美中两国的文化交流与友谊必将发挥重要作用。

令人欣喜的是,卫斯理安学院孔子学院自2013年成立以来,坚持不懈地推广中国文化,搭建和巩固中美文化沟通桥梁。孔子学院立足本地,服务社区,筹备、组织了数百场影响广泛的文化活动,促成了多元文化的互通互传。2013年6月,卫斯理安学院在广州大学建立了美国文化中心；2014年，卫斯理安学院与广州大学合作办学，成立广州大学卫斯理安学院，并于当年开始招生；2016年起，广州大学访问学者项目开通，卫斯理安学院中国文化课程的开设得到了更强大的智力支持。卫斯理安学院孔子学院如今已经拥有了5个汉语教学点，其中包括当地最有名望的斯塔福学校（Stratford Academy）。定期举办论坛、讲座、文艺表演和文化体验活动，并积极与美国联邦政府机构、军事机构、当地高等院校、文化团体等拓展合作，全方位、多视角地推广中国文化。在宋氏三姐妹开创的跨文化教育的优良传统下，卫斯理安学院与广州大学合作办学及两校师生交流项目不断探索着跨文化教育的对话与实践，一直努力地推动中美文化的交流，延伸友谊，为构建人类命运共同体做出贡献。

参考文献

[1] 顾明远.教育大辞典[M].上海：上海教育出版社，1998.

[2] 陈达萌.宋氏三姐妹[M].北京：人民日报出版社，2018.

[3] 朱潇潇.宋氏三姐妹学历钩沉[J].文史精华，2005(2)：57-60.

[4] 吴桂龙.宋庆龄出国留学时间考订[J].史林，1988(1)：88-90.

[5] 尚明轩，唐宝林.宋庆龄述论[J].近代史研究，1989(6)：144-164.

[6] 朱玖琳.宋庆龄与近代中国首批官费留美女生[J].世纪，2012(6)：36-40.

人生价值的终极求索
——《约伯记》与《九辩》比较论

蒋金运

《圣经·约伯记》被誉为世界文学中最伟大的诗篇之一。它书写约伯经受上帝的考验，经历了人世的种种不幸，在信仰与动摇的精神矛盾中，痛苦地探索人生及苦难的意义的过程。相比而言，《楚辞·九辩》则体现了以屈原、宋玉为代表的中国先秦时代人们对人生目的、人生苦难的体验和思索。人类在面对相同或类似自然环境或社会环境时会产生大致相同或者说类似的心理和情绪体验，又由于各自处于不同的地域、民族环境和文化环境中，人类对人生价值呈现出各自的特征。对《楚辞·九辩》和《圣经·约伯记》加以比较研究，使我们可以全面地把握《楚辞》和《圣经》，进而更好地认识并理解中西文学和中西文化。

一、正义意识：合理的人生价值取向

对人生价值意义的探索是文学作品书写的永恒主题。在世界不同的文化体系里，文学作品呈现出了各自的合理的人生价值取向。人类的生命价值追求有两种：一是注重人的社会价值，关注人的社会存在，以为国家民族建功立业在社会生活中实现人生的价值；二是注重人的个体价值，关注人的个体在世界上的自由存在，将个人的利益放在首位，或者通过远离社会现实，追求一种精神超越功利、世俗的自我，达到自由的境地。人类对这两种有限生命价值追求的心理越强烈，对生命有限性的焦虑也越强烈，对实现自我的要求也就越迫切。而且，人有生死，生命有限，能否实现或坚持生命价值的追求会导致人对生命有限性的焦虑。主动追求理想,提升生命的价值,以积极的方式来消解生命有限性的焦虑,这是一种积极入世的生命追求;放弃理想,回避矛盾,超越现实功利,求得精神解脱,这种以幻想的方式消解生命有限性的焦虑,是一种消极避世的人生追求。

《约伯记》同《圣经》的其他部分一样,核心的思想是赞美上帝、敬畏上帝。我国学者刘洪一说:"圣经中的各部分,无论是律法书、历史书、先知书还是其他诗文集,贯穿始终的一个基本主题即是对上帝的各种赞美,对上帝至上权威的论证和维护。这一思想是《圣经》正典中不可动摇的中心思想。"①如《诗篇》唱道:

> 来啊,我们要向耶和华歌唱,向拯救我们的磐石欢呼。
> 我们要来感谢他,用诗歌向他欢呼。
> 因耶和华为大神,为大王,超乎万神之上。
> 地的深处在他手中,山的高峰也属他。
> 海洋属他,是他造的;旱地也是他手造成的。②

> 愿全地都敬畏耶和华,
> 愿世上的居民都惧怕他。
> 因为他说有,就有;
> 命立,就立。③

《约伯记》中约伯说:"我赤身出于母胎,也必赤身归回。赏赐的是耶和华,收取的也是耶和华;耶和华的名是应当称颂的。"④

在《约伯记》中撒旦说:

---

① 刘洪一:《与上帝论辩——试论〈圣经〉中的人文精神》,《外国文学评论》1999 年第 1 期。
② 中国基督教协会:《圣经(中英对照和合本·新修订标准版)》,中国基督教协会,2000,第 939 页。
③ 同上书,第 867 页。
④ 同上书,第 777 页。

> 耶和华问撒旦:"你曾用心察看我的仆人约伯没有? 地上再没有人像他完全正直,敬畏上帝,远离恶事。"撒旦回答说:"约伯敬畏上帝岂是无故的呢? 你岂不是四面圈上篱笆围护他和他的家,并他一切所有的吗? 他手做的都蒙你赐福,他的家产也在地上增多。你且伸手毁他一切所有的,他必当面弃掉你。"①

从引文可知,《圣经》要求人们维护上帝的权威,但人们敬畏上帝是会得到回报的。约伯的赞美上帝、"敬畏上帝"并不是无故的,他始终是"敬畏"的受益者,他和上帝之间似乎存在有一个"契约":约伯用丰厚的供奉证明自己对上帝的虔诚,又用虔诚带来的物质利益去丰富自己的供奉。约伯是神的信徒和"仆人",他的命运同神的恩惠密切相关,对神的敬畏可得到儿女、财产和奴婢这些神的赏赐;约伯经受了神的试探考验、认罪自责并得到神的满意欣赏后,他立即"从苦境转回",得到了"比他从前所有的加倍",并且馨享延年,"满足而死"。② 约伯从忍辱到对神短暂的批判怀疑直至重新皈依,表明了一个"好仆人"有热烈而虔诚的坚定信仰,不过这种坚定的信仰是处于神的垄断之中,双方存在着一种供需利害关系,神的恩典和约伯的敬畏,构筑了一架信仰的天平。约伯想得到"比他从前所有的加倍"的财产与福寿,必须对神怀有一种执着的敬畏。以敬畏的执着换得神的福佑恩泽,这是一种堕入世俗的执着。

正是这种似乎合理的"契约"和约伯的执着,构成了人类与上帝互相依存而又互相对立的关系,上帝和人类的言行互相诚实正直可信,使上帝成为"义人"的榜样,也使人类乐于争做"完全正直"的"义人",心目中形成一种正义意识:当给人类提供利益时,上帝会得到人类的敬畏,甚至当"利益"被上帝暂时收回时,受益者也有足够的信心,即"义人会得善报";当"义人不得善报"而恶人得到上帝善报时,上帝会惩罚恶人的不义之举。这种正义意识是建立在一种互惠互利基础上的合理的价值取向,是一种建立在"正直诚信"上的理性的道德判断。这种正义意

---

① 中国基督教协会:《圣经(中英对照和合本·新修订标准版)》,第776页。
② 同上书,第834页。

识培养出了约伯的理性批判精神。"乌斯地""完全正直、敬畏神、远离恶事"的约伯经历了"丧失儿女、财产"和"全身长满毒疮"撒旦的这两次试探后仍然对神的敬畏不减,终于经过三轮对话后产生对上帝的怀疑和批判,他说:

> 我每逢思想,心就惊惶,浑身战兢。恶人为何存活,享大寿数,势力强盛呢?他们眼见儿孙和他们一同坚立。他们的家宅平安无惧,神的杖也不加在他们身上。他们的公牛滋生而不断绝,母牛下犊而不掉胎。他们打发小孩子出去,多如羊群,他们的儿女踊跃跳舞。他们随着琴鼓歌唱,又因箫声欢喜。他们度日诸事亨通,转眼下入阴间。他们对神说:"离开我们吧!我们不愿晓得你的道。全能者是谁,我们何必侍奉他呢?求告他有什么益处呢?""看那,他们亨通不在乎自己,恶人所谋定的离我好远。恶人的灯何尝熄灭?患难何尝临到他们呢?神何尝发怒,向他们分散灾祸呢?"①

约伯在这里呈现了恶人反享平康的事实,通过自己现实的人生经历和体验,对上帝不公的批判和对神学学说的质疑,挑战了上帝的权威。这是一种超神学的道德判断的"正义意识"的体现。在纯神学的话语中,是非判断(或事物正负价值判断)的标准建立在以上帝为核心的神学思想上。对上帝的批判和怀疑实质上就是对以上帝为中心的神学价值体系和价值取向进行挑战。约伯在与上帝的论辩中先关注的是以色列民族的现实利益,不是神学中追求的人生来世那种彼岸的虚幻冥想的利益,不是神学对超功利伦理规范的关注,而是人在现实世界的真实状况和实际利益的伦理规范,是"人间道德"而非"神学道德",至此,人间道德的追求同神学道德一样,成为一种具有至上价值的道德追求,就像安森·莱特纳所言:"约伯向上帝挑战,只是因为他把在上帝面前说实话当作是一种道德责任。"②需要说明的是,约伯的世俗道德追求

---

① 中国基督教协会:《圣经(中英对照和合本·新修订标准版)》,第 803 页。
② LAYTNER A, *Arguing with God : A Jewish Tradition* (New York: Jason Aronson,1990), p. 33.

也是一种积极的入世人生态度,因为个人道德往往扩展为社会道德,个人道德是社会道德在个体成员身上的体现。

与《约伯记》"义人"约伯一样,《九辩》中诗人通过生活的经验和情感的体验,呈现出了一种正义意识。一方面,诗人诉陈自己为人忠谨、诚实正直,"私自怜兮何极?心怦怦兮谅直"①,"独耿介而不随兮,愿慕先圣之遗教"②;另一方面,诗人伤感时势,心系家国,表现出自己的批判怀疑精神。诗中揭露了奸佞误国的黑暗现实,再现了贫士失职的凄苦生活,抒发了自己怀才不遇、报国无门的愤慨之情。诗人曾一度在楚王身边供职,也有过君臣和谐的美好回忆,"尝被君之渥洽"③,但接着形势就变了,诗人"以为君独服此蕙兮",孰料"羌无以异于众芳",楚王完全是把他作为一般才能的人看待。此时,楚国国内时俗工巧,群小当道,贤人远走,诗人写道,"猛犬狺狺而迎吠兮,关梁闭而不通"④,"何时俗之工巧兮,背绳墨而改错?却骐骥而不乘兮,策驽骀而取路。当世岂无骐骥兮?诚莫之能善御。见执辔者非其人兮,故駺跳而远去。凫雁皆唼夫粱藻兮,凤愈飘翔而高举。"⑤终于,诗人也失职了。失职之后寂寞的诗人仍时时记起君王往日的宠顾,"欲寂漠而绝端兮,窃不敢忘初之厚德",自己身处浊世却保持诗人的高尚节操,绝不随波逐流,"处浊世而显荣兮,非余心之所乐。与其无义而有名兮,宁穷处而守高。食不媮而为饱兮,衣不苟而为温"⑥,只是"贫士失职而志不平",去乡离家外出游宦,但始终希望在仕途上有所进取,很想当面向君王倾诉衷肠,"愿一见兮道余意,君之心兮与余异"⑦。尽管诗人再也没有得到君王的垂青,但仍寄希望于君王并表示对君王的祝福:"赖皇天之厚德兮,还及君之无恙。"⑧这些都是诗人对自身不幸遭遇的怨愤,对污浊现实的批判

---

① 吴广平撰《楚辞全解》,岳麓书社,2007,第307页。
② 同上书,第318页。
③ 同上书,第315页。
④ 同上书,第321页。
⑤ 同上书,第314页。
⑥ 同上书,第318页。
⑦ 同上书,第307页。
⑧ 同上书,第327页。

以及关于高尚节操的表白。这是一种对正义事业的执着追求。在文中，见不到神摆布的痕迹，见不到对神的顶礼膜拜，人的自由和尊严掌控在自己手中。诗人体现出的对于现实的关怀和积极进取精神，是将人生价值寄托于人生理想的实现，将个人融入社会的积极入世。可以说，诗人批判黑暗的现实，自己身处浊世却保持高尚的节操，积极进取的人生追求，是一种超越世俗的执着追求，这与约伯的世俗追求相比，是截然相反的两种人生态度。

从上面对《九辩》的分析可以看出，宋玉的忠谨正直、心系国家的社会道德规范关注的是走向衰落的楚国的现实利益，是人渴望报效国家、建功立业心切的现实世界社会伦理规范，即将人的生命价值建立在国家民族利益之上的非"神学道德"，是诗人追求的具有至上价值的道德。

《约伯记》和《九辩》这种建立在道德评判标准上的正义意识，说明人类早期共同的人生价值追求和心态体验，反映出两种文化中两种不同的人生态度。

二、人本意识：人生的终极追求

人们在人生追求中并非一帆风顺，往往会遇到种种挫折。在挫折面前，他们以各种方式或逃避现实，或勇敢面对，真正显现出了自己的本质，体现出人生的终极追求。

在《约伯记》中，约伯对神的坚定信仰伴随着一种现实的世俗精神，这是一种在强烈的神学意味之下渐渐形成的世俗精神。约伯基本上仍是一位有真正血肉之躯的人。当撒旦第一次试探约伯用耶和华的手毁掉了约伯的一切所有时，约伯伏在地上跪拜耶和华说："我赤身出于母胎，也必赤身归回。赏赐的是耶和华，收取的也是耶和华；耶和华的名是应当称颂的。"这是约伯对现实重压的忍耐承受。当撒旦的第二次试探，使约伯"从脚掌到头顶长毒疮"经受极度痛苦并接纳了自己的不幸遭遇之后，约伯便开始向人"吐露哀情"，诅咒自己的生日，后悔自己的出世。他说，"愿我生的那日和说怀了男胎的那夜都灭没"，"我为何不出母胎而死？为何不出母腹绝气？为何有膝接收我？为何有奶哺育我？不然，我就早已躺卧安睡，和地上为自己重造荒丘的君王、谋士，或与有金子、将银子装满了房屋的王子一同安息。或像隐而未现、不到期而落的胎,归于无有,如同未见光的婴孩"。① 面对如此的生存困境,苦难中的约伯开始诅咒生日,厌恶生存。这是约伯试图对生存困境的超脱逃避。不仅如此,约伯最终在友人的误解下,要求与上帝理论。约伯不惜自己的生命,勇于与神争辩,"我厌恶我的性命,必由着自己述说我的哀情,因心里苦恼,我要说话",对他自身的自由存在的受限产生焦虑,并发出了强烈不满与怨恨:"你的手创造我,造就我的四肢百体;你还要毁灭我。"②这是约伯的勇敢抗争。最终约伯降服在他所信靠的人格化上帝面前,"在尘土和炉灰中懊悔"③。约伯真正希望的并不是真的将在世的肉体归于尘土,而是渴求重新得到自由的生存空间,重新得到上帝的丰厚恩赐,那些能让他充分享受自由的资本。约伯洞察到了人的在世有限性阻碍了人超越这种有限性的可能性,因而表达了自己的忧虑与焦虑。这种忧虑和焦虑还表现在人的生命短暂、时光易逝看法上:"人为少妇所生,日子短少,多有患难。出来如花,又被割下;飞去如影,不能存留。……人的日子既然限定,他的月数在你那里,你也派定他的界限,使他不能越过;便求你转眼不看他,使他得歇息,直等他像雇工人完成他的日子。"④生命短暂、时光易逝,阻碍缩短了人充分享受现实世界的自由时空,使人容易形成生命有限性的焦虑和恐惧。

约伯的生命有限性的焦虑主要涉及自己的现时境遇,集中在那些与人的现世生活密切相关的内容上,通过此类的论辩陈述现象、分辨事理,来表述对现行不合理境况的不满、责怨。对生命有限性的焦虑和世俗精神表征了神学笼罩下"人"的自觉意识,在反复陈述人的追求和不公平待遇时,都明显的是将"人"作为关注的主体和中心;即使是在抒发人生的虚无甚或诅咒生命,也都与《圣经》的"神本意识"形成强烈的反差。另外,约伯对神的赞美实际上是对人本身的赞美,因为在古希腊人想象中,神人是同形同性的,"希腊人的神是为着人的利益而存在,所以

---

① 中国基督教协会:《圣经(中英对照和合本·新修订标准版)》,第779页。
② 同上书,第788页。
③ 同上书,第833页。
④ 同上书,第793页。

他赞美神也就是赞美自己"①。"人"被提升到重要的地位,人的现世情感和生命体验得到突出和张扬。在约伯身上显示出了一种与神学精神相对立的世俗化人本意识,一种对本我地位个体生命自由价值的寻求。这种以人为本的精神成为西方文化的主体精神,并成为人类的一种终极追求,对西方世界文明乃至世界文明造成了重大的影响。《约伯记》作为一篇宗教哲学性的作品,两千多年来不断地在人心中激起了共鸣也正是因为它在"人性"上的自然流露。

在《九辩》中,宋玉面对不遇于君主的失意遭遇和草木摇落萧瑟的秋景,尽情地倾诉着自己的困苦、向往和追求,始终贯注着一股强烈的生命忧患意识。

首先,《九辩》诗中叹息的虽是宋玉一人的不幸,歌唱的是个人的悲愁,关注的是个人的命运,具有一定的人本意识,其实最终关注的是诗人的家园——楚国的盛衰。在春秋战国时代,学派林立,出现了"百家争鸣"的局面,但占主流地位的对个体生命和人生观的思考主要有两种:一种是儒家的人生观,主张通过修身、齐家、治国、平天下,也就是通过立德、立功、立言在社会生活中实现人生的价值;另一种是以庄子为代表的道家人生观,它关注的是存在,要求人们彻底摆脱功名利禄、权势地位观念的束缚,通过远离社会现实追求个体生命的自由。在当时的历史条件下,儒家人生观是一种较为先进的人生哲学。通过立德、立言和立功,可以使人生有所作为,实现人的社会价值。道家主张清静无为,否定个人功业,将人生归为虚无,无所作为,不利于社会发展。因此,儒家的人生观成为当时士人的首要选择。宋玉对家园的关注承自于他的前辈屈原,"窃慕诗人之遗风兮,原托志乎素餐"②。《离骚》主人公苦苦追求的是"美政"这项国家的事业,并表示愿为之奋斗献身,全然把个人安危置之度外。屈原在《离骚》中说:"岂余身之惮殃兮,恐皇舆之败绩!忽奔走以先后兮,及前王之踵武。"③屈原将实现个人生命价

---

① 爱德华·麦克诺尔·伯恩斯、菲利普·李·拉尔夫:《世界文明史(第1卷)》,罗经国、陈筠、莫润先、张长寿、王乃新、郝际陶、郭方、刘城译,商务印书馆,1987,第248页。
② 吴广平撰《楚辞全解》,第318页。
③ 同上书,第9页。

值具体落实到国家强盛事业之上,将两者予以统一,并将国家强盛的事业追求作为自己的人生终极追求。宋玉所处的时代同屈原所处的时代却不同,这时楚国饱受战争的摧残,大片国土沦丧,楚国处于动荡不安的局面。楚国是否灭亡?国人生存何去何从?这些问题成为楚国国人关注的焦点。对民族灭亡的恐惧和国运衰落的感伤,对楚国命运和自身命运的迷茫,在《九辩》中书写成孤独的悲秋感叹,"悲哉,秋之为气也!萧瑟兮草木摇落而变衰"①,"事绵绵而多私兮,窃悼后之危败"②。诗中一切怨愤和批判,也是因为自己同屈原一样处境恶劣、报国无门但心系家国的真情流露,只好哀叹:"窃悲夫蕙华之曾敷兮,纷旖旎乎都房。何曾华之无实兮,从风雨而飞飏?"③宋玉将个人的存在意识同家国及国人的存在紧紧联在一起。虽然宋玉没有达到屈原的精神境界,但至少在他的终极追求上是始终与家国的兴衰联系在一起的。

其次,宋玉也有对岁月流逝的忧虑和焦虑。"靓杪秋之遥夜兮,心缭悷而有哀。春秋逴逴而日高兮,然惆怅而自悲。"④诗人悲叹岁月如流,老大无成,一方面,诗人对自身存在关注,为自己年老空虚、栖身无地而忧虑,体现了一定的人本意识;另一方面,国事多变,自己不能徘徊不前,"事亹亹而觊进兮,蹇淹留而踌躇"⑤,体现了为国事担忧的紧迫感、使命感。诗人的人本意识也寄托于家国兴衰的大我。

再次,《九辩》也书写了诗人的反抗,那就是他唯一能采取的隐遁尘世、寄情山水的道路。"愿赐不肖之躯而别离兮,放游志乎云中。乘精气之抟抟兮,骛诸神之湛湛。骖白霓之习习兮,历群灵之丰丰。左朱雀之茇茇兮,右苍龙之躣躣。属雷师之阗阗兮,通飞廉之衙衙。前轻辌之锵锵兮,后辎乘之从从。载云旗之委蛇兮,扈屯骑之容容。"⑥这种举动,充其量不过是一种消极的反抗,揭示了诗人非常矛盾的心态和痛苦的境地,"愿沉滞而不见兮,尚欲布名乎天下。然潢洋而不遇兮,直怐愁

---

① 吴广平撰《楚辞全解》,第 305 页。
② 同上书,第 323 页。
③ 同上书,第 312 页。
④ 同上书,第 321 页。
⑤ 同上书,第 321 页。
⑥ 同上书,第 327 页。

而自苦"①。他想"布名",却又没有机遇,"愿自往而径游兮,路壅绝而不通"②;他要"沉滞",可又忘不掉楚王的知遇之恩,"欲寂漠而绝端兮,窃不敢忘初之厚德"③。这种无法解脱的思想矛盾,使得宋玉的反抗始终不能采取彻底的决绝态度,而且,诗人还不时地用"中庸之道"告诫自己:"欲循道而平驱兮,又未知其所从。然中路而迷惑兮,自压桉而学诵。性愚陋以褊浅兮,信未达乎从容。"④诗人最后只好去外乡游宦,寄情山水,寻求超脱,但缺乏前辈屈原以死殉国的洒脱,"既莫足与为美政兮,吾将从彭咸之所居"⑤,而是虎头蛇尾,仍寄希望于君王,"赖皇天之厚德兮,还及君之无恙"⑥。

《九辩》中的诗人同屈原一样,意识到了个人的巨大价值,也非常注重发掘人的个体价值,并渴望实现个人价值,只不过将个体生命价值与社会发展的需要协调起来,最终使个人融入历史,将个人价值的实现寄托于家国的兴盛事业上。因此,《九辩》体现了一种超越世俗的人本意识,一种忧国忧民的忧患意识。这种意识将关心国计民生与实现个人价值统一起来。《九辩》中的个人孤独情感,一方面是对人生短暂、生命有限的焦虑的情感抒发;另一方面,是对在有限的生命中报国无门、老大无成的情感抒发。宋玉的这种孤独情感引起了有志之士的感情共鸣并产生深远的影响,如司马迁的《悲士不遇赋》、董仲舒的《士不遇赋》及无名氏的《古诗十九首》等作品中的类似情感。

由此可见,《约伯记》中的人本意识凸显和张扬人的现实情感和生命体验,不论是赞美上帝,还是与上帝争辩,不论是默默忍耐,还是寻求解脱,都是为了追求更大的利益,得到丰厚的回报,将个体生命自由作为人的终极关怀。《九辩》中将心系家国怀有远大的理想和抱负,以最大限度地提升人生价值作为自己的人生奋斗目标,无论是揭露黑暗的现实,还是感激君王的恩德,无论是悲叹"春秋遑遑",还是寄情山水、寻

---

① 吴广平撰《楚辞全解》,第 326 页。
② 同上书,第 328 页。
③ 同上书,第 315 页。
④ 同上书,第 318 页。
⑤ 同上书,第 55 页。
⑥ 同上书,第 327 页。

求超脱,都将家国的盛衰与个体生命紧紧联在一起。一种更关注人的个体价值,另一种更关注人的社会价值,这两种不同的人生态度都关系到如何把握和完善自己的生命,实质上是一个人的人生观问题,因而也是一个全人类都必须面对的普遍问题以及人类文化、文明的根本问题。

三、人生价值的求索方式

从人类历史发展的角度看,《圣经》和《楚辞》都属于人类历史上最早出现的、最具有影响力的原创性的文化典籍。《圣经》经历了一个漫长的历史过程,大约从公元前8世纪到公元2世纪。《楚辞》作于公元前3世纪到公元前2世纪之间。我国著名学者冯天渝提出了"文化元典"理论,认为:"如果把一个民族跨入文明门槛(以金属工具和文字发明与使用为标志)之前,称作该民族的'儿童时代',把跨入文明门槛的初期称作'少年时代',那么,随着金属工具的普及,国家和城市的发展,较复杂的意识形态应运而生,该民族进入创造力空前旺盛的'青年时代'。而元典正是各文明民族'青年时代'的创造物……与人的个体生命发展史的青年期颇相类似,各文明民族在其文化发展的'青年期'也有区别于此前、此后的独特性格和异乎寻常的创造。在这一时期,人们思考的深度已从第一序列进入第二序列,即不满足于对现实的直观反映,而开始对世界的本质和运动规律作深层次探索,并思考作为实践和思维主体的人类在茫茫时空中的地位,进而反思自处之道,首次系统地而不是零碎地、深刻地而不是肤浅地、辩证地而不是刻板地表达出对于宇宙、社会和人生的观察与思考,用典籍形式将该民族的'基本精神'或曰'元精神'加以定型。这种典籍便可以称为'文化元典'。"① 据此,中国古老而又影响深远的典籍——《诗经》《楚辞》《易经》《尚书》《春秋》等先秦书为"中华元典",而称《圣经》为"希伯来元典"。与此相似,德国存在主义哲学家卡尔·雅斯贝尔斯(1883~1969)在对人类文化史进行划分的基础上提出了"轴心时代"的说法。他认为,以公元前500年为中心,从公元前800年到前200年,人类的精神基础同时又是独立地在中

---

① 冯天渝:《中华元典精神》,上海人民出版社,1994,第4-5页。

国、印度、波斯、巴勒斯坦和希腊开始奠定。他把这个时期称为"轴心时代"。他说：

> 在这一时期充满了不平常的事件。在中国诞生了孔子和老子，中国哲学的各种派别兴起，这是墨子、庄子以及无数其他人的时代……在巴勒斯坦，先知们奋起：以利亚、以赛亚、耶利米、第二以赛亚……这都是在几世纪之内单独地也差不多同时地在中国、印度和西方出现的。①

根据这种理论，《楚辞》和《圣经》都是"轴心时代"的产物。"文化元典"理论和"轴心时代"说法都揭示了《楚辞》和《圣经》所处的相近历史阶段及相似的历史地位，揭示了探求人类基本精神的共同心路历程。

宗教和艺术是人类认识未知世界的智慧和理性的表现，是人类试图摆脱苦难获取力量的方式。《约伯记》作为《圣经》这部犹太民族宗教经典的一部分，是犹太民族在漫长的历史中形成的，是集体智慧的结晶，经历几代人编撰、加工和整理逐渐完善而成的。《九辩》是继《离骚》后的中国古代最辉煌的长篇政治抒情诗，是宋玉的个人创作。一个借助于宗教的道德完善，一个是艺术的情感宣泄。在人生价值探索的方式上，两者都将有限的人生放置在无限的宇宙长河中去考察，探索人生的奥秘，指示人生的方向。

首先，两者都追寻了人类苦难的原因。《约伯记》表现在"义人不得善报，恶人反享平康"的原因探寻上。在探寻过程中，约伯以人的立场去看上帝、看世界，"向上帝挑战"，只是因为他把在上帝面前说实话当作是一种道德责任，这是一种求真，真即道德。所以，在观察世界的思想运思上，以一定的理性认知消减或替代神学冥想，以现实功利和世俗道德为判断事物的标尺及价值取向，体现了一种人文精神。《九辩》则表现在忠臣不得重用、奸佞谗臣得宠上。在探寻过程中，宋玉则以儒家人生观——立德、立言、立功为人生圭臬，强调人自己的主观努力，强调个人对社会的巨大责任感和使命感，这是一种求善，善即德。这是肯

---

① 田汝康、金重远选编《现代西方史学流派文选》，上海人民出版社，1982，第39页。

定、选择了儒家人生观的结果,无疑也是高扬理性精神、进行理性思考的结果。

其次,两者的正义意识都体现在了积极的入世上。《约伯记》中的约伯对生命短暂、时光易逝的焦虑,是因为害怕人充分享受现实世界的自由时空缩短和断裂。这些表明约伯乐于世俗的、浓厚的人生欢愉。宋玉通过悲秋象征性地宣泄情感,体现了中国人的坚强意志和温柔敦厚品质,有一种现实生活中的积极进取的精神。

再次,在个人价值的追求上,约伯是利己的,宋玉则是利他的。在《约伯记》中,"契约"中的利益原则、平等公平原则贯穿于约伯的言行中,关注的是个人的现实情感和生命体验突显和张扬,关注的是人的个体价值,是一种个人的世俗化的执着追求。而在《九辩》中,儒家的实践理性贯穿其中,人生价值的追求同当时的社会现实问题紧紧地结合在一起,将人的人生价值寄托于人生理想的实现,将个人融入社会。即使自己身处浊世却保持高尚的节操,是一种超越世俗的执着追求,更关注人的社会价值。

最后要指出的是,以个人价值为人生价值的终极追求与以社会价值为人生价值的终极是两种相辅相成的人生价值观,两者可以互相启发、互相参照。现实的人生和理想的人生是人生价值追求的两极。波兰著名历史学家科西多夫斯基指出:"圣经是世界文学宝库中的璀璨明珠,是人类文化的一份珍贵遗产。它是一部洋溢着鲜明的生活气息,充满现实主义精神的伟大作品。"[1]而"何时俗之工巧兮,灭规矩而改凿。独耿介而不随兮,原慕先圣之遗教。处浊世而显荣兮,非余心之所乐。与其无义而有名兮,宁穷处而守高。食不媮而为饱兮,衣不苟而为温。窃慕诗人之遗风兮,原讬志乎素餐"[2],这些言论表明诗人人生价值追求与屈原的人生理想的追求是一脉相承、互相印证的。人生价值的追求积淀了一定的人生经验和情感体验的内容,表现了人类同各种问题和障碍展开斗争的努力,在一定程度上反映了文化、文明的历史和形态。

---

[1] 张广智:《克里奥之路——历史长河中的西方史学》,复旦大学出版社,1989,第196页。

[2] 吴广平撰《楚辞全解》,第318页。

无论"希腊模式",抑或"中国模式",还是"犹太模式",都是整个人类文明发展史的不同形态,不可等量齐观。正如学者张广智指出的,汤因比在《历史研究》感到"以往只用'希腊模式'来套其他文明的历史,确有牵强之处,也不足以包括整个人类文明发展史的形态,必须再加上'中国模式'和'犹太模式',并把'中国模式'与'犹太模式'等量齐观"①。晚年的汤因比对西方社会的现状感到忧虑、不安与失望,他预言西方的优势终将消失,展望未来,他把希望寄托在东方:"如果说,在人类史上,21世纪是东亚人的世纪,并非惊人之言。"②那么,我们有理由认为,汤因比的言论不仅令世界震惊,而且令人深思。

---

① 张广智:《克里奥之路——历史长河中的西方史学》,第242页。
② 汤因比编《半个世界——中日历史与文化(中译本)》,梅寅生译,枫城出版社,1979,第15页。

菅原道真对《孝经》"孝"之思想的接受

彭 英

日本平安时代前期,对唐文化充满无限憧憬和崇拜。菅原道真(845~903)官至宰相,成为倡导儒家"德治仁政"思想的典型代表,在尊王忠君的前提下,积极加强自身修养,推行以德化民思想。孔子把"仁"视作儒家"仁、义、礼、智、信"五德之首,同时认为"夫孝,德之本也,教之所由生也"①,即"孝"为仁之本,是一切道德的根本,所有品行的教化都是由孝行派生出来的,把"孝"定为儒家伦理思想的最高道德标准。作为平安前期的文人官僚,菅原道真也极力推崇《孝经》,认为"此是天经即孝经"②,即孝是一切道德行为的根本,《孝经》是承载天地不易之道的。因此,其对唐代时期奉为经书的《孝经》中的"孝"思想加以接受和吸收也就显得自然而然了。以下将从平安前期《孝经》接受的社会背景切入,具体分析探讨菅原道真对《孝经》中"孝"思想的接受。

一、平安前期《孝经》接受的社会背景

《孝经》何时传入日本,尚未可知,但忠孝思想很早就在日本扎下了根,并对日本思想文化的形成产生了深远影响。《日本书纪》雄略天皇二十三年(479)八月条记载,"皇天子地居上嗣,仁孝著闻,以其行业,堪称朕志"③,据此可以推断"仁孝"思想早在雄略天皇在位的5世纪下半叶已被统治阶级采纳。奈良时代,统治阶级推行孝治天下,《律令》规定

---

① 胡平生、陈美兰译注《孝经礼记》,中华书局,2007,第221页。
② 川口久雄校注《菅家文草 菅家后集》,岩波书店,1966,第171页。
③ 《日本书纪·上》,岩波书店,1967,第501页。

"孝经、论语学者兼习之"①,《论语》《孝经》成为中央学府大学寮的必读书目。文武天皇大宝元年(701)二月十四日记载"丁巳。释奠。注释奠之礼,于是始见矣"②,意即在祭拜孔子的"释奠"仪式上轮流讲读五经和《论语》《孝经》。另外,孝谦天皇天平宝字元年(757)四月四日记载,"古者。治民安国必以孝理。百行之本莫先于兹。宜令天下。家藏孝经一本。精勤诵习。倍加教授"③,则进一步促进了《孝经》在日本社会的广泛传播。

平安前期,日本积极整理和消化奈良时代狂热移植过来的中国文化。在这种背景下,儒家思想中的"孝"被进一步加以消化和吸收,《孝经》仍然被指定为大学寮的必读书目,并得到统治阶层的进一步推崇。作为朝廷的重大事件,皇族讲读《孝经》也被一一加以记载。《续日本后纪》卷一中仁明天皇天长十年(833)四月二十三日条记载"皇太子始读孝经"④,卷十中仁明天皇承和八年(841)八月十日条记载"丁未。释奠也。……令论难昨日所讲孝经之义"⑤,《日本三代实录》卷四中清和天皇贞观二年(860)二月十日条记载,"从五位上行大学博士大春日朝臣兄继以孝经奉授天皇"⑥,同年十二月二十日条记载,"从五位上行大学博士大春日朝臣继以御注孝经奉授皇帝"⑦,卷六中贞观四年(862)八月十一日条记载,"释典如常。正六位上行直讲刈田首安雄讲御注孝经。文章生等赋诗如常"⑧。从这些记载可以看出,平安前期统治阶层不仅勤读《孝经》,而且还区分《孝经》和《御注孝经》的不同版本,可见当时社会对《孝经》接受的广度和深度了。另外,《日本三代实录》记载了贞观二年十月十六日发布的制,即"制。哲王之训。以孝为基。夫子之言。穷性尽理。既知。一卷孝经。十八篇章。六籍之根源。百王之模

---

① 《律令》,岩波书店,1976,第262页。
② 《续日本纪一》,岩波书店,1989,第34页。
③ 《续日本纪三》,岩波书店,1992,第182页。
④ 《国史大系·日本后记·续日本后纪·日本文德天皇实录》,经济杂志社,1917,第198页。
⑤ 同上书,第337页。
⑥ 《国史大系第4卷·日本三代实录》,经济杂志社,1897,第54页。
⑦ 同上书,第73页。
⑧ 同上书,第110页。

范也"①,指出"孝"这一道德观念和孔子之言的重要性,并确定《孝经》作为儒家经典"六籍之根源"和"百王之模范"的地位,强调《孝经》一书的重要性。菅原道真作为平安前期吸收汉文化的积极倡导者,六国史《日本三代实录》的编撰者,积极宣扬"为吏为儒报国家"②,以儒者自居。在其呈送给醍醐天皇的诗集《菅家文草 菅家后集》中关于诵读《孝经》的吟咏就有五篇,即《28 仲春释奠,听讲孝经,同赋资事父事君。并序》《81 仲春释奠,听讲孝经》《139 八月释奠,听讲孝经,赋秋学礼》《146 相国东廊,讲孝经毕。各分一句,得忠顺弗失而事其上。》和《367 仲春释奠,听讲古文孝经,同赋以孝事君则忠》,据此可推断出其对《孝经》的明显接受。

二、菅原道真对《孝经》中"孝"思想的接受

《孝经·开宗明义章》中指出:"夫孝,始于事亲,中于事君,终于立身。"③把"孝"分为事亲、事君、立身三个层次,从侍奉父母孝敬双亲到效忠君王和成名立业,由内向外,逐步加以升华。在这种"孝"思想中,"事亲"只是孝的一个初级阶段,是孝的开始,是基本的孝行,而"事君"则处于一个更高层次,要求"移孝于忠",效忠君王。即忠君是孝的必然发展,也是达到孝的圆满结果的建功立业即"立身"的重要途径。而"立身"则是在"事亲"和"事君"的过程中自然而然出现的结果。这一理念迎合了平安前期天皇加强中央集权的意志,得到了尊王忠君的文人官僚菅原道真的认同和接受。以下从"事亲"、"事君"两个方面探讨菅原道真从《孝经》中吸收到的"孝"思想的具体内涵。

(一) 对"事亲"思想的接受

《孝经·庶人章》中指出,"用天之道,分地之利,谨身节用,以养父

---

① 《国史大系第 4 卷·日本三代实录》,经济杂志社,1897,第 64-65 页。
② 川口久雄校注《菅家文草 菅家后集》,岩波书店,1966,第 249 页。
③ 胡平生、陈美兰译注《孝经礼记》,中华书局,2007,第 221 页。

母"①,意即行孝的最基本要求是养亲,即子女对父母的物质奉养。与此同时,仅在物质上的奉养被认为是不够的,还需要尊亲,做到《孝经·纪孝行章》所说的"居则致其敬,养则致其乐"②,即在父母生病时照顾好父母,并在情感上对父母表示尊敬和爱戴。另外,在养亲、尊亲的基础上,《孝经·开宗明义章》中指出,要"立身行道,扬名于后世,以显父母,孝之终也"③,即显亲是事亲的最高要求。菅原道真在《136 贺和明》中吟咏道:"此是功臣代代孙,神明又可佑家门,况为进士扬名后,今待公卿探泽恩。"④川口久雄氏认为,其中的"扬名"正是出自于《孝经》中的"扬名于后世,以显父母"。在菅原道真看来,养亲、尊亲和显亲是一以贯之的。在《133 绝句十首·贺诸进士及第》中,菅原道真吟咏"亲老在家七十余,每看膝下泪涟如,登科两字千金值,孝养何愁无斗储"⑤,祝贺野达进士及第,宽慰他家中年迈的双亲虽已是古稀之年,令人心痛不已,但是现在如愿以偿及第登科了,不再发愁没能好好侍奉孝养双亲,既能养亲又能显亲,进士及第真可谓是一箭双雕。不过,即便是自己尽力了也未能"扬名于后世,以显父母",菅原道真认为孝养双亲还是应该放在首位的。在《135 绝句十首·贺诸进士及第》"少日偏孤冻且饥,长呼孔父济穷儿,还家拜世何为檄,手捧芬芬桂一枝"⑥的吟咏当中,菅原道真祝贺多信进士及第,且使得多信在认为中榜无望而打算回家好好孝养父母时却得到捷报的喜悦心情跃然纸上。《614 为大学助教善渊朝臣永贞请解官侍母表》中,"弟爱成出为魏阙之臣。臣永贞入为寒闺之子。或国或家、共事王臣。伏惟、圣朝为民父母、以孝行治……昔令伯为祖母辞官、晋帝无不省览"⑦,言辞恳切,希望天皇准予善渊朝臣解官回家侍奉母亲。表文虽然是菅原道真为善渊朝臣而写,但其中亦投射了菅原道真因丧母而引起的悲伤心情。

---

① 胡平生、陈美兰译注《孝经礼记》,中华书局,2007,第 237 页。
② 同上书,第 254 页。
③ 同上书,第 221 页。
④ 川口久雄校注《菅家文草 菅家后集》,岩波书店,1966,第 214 页。
⑤ 同上书,第 213 页。
⑥ 同上书,第 214 页。
⑦ 同上书,第 577 页。

孔子对事亲的阐述,除了父母在世时的孝以外,还要求子女按照父母生前的意愿行事,在父母死后继承他们的遗志立身,做到《孝经·纪孝行章》中所说的"丧则致其哀,祭则致其严"①,即"追孝"。《日本三代实录》记载,"以正六位下行少内记大春日朝臣安守为存问渤海客使。以少内记菅原道真母薨去职也"②,即贞观十四年(872)正月,菅原道真在出任接待来自渤海国的入觐使的存问渤海客使期间,因其母亲突然去世而免去了职务。按照《律令》中的规定,"凡服纪者,为君、父母,及夫、本主,一年"③,所有人为君主(天皇、太上天皇)、父母、丈夫服丧的期限为一年。据此,职事官如果在职期间遭遇父母之丧的话则要解官服丧一年,菅原道真也由此被免去了所有职务回家奔丧去了。《孝经·丧亲章》中指出,"生事爱敬,死事哀戚,生民之本尽矣,死生之义备矣,孝子之事亲终矣"④,意即在父母活着的时候,以爱敬之心奉养他们,在父母去世之后,则以哀痛之情料理后事,做到这些,就算尽到孝道了。菅原道真辞官回去服丧守孝的行为与《孝经》中提倡的"追孝"思想是一致的。《140 伤藤进士,呈东阁诸执事》中的"此生永断俱言笑,且泣将吟事母诗"⑤,亦表达了其"生事爱敬,死事哀戚"的事亲之情。另外,父亲去世之后,其在《139 八月释奠,听讲孝经,赋秋学礼》吟咏的"过庭无父感秋时,三百三千更问谁,暮景萧萧云断处,一行寒雁是吾师"⑥中,菅原道真感怀疾步走过庭院时父亲的教诲,秋景萧瑟,唯有对着从天空飞过的一行秋雁寄托对已故父亲的哀思。菅原道真追思亡父,在《146 相国东廊、讲孝经毕。各分一句、得忠顺弗失而事其上》中吟咏"侍郎无厌官衙早,谁道遗孤忝所生"⑦,立志继承遗业,以显父母,决不让父母蒙羞。

---

① 胡平生、陈美兰译注《孝经礼记》,中华书局,2007,第 254 页。
② 《国史大系第 4 卷·日本三代实录》,经济杂志社,1897,第 349 页。
③ 《律令》,岩波书店,1976,第 438 页。
④ 胡平生、陈美兰译注《孝经礼记》,中华书局,2007,第 277 页。
⑤ 川口久雄校注《菅家文草 菅家后集》,岩波书店,1966,第 216 页。
⑥ 同上书,第 215 页。
⑦ 同上书,第 220 页。

（二）对"移孝于忠"的"事君"思想的接受

首先，菅原道真对其所侍奉的历代天皇忠心耿耿。孔子认为，"能孝于亲，则必能忠于君矣。求忠臣必于孝子之门"①。《孝经·广扬名章》中有"君子之事亲孝，故忠可移于君"②。唐玄宗在《御注孝经》中注曰"以孝事君则忠"，即以孝敬父母的态度来对待君王则必然会对君主尽忠。这样，孔子把"事亲"和"事君"统一起来，把处于"私"的层面的强调家庭伦理之孝转变成处于"公"的层面的强调社会国家之忠。这种"移孝于忠"的"事君"思想贯穿菅原道真政治生涯。菅原道真一生推崇《孝经》，在《28 仲春释奠，听讲孝经，同赋资事父事君。并序》中吟咏"至如子谅之心、孙谋之咏，求之于百行，不如此一经者也"③，认为如若要教给儿孙为人的至诚之道的话，就算教再多的行善之道，都不如《孝经》中所说的"孝"这一种行为。与此同时，菅原道真认为"孝子之门，必有忠臣"④，其一生抱着拳拳赤子之心，希望"请抱贞心能报国"⑤，并以孝敬父母的态度侍奉君主，对君主极尽忠诚，祈愿以一片丹心鞠躬尽瘁，克己奉公，认为："况亦资慈父，以事圣君。君父之敬可同。"⑥与此同时，菅原道真具有强烈的道德责任感和使命感，感叹"怀忠偏得意，至孝自成人"⑦，认为作为个人"应知两取身"⑧，集孝敬父母和效忠君主这两种孝行于一身，将事父与事君统一起来。

其次，菅原道真认同"夺情"。菅原道真认为"为臣为子皆言孝"⑨，主张事父和事君"两取身"，但是在事父和事君产生矛盾时菅原道真选择的却是为臣的"事君"。《日本三代实录》记载了菅原道真在贞观十四年正月十四日任存问渤海客使期间，因其母亲去世而解官归家服丧，而

---

① 程树德：《论语集释》，中华书局，1990，第 120 页。
② 胡平生、陈美兰译注《孝经礼记》，中华书局，2007，第 265 页。
③ 川口久雄校注《菅家文草 菅家后集》，岩波书店，1966，第 127 页。
④ 同上。
⑤ 同上书，第 218 页。
⑥ 同上书，第 217 页。
⑦ 同上书，第 218 页。
⑧ 同上。
⑨ 同上书，第 171 页。

在《菅家御传记》中则记载了贞观十四年五月二十四日天皇下诏夺情,命其起草答渤海王敕书①。"夺情"一词源自中国,意即为国家夺去了孝亲之情。《律令》规定,"凡服纪者,为君、父母,及夫、本主,一年",官员遭父母丧亡应弃官归家守孝,服满再行补职,而大臣服丧期间即被朝廷召出任职,或朝廷命其不必弃官去职,称"夺情"。菅原道真在服丧期限未满一年的情况下,就官复原职起草敕书。这一方面说明其文采横溢不可或缺,另一方面则体现了在当时的情况下,夺情是菅原道真认为对君主尽忠的一种恰当方式。在家庭伦理之孝与社会国家之忠发生冲突的时候,菅原道真秉持的则是在《348 九月侍宴,群臣献寿,应制》"亭育无限何以报,寸丹吐出效华封"②中所吐露的至真至诚的事君之心。

菅原道真对"事亲"思想的接受,除体现在对天皇的忠心耿耿和认同"夺情"之外,还体现在其敢于谏言方面。《孝经·谏诤章》中指出,"天子有争臣七人,虽无道,不失其天下;诸侯有争臣五人,虽无道,不失其国;大夫有争臣三人,虽无道,不失其家;士有争友,则身不离于令名……故当不义……臣不可以不争于君;故当不义则争之"③,要求臣子在奉事君主的时候,做到《孝经·事君章》中所说的"进思尽忠,退思补过,将顺其美,匡救其恶"④,在朝廷中坚决服从政令尽忠竭力谋划国事,回到家中反复考虑君王的过失,且敢于设法制止纠正。在《428 重阳侍宴,同赋秋日悬清光,应制》中吟咏"微臣俯仰依明德,心比秋葵旦暮倾"⑤,菅原道真比喻自己就像向日葵围绕着太阳转一样,坚决服从君王的政令,竭尽全力效忠国家,即使在担任赞岐守期间也对朝廷中央的事情表现出极大的关心,并在必要的时候敢于谏言。"天下诗人少在京,况皆疲倦论阿衡,传闻、朝廷令在京诸儒、定阿衡典职之论"⑥中,菅原道真对仁和三年(887)十一月宇多天皇即位时在朝廷闹得沸沸扬扬

---

① 坂本太郎:《菅原道真》,吉川弘文馆,1962,第 38 页。
② 川口久雄校注《菅家文草 菅家后集》,岩波书店,1966,第 379 页。
③ 胡平生、陈美兰译注《孝经礼记》,中华书局,2007,第 267 页。
④ 同上书,第 274 页。
⑤ 川口久雄校注《菅家文草 菅家后集》,岩波书店,1966,第 438 页。
⑥ 同上书,第 313 页。

的阿衡事件①表现出极大关心。阿衡事件的原因在于,"藤原基经丢掉了外戚的地位,担心政权会被外戚势力强大的橘广相夺去,藤原佐世等一批儒者正好也嫉妒橘广相的才识,所以就煽动藤原基经借机除掉橘广相"②。宇多天皇想削弱藤原氏的权力,但又不能无视他的强大实力,最后唯有下诏说明橘广相引用"阿衡"一词非其本意,让橘广相来承担所有责任。菅原道真在得知此事持续一年之久还未能得到解决时,决定回京上书。在《676 奉昭宣公书》中,菅原道真从两方面对阿衡事件进行了评价。一方面为自己的家业而悲,指出如若橘广相因文获罪则"文章自兹而废","其是为己业所悲者也";另一方面为藤原基经而悲,大胆指出橘广相于天皇有功有亲,功劳在藤原基经之上,切不可因此事件而治其罪,并站在藤原基经的立场,对其前途表示担忧。菅原道真的劝谏到底对藤原基经起了多大作用尚未可知,但至少在心理上对其进行了劝慰,促进了阿衡事件的平息。另外,宽平六年(894),宇多天皇任命菅原道真为遣唐使时,菅原道真在《601 请令诸公卿议定遣唐使进止状》中,以"大唐凋敝","或有渡海不堪命者,或有遭贼遂亡身者"为缘由,谏言宇多天皇停止派遣遣唐使团。最后,宇多天皇采纳了他的建议。菅原道真对太政大臣藤原基经和宇多天皇的大胆谏言,体现了其"退思补过"、"匡救其恶"的赤胆忠心。

三、结语

《见右丞相献家集》中有"门风自古是儒林,今日文华皆尽金"③,菅原道真以儒林世家自居,其对《孝经》中的"孝"思想有着独特的理解和接受,"事亲"、"事君"和"立身"贯穿其人生设计的整个过程。一方面,

---

① 887 年,藤原基经和宇多天皇之间所起的政治纠纷。887 年 11 月 21 日,由藤原基经辅佐而登上天皇之位的宇多天皇下诏任命基经为关白。基经按照惯例婉拒,天皇命左大弁橘广相再次写诏书,其中写有"以阿衡之任为卿之任"一文。阿衡是中国殷周时期的贤臣伊尹所任官职。文章博士藤原佐世以"阿衡位虽贵但无实际官职"为由告诉基经,基经因此拒不处理政务,要求流放橘广相。
② 佐藤包晴:《菅原道真》,西日本新闻社,1999,第 52 页。
③ 川口久雄校注《菅家文草 菅家后集》,岩波书店,1966,第 472 页。

关于对"事亲"思想的理解,在"反哺寒乌自故林"①中自比为乌鸦反哺,要求自己要好好继承祖业,不辜负祖父菅原清公、父亲菅原是善对自己的教诲,正所谓"含丹在显亲"。另一方面,吸收了《孝经》中的"移孝于忠"的"事君"思想,感叹"啜菽饮水之卑,非孝无以据悬象"②,认为臣子必须孝忠君王并使君王的恩泽有如日月普照大地。即使在菅原道真被贬至太宰府时,仍然心念君恩,"恩赐御衣今在此,捧持每日拜余香"③,他坚信"未曾邪胜正"④,希望有朝一日能够沉冤昭雪,以报"国家恩"⑤。通过以上对菅原道真"事亲"思想和移孝于忠的"事君"思想两方面的分析,既有助于我们了解平安前期日本社会对《孝经》中"孝"思想的接受状态,又为我们对中日儒家文化渊源的把握提供了依据。

---

① 川口久雄校注《菅家文草 菅家后集》,岩波书店,1966,第472页。
② 同上书,第127页。
③ 同上书,第484页。
④ 同上书,第489页。
⑤ 同上书,第498页。

五 媒介研究与翻译研究

◎ 文化场域中的翻译权力关系（蒋金运）

◎ 李军、章力译本《喜福会》杂合语言的翻译规范研究
（蒋晓萍、邓聪、陈徽子）

◎ 中国大学校训英译的文化适应策略
——以广州大学校训为例（陆道夫、黄紫玲、陈树澄）

◎《利维坦》汉译本的译者主体性文化选择
——以商务印书馆、群众出版社两个译本为例
（魏韵玲、姚艳萍）

◎ 汉语四字格在爱伦·坡小说汉译中的运用效果
（邓聪、陆道夫）

文化场域中的翻译权力关系

蒋金运

法国学者布尔迪厄(Pierre Bourdieu,1930~2002)指出:"从分析的角度来看,一个场域可以被定义为在各种位置之间存在的客观关系的一个网络(network),或一个构型(configuration)。正是在这些位置的存在和它们强加于占据特定位置的行动者或机构之上的决定性因素之中,这些位置得到了客观的界定,其根据是这些位置在不同类型的权力(或资本)——占有这些权力就意味着把持了在这一场域中利害攸关的专门利润(specific profit)的得益权——的分配结构中实际的和潜在的处境(situs),以及它们与其他位置之间的客观关系(支配关系、屈从关系、结构上的对应关系,等等)。"(布尔迪厄、华康德,1998:134)文化场域指在特定时空中特定的文化积累和文化构成的文化氛围和状态,包括人们思维方式、价值观念、行为能力和模式等多个组合层面。翻译是一项古老的人类活动,自始至终处在一定的文化场域中,其中的权力体系网络错综复杂、纵横交错,译者的实践活动中展开了一次又一次的显性或隐性的权力斗争。文化场域中翻译活动的权力斗争主要表现为忠实、征服与抗争、平等对话三种形式。

忠实:不平等的权力关系

"翻译这项实践活动,是应人类思想与文化交流需要而生的,它一开始便有着明确的目的性,为着满足某种意愿或需要而存在。"(许钧,2003:7)2000多年来,忠实性一直是翻译活动的追求目标,但是对忠实性的追求实际上包含着不平等的权力关系。

首先,译者、作者、读者的不平等关系。

考察中西翻译史,有文字记载的中西方译事是从翻译宗教文献开始的,如《圣经》的翻译、中国对佛经的翻译。"西方国家的翻译理论和实践大都出于传播基督教经书的需要,把经书翻译成通俗易懂的日常语言,强调任何人都不应因语言的障碍而得不到上帝的拯救。由此看来,翻译是一种神学上的需要与必然。"(廖七一等,2004:106)正是因为上帝诸神的权威性,造就了翻译的不平等关系。"宗教经典有神圣性,是主的声音,上帝的声音,神的声音。人类面对神,都有不由自主的崇拜,人只能执行神的意志,对神的旨意不能违抗。但旨意的正确传达是正确执行的基础。于是,从一开始,人对神的意志的绝对服从这一态度决定了翻译宗教经典的绝对忠实的态度。凡是神的东西,都不能伤害、亵渎,人是渺小的,于是,译者面对宗教经典只有忠诚,只有'服从',不得歪曲与误解,不能增也不能减……为什么翻译《圣经》,非要以希伯来文本为准,百分之百地忠实?于是,这里就产生了非要必须顾及的另一个因素,即读者的因素。"(许钧,1998:58-59)这里,许钧教授通过探源,发现忠实性的三个要求:忠实于上帝(《圣经》的发出者),忠实于读者,忠实于原文。自此,忠实成为翻译的教条,在译者心中形成 2000 多年来的"忠实"情结,奠定了译者尴尬的服从地位。费道罗夫曾指出,《圣经》早期译本中的逐字翻译倾向,与其说是意识到的翻译原则,倒不如说是出于虔诚心理,出于面对经文的"战战兢兢"。周敦义在《翻译名义序》中提到的玄奘的"五种不翻"也是出于同样的心理。为了忠于"经",就强调"确切"或"勿失厥义",为了布道与流传,就得强调"易懂"或"文",于是忠实意义和译文流畅便成了多数译论的经典命题。(许钧,1998:76)

翻译是随着人类语言差异的产生而产生的。探究古代中国的翻译史,也可以发现忠实性的始源。"洪荒造塔语言殊,从此人间要象胥。"这句诗至少说明了三点:一是翻译的始源性;二是翻译的交际性,操不同语言的人通过翻译进行交流以便于相互理解;三是翻译职责的规定性,翻译须传达交流思想的原意。"象胥"是我国周朝的翻译官职,是大小行人的属官。据《周礼·秋官》记载:"象胥,每翟上士一人,中士二人,下士八人,徒二十人。""象胥,掌蛮夷闽貉戎狄之国使,掌传王之言而喻说焉,以和亲之。若以时入宾,则协其礼与其言传之。"由是观之,象胥的具体任务,是负责接待四方民族和国家的使节与宾客及翻译事宜,他们分为上士、中士、下士、徒,共31人。忠实性成为象胥(译者)职责要求。自此,对象胥译官的职责活动要求遂成为中国翻译活动原则的始源。

忠实性的要求也具体反映到对翻译认识和需求上。在翻译活动的肇始阶段,由于人们认识能力和知识水平的限制,为满足自身的需要,往往倾向于权威性的、有影响力的优秀文化翻译。也由于强势文化更容易向弱势文化渗透,人们往往尊重仰视学习他们,于是形成了一种深深扎根于头脑的普遍观念——忠实。翻译理论家贝尔曼通过研究德国浪漫派的翻译活动发现,浪漫派及其学者清楚意识到了德意志民族文化上的局限性,他们选择优秀的哲学、文学和文化著作进行翻译,借助外来文化来弥补自身的不足。贝尔曼说:"浪漫派及其学者大量的翻译作品被视作德意志民族永久的文化遗产,如 A. W. 施莱格尔和蒂克翻译的莎士比亚、塞万提斯、卡尔德隆等经典文学名著,施莱尔马赫翻译的柏拉图的哲学著作,歌德、洪堡和荷尔德林从不同的角度所选择译介的一些高层次的著作……"(许钧,2003:206-207)19 世纪末的中国,梁启超把翻译当作强国之道,主张改译兵学著作为西方法律、政治、历史、教育、农学、矿学、工艺、商务、学术名著和年鉴等书。译者们在翻译时不得不时时克制自己,既要服从作者,又要记住读者,经受翻译煎熬的考验。难怪英国翻译家罗塞蒂(Rossetti)说:"翻译是一种需要自我克制的工作。"(廖七一等,2004:57)

可以说,中国的翻译理论从东晋翻译家道安的"五失本"、"三不易"之说,到唐朝翻译家玄奘的"五不翻",明末清初严复的"信达雅"说,到傅雷"神似说",钱钟书的"化境论"到辜正坤的"多元系统论"、郑海凌的"和谐说",忠实性是他们首要也是最终的追求。在西方,文艺复兴时期法国的翻译家艾蒂安·多莱(Etienne Dolet,1509~1546)的翻译五原则,英国卡特福德的"等值"、泰特勒的翻译三原则,苏联费道罗夫和美国奈达的"等效论",他们追求的是最大限度的"等"。他们的追求,都忽略了译者的主体地位。

其次,译作与原作的不平等关系。

通常认为,译作应该是原作的模仿复制品。实际上,由于文化场域的转变,人们认知水平、思维习惯、行为方式、价值取向等的变化,复制出的译作或多或少存在着误译、曲解和变形。即使复制出与原作一模一样的译作,由于译作置身于另一个文化场域,其效果也绝不会与原作"等同"。如中国新文化运动中对英国诗人拜伦作品的翻译,梁启超用的是元曲体,马君武用七言古诗体,苏曼殊用五言古诗体,而胡适则用离骚体。各自的译诗呈现出了不同的拜伦诗风貌和不同的英雄诗人拜伦形象,而拜伦的原作在英国却不受欢迎、追捧。当然,这是翻译给原文增值的例子,但反映了原文与译文的不平等关系。

原文与译文的不平等关系从赫尔曼发现的历史上原文与译文的许多一成不变的对比等级关系得到证实。赫尔曼认为,这些对比有:"原文是创造,译文是派生;原文是首要的,译文是次要的;原文是独一无二的,译文是复制的;原文是艺术、权威,译文是技术、臣仆;原文享有自由而译文受限制;原文以自己的名义说话,译文却代人说话。在以上的比喻中,译文的地位低下,是限制、压制和控制的对象。"(廖七一等,2004:327)赫尔曼把西方文化中关于男女性别差异的比喻同翻译进行了比较,发现两者有着惊人的相似:"男人有创造力,女人有生殖力;男人是独创的,女人是派生的;男人主动,女人被动;男人支配女人,女人受奴役。"(廖七一等,2004:327)因而,翻译话语有性别歧视之嫌,也有性别权力等级之嫌,其间存在权力的斗争关系。这样,翻译家们将翻译看作是一种从属的、第二性的艺术。正如翻译家贝洛克(Hillaire Belloc)所说:"翻译一直是一种从属的、第二性的艺术。由于这种原因,人们从不把翻译看成是创造性的工作,对翻译的衡量也就造成了负面的影响,使人们低估翻译的价值,降低翻译的标准,从而从根本上毁灭翻译艺术。"(廖七一等,2004:333)

再次,目的语文化与原语文化的不平等关系。

勒菲弗尔说过,翻译并不是在两种语言的真空中进行的,而是在两种文学传统的语境下进行的。(郭建中,1999:162)翻译活动表面上是在文本的语言层面上进行,但在深层始终是在一定的文化场域里进行的,也就是说是在一定的文化层面进行的,其间纠结着文化间的权力斗争,反映出文化之间的不平等关系。中国学者乐黛云指出:"人,几乎不可能脱离自身的处境和文化框架,关于'异域'和'他者'的研究也往往决定于研究者自身及其所在国的处境和条件。当所在国比较强大,研究者对自己的处境较为自满自足时候,他们在'异域'寻求的往往是与自身相同的东西,以证实自己所认同的事物或原则的正确性和普遍性,也就是将'异域'的一切纳入'本地'的意识形态。当所在国暴露出诸多矛盾,研究者本身也有许多不满时,他们就往往将自己的理想寄托于'异域',把'异域'构造为自己的乌托邦。如果从意识形态到乌托邦联成一道光谱,那么,可以说所有'异域'和'他者'的研究都存在于这一光谱的某一层面。"(顾彬,1997:1-2)译者自身与所在国的处境和文化条件决定着"自我"对"异域"和"他者"的态度直至行动,即对待他者文化的态度:征服还是抗争。

征服与抗争

翻译是一种有目的的社会行为,是两种不同文化的相遇和冲突的场所。意大利学者翁贝尔托·埃科在《他们寻找独角兽》一文中指出两种不同文化相遇产生的三种可能:一种是"征服",或是教化(既按照 A 文化模式改造 B 文化),或是毁灭;一种是"文化掠夺";一种是"交流"(互相影响和尊重的双方流程)。英国翻译理论家赫曼斯是翻译多元系统派的主将,他将翻译视为社会多元体系的一个子系统,强调翻译应该在社会文化的大背景下来研究和分析。"所有的翻译都意味着为了达到某种目的对原文进行一定程度的操纵"(廖七一等,2004:304)。我国学者吕俊说:"翻译并不是一种中性的、远离政治及意识形态斗争和利益冲突的行为;更不是一种纯粹的文字活动,一种文本间话语符号的转换和替代,而是一种文化、思想、意识形态在另一种文化、思想、意识形态环境里的改造、变形或再创作。"(吕俊,2002)翻译具体体现为:征服与抗争。

翻译是一种征服,使翻译行为具有明显的政治色彩。

首先,试图通过翻译对文化产品的征服。公元前 4 世纪末,盛极一时的希腊奴隶社会开始衰落,罗马不仅征服了希腊,而且以胜利者的姿态把优于罗马文化的古希腊文化当作一种由他们任意宰割的战利品。他们用拉丁语翻译或改编荷马的史诗和埃斯库罗斯、索福克勒斯、欧里庇得斯、米南德等人的希腊戏剧作品，对原作随意加以删改，丝毫不顾及原作的完整性。

其次，试图通过翻译对人们的思想行为进行控制。神学家奥古斯丁倡导翻译的"上帝的感召"说，强调只有那些受了"上帝的感召"的人才能翻译《圣经》。其实，奥古斯丁是为了其政治和宗教目的服务的，在于把《圣经》的讲解权置于少数几个神甫的手中，使包括一般基督徒的普通人都成为教会操纵的对象，以便于控制。（谭载喜，2004:31）哲罗姆也指出，《新约的作者》在写作时自由地引用或改写了希伯来语《旧约中的话》，在《致帕马丘书》中说，译者应当"靠征服把原文意思译成自己的语言"（谭载喜，2004:26）。

以18～19世纪西方传教士对中国文化的英译为例。他们以基督教的观点来理解中国的哲学思想，并把"上帝"的概念用来理解中国的哲学思想，以实现他们殖民的目的。《道德经》14章中说："视之不见名曰夷，听之不闻名曰希，博之不得名曰微。此三者不可致诘，故混而为一。"钱德明神父是这样译介的："仿佛可以看到而又不能看到的是'yi'，能够看到而不能对着耳朵讲的就叫'hi'，好像可以感觉到而又不能触摸的就叫'ouei'，这三者如果细问是徒劳的，唯有理性可以告诉我们，它们合二为一，只不过是一个整体。"（艾田蒲，1994:193）艾田蒲指出，更为荒唐的是，钱德明"由此而获知《道德经》宣扬的是三位一体的教理，而'存在'的三个品性'yi、hi、ouei'，显然构成了Jehovah（耶和华）的名字"（艾田蒲，1994:193）。把老子所述的"道"，翻译成为"天主"的属性，表现出了明显的宗教殖民意图。这种意图形成了翻译与殖民权力的共谋关系，发展到一定阶段就会形成语言－文化霸权。印度学者Indra Nath Choudhuri注意到了西方语言－文化霸权现象，他说："在殖民地时代那个特定的环境下，翻译殖民者是为了'丰富'我们的语言，而翻译印度古典作品则带有一点异国情调以引起殖民者的兴趣。这种翻译活动表明权势（权力）的不平衡。甚至在后殖民时期，这种不平等似乎构成了东西方语言和文化关系的主要特征。在殖民时期，甚至像泰戈尔这样伟大作家，在将自己的诗作译为英文时，也显示出对爱德华时期英语的强势语言－文化的臣服，导致他自己的译诗也失去了原有的风采。"（张柏然、许钧，2002:564）

有征服就有抗争。研究者们从不同的视角研究了西方传统翻译观,提出了各自颠覆传统翻译观的主张。

后殖民主义翻译理论以权力差异理论为先导,借助新历史描写的方式观察、研究和解释权力差异语境中译者自觉与不自觉的价值取向、翻译行为和策略选择,认为翻译是强势文化和弱势文化在权力差异语境中不平等对话的产物。爱尔兰翻译协会主席克罗宁(Michael Cronin)在考察后殖民主义研究模式,研究和反思本国历史和现实的翻译活动时,把翻译视为殖民文化的产物。他认为:"少数民族语言与多民族语言之间的翻译关系很少能与权力和身份相分离;权力和身份又反过来构成翻译活动的理论框架。处于两种语言之间的译者始终有一种距离感、陌生感和异化感。"(廖七一,2004:36)翻译是爱尔兰各民族、不同语言的交流领域,是对一成不变的、固定思维模式的抵抗;翻译的目的是为目的语文化服务,同时改变译语文化。印度裔美国学者尼朗贾纳(Niranjana)审视了西方传统的翻译观和印度文本的翻译,认为翻译是一种政治行为,一直被用来维护各种民族、人种和语言之间的不平等关系,西方翻译传统观点掩盖了翻译的单一性及其统治权力的共谋,帮助了殖民主义侵吞和控制他国文化,于是敦促后殖民主义民族把翻译当作抵抗和转换的场所。(郭建中,1999:179)

从解构主义视角来看,韦努蒂在《译者的隐身》中提出了"抵抗式翻译",即抵抗目的语文化的种族中心主义,主张译者和译文读者对翻译种族中心主义对他国文本的创改,从而承认他国文本在语言和文化上的差异,以反对英美西方国家对他国文化的侵吞,他说:"反对英美传统的归化,主张异化的翻译,其目的是要发展一种抵御以目的语文化价值观占主导地位的翻译理论和实践,以表现外国文本在语言和文化上的差异。"(郭建中,1999:193)

女性主义翻译观主张在翻译理论和实践的过程中彰显女性译者的译者主体性,在消灭语言中的性别歧视的同时也表现出女性的自我。如法国思想家海伦·西苏(Helen Cixous)将雌雄同体运用到翻译研究上,主张从消除两性对立的意义上来解释雌雄同体,她认为:"双性同体即是对立的消解,也是差异的高扬……双性是包含多元的包容性,两性之间非但没有尖锐的对立,而且也不排斥其中的任何一性,并且两性在相互交流中,可以产生无限的活力,这种雌雄同体,不是抹杀差异,而是鼓励差异,追求差异。"(Louise Von Flotow,1997:122)

平等对话

人与人、人与世界、人与自然关系一直是人类求索的主题,"自我"与"他者"之间的联系和间性关系引起人们的关注。巴赫金说过:"只有为了他者,通过他者,在他者的帮助下展示自我时,我才意识到自我,成为自我。构成自我意识最重要的行为取决于跟他者的关系。人之存在,就在于最深刻的沟通……存在既依凭他者,也是为了他者。人没有完全独立的领地。人自始至终处于这样一个位置:他要观察别人的眼睛或依凭别人的眼睛才能看到自己。没有他者就没有自我。"(Mike Crange & Nigel Trift,2000:73-74)德国哲学家哈贝马斯呼吁要"通过实践(包括劳动实践和语言实践),在主体与客体之间以及主体与主体之间建立其有机的联系"(曹卫东,2001:57)。人们不满足于被征服、失去自由的现状,不断寻求相互理解、沟通与尊重。为了更好利于文化的交流与传播,翻译工作者们进行着各个层次、类型的对话,争取自己的权力。

第一,翻译主体间性的对话。

哈贝马斯说:"交往行为概念所涉及的是至少两个以上具有言语和行为能力的主体之间的互动。这些主体使用(口头的或口头之外的)手段建立起一种人际关系。行为者通过行为语境进行沟通,以便在相互谅解的基础上把它们的行动计划和行为协调起来。"(哈贝马斯,2004:84)从这段话可以看出交往行为的基本条件:主体间的同情、尊重和权力平等。翻译是人类的一种重要交往行为,涉及原作者、译者与读者三个翻译主体,他们之间的对话必须建立在同情、尊重和权力平等的条件下。我国学者杨恒达指出,"翻译必须深刻理解交往行为理论中的主体间性问题","翻译的主体间性的问题不仅体现在译者主体与译者主体的关系上,而且体现在译者主体与读者主体的关系上"(杨恒达,2000:101)。

在译者与原作者关系上,译者当前视域与作者的过去视域在译作中相融合,即自我视域与他者视域相融合是译者的追求,也给两者之间的对话提供了宽阔的空间。一是译者要对作者的时代、人生观、价值观念及个性进行了解,对文本的美学艺术精神进行挖掘,力求对原文真正理解,站在作者的立场来思考与文本中隐身的作者对话,以作品为中介跟作者建立起精神上的交往关系。二是不像巴特的"作者死了"那样对待作者,在尊重原作者意图、思想、个性的基础上,发挥译者有限的创造性,体现出译者的个性,使作者与译者双方都发出了自己的声音,达到二者视界的融合和沟通。

在译者和读者的关系上,一是译者尊重不同层次读者的需求,为读者提供"真善美"译品,既反对那种字比句次、佶屈聱牙而置读者欣赏能力于不顾的所谓模仿复制品,也要求杜绝那种率尔操觚、随心所欲、背弃原文文本内容形式的假朋友;二是尊重译者的主体创造性,理解译者因认识、思想、时代、文化、语言的局限而呈现出的与原文不同的差异;三是将译者与读者的关系置于"文本—读者"的交流结构上,注重读者的接受与反映。

主体间性的对话,打破了译者与作者和译者一主二仆的隶属统治关系,而且也摒弃了译者中心地位的垄断性,真正实现不同主体之间的相互对话、相互理解、相互沟通,使作者、译者和读者三者之间的和谐共存成为可能。"任何翻译,都是译者、作者与读者之间的一种对话与沟通(不同语言、文化的对话与沟通),需要相互的理解与信任,需要相互的尊重,有时要做出妥协与让步,不能牺牲一方的利益而作为代价去实现另一方的目标或利益。"(许钧,1988:60)

第二,文本间性的对话。

文本依靠翻译在异域传播生存,翻译用另一种语言促成原文本在异域交流。罗曼·雅可布逊将翻译划分为语内、语际和符际三种类型。首要的是语言的对话。人类语言既有共性也有差异,一切语言都是平等的。由于西方中心主义和盎格鲁—撒克逊文化优越论以及单线进化论的影响,西方曾流行着欧洲语言文化优越论的思潮。在西方不少人包括不少语言学家的心目中,人类的文明和语言的发展被看作是从"落后"向"先进"单方向进化的一个过程,而西方的文明、西方的语言被看作最先进的代表。德国语言学家赫尔德(Johann Gottfried von

Herder)认为,德语也许比不上希腊语,但它却比许多邻国的语言都重要;德语的辅音组合使它具有一种坚强的步调,辅音和元音的配合显得恰到好处;德语中有许多擦音,听起来非常悦耳、可爱;它的音节是丰富和坚定的,句子是壮丽的,成语是有力、严肃的。(岑麒祥,1998:107)他在比较德语和东方语言时曾说:"东方人的感觉是混沌一片的,他们的概念是含糊不清的。"(高一虹,2000年:134)黑格尔(G. W. F. Hegel)在《大逻辑》序言中断言:"一种语言,假如它具有丰富的逻辑词汇,即对思维规定本身有专门的词汇,那就是它的优点……中国语言的成就,据说还简直没有,或很少达到这种地步。"(高一虹,200:134)我们认为这种语言观是不可取的,是典型的西方中心主义论,这也被许多西方学者不同的声音所证明。美国语言学家萨丕尔认为,人类的一切种族和部落,不论多么野蛮和落后,都有自己的语言,没有一个民族没有充分发展的语言,尽管各种语言在词语数量和分类方法上有很大的不同,但语言的基本框架,即毫不含糊的语音系统、声音和意义的具体结合、表达各种关系的形式手段,在各种语言中都已经发展得十分完善。他有一句非常形象的名言:"在文明进化的任何水平上都有形形色色的单纯类型和复杂类型的语言。就语言形式说,柏拉图和马其顿的牧猪奴是同伙,孔夫子和阿萨姆猎取人头的野人是同行。"沃尔夫(Benjamin Lee Whorf)在继承萨丕尔思想的基础上,更是对西方中心主义论进行了无情、辛辣的鞭挞。(萨丕尔,198:196)他说:"置身于千姿百态的语言系统当中,欣赏它们的规律、和谐、系统之美,体味它们各自的微妙以及对现实分析之透辟,我们会发现:人人平等。那些物质文化、野蛮、文明、伦理道德等的进化阶段,与这一事实毫不相干。对一个文明的欧洲人来说,这种平等非常不可思议,令人震惊,简直就是一粒苦药丸!"(沃尔夫,2001:169-170)我们认为,文化有"发达"和"落后"之分;而语言只有结构上的区别,没有"发达"与"原始"之分。因此,文化语言存在差异,但可以互相传译。

首次提出文本间性这一术语的法国符号学家朱丽娅·克里斯蒂娃在其《符号学》一书中指出:"任何作品的本文都像许多行文的镶嵌品那样构成,任何本文都是其他本文的吸收和转化。"(朱立元,1993:947)这些吸收和转化不外乎同源本文和异源本文两种形式。一本文只有承继了另一本文的精华才能演进,才能拥有新的生命。翻译也是一样。斯内尔霍恩比说:"译文不再是原文文本字当句对的临摹,而是一定情境,一定文化的组成部分。文本不再是语言中静止不变的标本,而是读者理解作者意图并将这些意图创造性再现于另一文化的语言表现。"(廖七一,2004:21)正因为如此,翻译凝结着人们的知识、智慧、心血和创造性的劳动,让原著的语言在译文中"作为一种表现自身的语言的补充,作为一种其自身的意图达到共鸣"(孙冰,1999:130-131),从而使译作与原著之间形成相互补充、相互联系的亲缘关系,使译作在保持与原作的血脉关系的同时,拥有自己新的生命。克罗齐(Croce)在他的《美学原理》中谈到翻译时认为:"上好的译文除与原文有几分相似外,必须有它独创的艺术价值,本身即可成为独立的一部艺术作品。"(钱歌川,1980:9)译文成了一种再创造的劳动的艺术结晶,正如法国文论家埃斯卡皮所说:"翻译是背叛,那是因为它把作品置于一个完全没有预料到的参照体系里(指语言),说翻译是创造性的,那是因为它赋予作品一个崭新的面貌,使之能与更广泛的读者进行一次崭新的文学交流,还因为它不仅延长了作品的生命,而且又赋予它第二次生命。"(埃斯卡皮,1987:137-138)

第三,文化间性的对话。

苏联语言学家洛特曼认为,语言是社会现实的第一模式系统,任何语言必须扎根于文化才能存在,任何文化,必须以语言作为核心才能生存。(廖七一等,2004:378)翻译中两种语言的文本和行为主体(作者和译者)必然扎根于各自的文化中。翻译过程中发生接触的是文本和行为主体背后隐含的两种文化,涉及的部分引起了不同文化间的关联间性。可以说,文化间性包含着文本间性和主体间性的双重间性特质,在某种意义上是主体间性和文本间性在文化领域的延伸。

伊格尔顿说过:"文化现在表现出的是重异倾向而非求和的决心。"(曹顺庆,2006:190)文化间性的对话,首先在认识层面上,要求承认差异,才能达到互识,相互了解;其次在行为层面上,要求重视并维持差异,才能达到借鉴交流互动,因为只有认识了差异的存在人们才能反观、镜照自身,发现他者之异才能诱发自身的创造性;再次在结果层面上,在互惠互利的基础上使翻译对话顺利进行,真正实现文化的相互尊重、多元平等、和谐互动,即通过文化间的平等对话,真正发挥翻译在文化发展中所起到的重要作用。学者许钧充分认识到了翻译的重要作用才转变了自己的翻译观,他说:"20年来,随着自己对翻译的思考的不断深入,自己的翻译观也由纯粹的'语言转换'观发展到了今日的'文化交流观',把翻译活动理解为促进不同民族对话、思想交流的文化活动。"(许钧,2003:233)"'翻译的交流观者'重在交流与互通有无,因此强调翻译中应持平等的态度,并要求译者充分认识与了解原文所表现出的文化差异,并尽可能将之融入目的语的大语境中去,融入接受语文化中去,有真正达到吸收出发语文化与丰富目的语文化之目的。"(许钧,2003:241)

应该指出的是,翻译是一项跨时空的跨文化传播。在不同的文化场域,无论是译者对忠实性的追求,或是征服与抗争,还是寻求平等对话,翻译始终潜隐着不同的权力关系。这些不同的权力斗争像一只无形的手,控制着作为文化传播的翻译活动。

参考文献

[1] 埃斯卡皮. 文学社会学[M]. 王美华、于沛译. 合肥:安徽文艺出版社,1987.

[2] 艾田蒲. 中国之欧洲(上卷)[M]. 许钧、钱林森译. 郑州:河南人民出版社,1994.

[3] 布尔迪厄、华康德. 实践与反思[M]. 李康、李猛译. 北京:中央编译出版社,1998.

[4] B. L. 沃尔夫. 原始社群思维的语言学考察[M]. 高一虹等译. 长沙:湖南教育出版社,2001.

[5] 曹顺庆. 中外文论与文化[M]. 成都:四川大学出版社,2006.

[6] 曹卫东. 交往理性与诗学话语[M]. 天津:天津社会科学出版社,2001.

[7] E. 萨丕尔. 语言论——言语研究导论[M]. 陆卓元译. 北京:商务印书馆,1985.

[8] 高一虹. 语言文化差异的认识与超越[M]. 北京:外语教学与研究出版社,2000.

[9] 哈贝马斯. 交往行为理论[M]. 曹卫东译. 上海:上海人民出版社,2004.

[10] 顾彬.《关于"异"的研究——顾彬讲演》序[M]. 北京:北京大学出版社,1997.

[11] 郭建中. 当代美国翻译理论[M]. 武汉:湖北教育出版社,1999.

[12] 廖七一. 当代英国翻译理论[M]. 武汉:湖北教育出版社,2004.

[13] VON FLOTOW L. *Translation and Gender:Translating in the 'Era of Feminism'* [M]. Manchester:St Jerome Publishing and Ottawa, University of Ottawa Press,1997.

[14] CRANGE M, THRIFT N. *Thinking Space* [M]. London:Routlege,2000.

[15] 钱歌川. 翻译漫谈[M]. 北京:中国对外翻译出版公司,1980.

[16] 许钧. 当代法国翻译理论[M]. 武汉:湖北教育出版社,2004.

[17] 许钧. 翻译论[M]. 武汉:湖北教育出版社,2003.

[18] 谢天振. 翻译的理论建构与文化透视[M]. 上海:上海外语教育出版社,2000.

[19] 张柏然,许钧. 面向21世纪的译学研究[M]. 北京:商务印书馆,2002.

李军、章力译本《喜福会》杂合语言的翻译规范研究[①]

蒋晓萍　邓　聪　陈微子

《喜福会》是美国华裔女作家谭恩美（Amy Tan）著的长篇小说。作者通过描写4对母女间的代沟和隔阂冲突，反映了华裔文化和异质文化相遇而生的碰撞与兼容，以及两种文化在碰撞中对自我文化身份的艰难求索。《喜福会》的汉译本国内目前已有6个版本，对这些译本的研究大都聚焦于译本的对比分析和回译研究。《喜福会》中出现大量杂合语言，这为译者运用图里的翻译规范理论范式来研究杂合语言的翻译提供了一个新的视角。

以往学者从不同视角对《喜福会》的汉译本进行研究，在一定程度上为华裔文学翻译的发展做出了不可或缺的贡献，对于今后华裔文学翻译实践具有重要意义，但这些研究大多局限于对程乃珊等译本和田青译本之间的对比研究，偶尔有单独以程乃珊等译本作为研究对象。总体而言，针对单个译本的研究甚少，且杂合语言是该作品翻译的难点所在，目前对《喜福会》杂合语言翻译尚未探讨出一种完善的翻译策略。本文拟从图里翻译规范理论的视角对李军、章力译本中杂合语言的翻译进行研究，探究其对于杂合语言的翻译是否符合图里的翻译规范理论范式，从而为《喜福会》杂合语言的翻译提供新的思路和方法。

[①] 本文是2018年度教育部人文社会科学研究规划基金项目"跨文化交际伦理规范建构研究"（编号为18YJA740017）的阶段性成果。

一、图里的翻译规范理论范式

吉迪恩·图里(Gideon Toury,1942~2016)是描述翻译学派的代表人物,他发展了佐哈尔提出的多元系统理论和霍姆斯的描述翻译理论,在对希伯来翻译文学进行了大量的描述性研究后,形成了自己对于描述性翻译学的理论和方法。图里所著的《描述翻译学及其他》一书,主要是在翻译学范围内建立基于方法论的、系统的描述翻译学分支学科。书中就以实际的翻译行为及其结果作为研究现象,探讨了建立这一分支学科所涉及的主要问题。[1]多元系统理论家认为,译语文化系统的社会准则与文学常规决定译者的美学观点,从而影响译者在翻译中的抉择。图里试图从语言、文学、社会等方面来描写翻译的规则,其最终目的是建立决定译作的相关因素,即制约因素的完整体系。他要求译作必须包括文化历史事实,这些事实即规则,他称之为"翻译规范"(Translation Norms)。[2]在这一点上,图里借鉴了吉瑞·列维(Jin Levy)关于翻译研究中的"规范"(norm)概念,提出了三类翻译规范:预备规范、初始规范和操作规范。

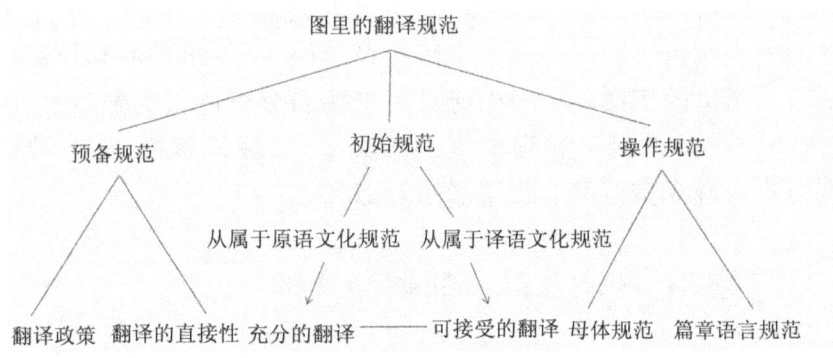

图里的翻译规范示意图

1. 预备规范

预备规范决定待译文本的选择,包括翻译政策和翻译的直接性。

翻译政策指的是特定时期对特定文本类型和语言的选择,如在特定历史时期,翻译、模仿、改写有何区别?目标文化偏爱哪些作家、哪个时代、何种文类或流派的作品?

翻译的直接性指是否允许或接受经由第三种语言的传译,如是用直接翻译抑或间接翻译? 即是否允许或接受经过第三国语言的转译?[3]P160

2. 初始规范

初始规范是指译者对翻译的总体选择,即倾向于源语文本还是译语文本,图里把这两种选择称为"充分的翻译"和"可接受的翻译"。"充分的翻译"指的是在翻译之前,译者选择倾向于并遵从源语文本的规范,其译文文本风格则多表现为异化,充满异域风味。"可接受的翻译"指的是在翻译之前,译者选择倾向并遵循译语规范,使其读本更容易让译语环境读者所接受。[3]P160

3. 操作规范

操作规范为指导译者在实际翻译过程中进行决定和选择的规范,又分为母体规范和篇章语言规范。母体规范决定译本的布局特征和完整性,对增补、删减、变位的研究可以反映出该类规范。篇章语言规范制约着译文语言素材的选择,如句子结构、遣词造句,是否用斜体或大写以示强调等等。[3]P160

图里的翻译规范理论研究的最终目的是建立决定译作的相关因素,从而发现翻译过程中译者的实际抉择,且从中得出控制翻译的一系列规则。[2]图里的翻译规范理论能深入挖掘和分析译者的翻译过程,发现影响译者在翻译活动过程中做出的决策,如翻译策略、文本的选择等,同时也对翻译实践具有借鉴和指导意义。

二、《喜福会》杂合语言的翻译分析

(一) 杂合语言的阐释

"杂合"(hybrid)的概念始于生物学领域,当被用于人文社会科学领域之后,受到了广大学者的重视,并延伸到文学、语言学之中。巴赫金把"杂合"定义为"单个语句接线之内、语句的范围之内两种社会语言的混合,两种被时代、社会差别或其他因素分开的不同的语言意识之间的混合"[4]P54。《喜福会》的作者谭恩美所独具的双重文化背景身份和双语能力,使得这部作品充满着杂合语言的特色。谭恩美在小说中使用了大量的汉语语码,杂合语言集中表现在句式上的英语破碎和语词上的汉语拼音植入语两个主要方面,形成了别具一格的双语码杂合文体,是一种杂合语言现象。显然,杂合语言反映了文本的多重文化异质性,这无疑是对译者的一大挑战。

《喜福会》描述了20世纪上半叶,老一代移民美国的华人为适应新的环境,不得不刻意融入美国强势文化,但对处于弱势的中国文化仍依恋不舍。为了更直观地在作品中体现出这种中美语言和文化之间的冲突,以及呈现出第一代移民在美国的真实语言状态,作者谭恩美在英语书写时打破了标准英语语法成分紧密嵌套的连贯性,从而拼凑出不符合标准英语规范的表达,营造了一种断裂的、破碎的表达效果。笔者将这样的不连贯、不完整、不符合标准英语句式结构的语言风格称为"英语破碎",如"You never rise. Lazy to get up. Lazy to rise to expectations(你从不努力奋起,懒得这么做,也懒得朝预期的目标去努力)"。

在美国成长起来的第二代移民,对中国文化以及标准的中文使用概念模糊,因此,笔者在文中使用的汉语拼音并不是标准的汉语拼音,而仅仅是根据音节拼凑出来的拼音。正如付博谈道:"其语言从拼写形式到用法都严重受到西方语言影响,顺应了西方人的理解和审美要求。汉语拼音词语的使用中,不仅拼写受到强势文化的影响而改变,而且词性和断句也有所改变。"[5]P74《喜福会》中的汉语拼音植入可分为三类:地名拼音、文化拼音和其他类型的植入语,如:地名拼音"Chungking"(重庆)、文化拼音"pung"(碰)、"Mah jong"(麻将)、"Chunwang chihan"(唇亡齿寒)、"shou"(孝),其他类型的植入语"Yiding"(一定)、"nengkan"(能干)等。

(二)个案分析:李军、章力的《喜福会》汉译本

1. 基于预备规范维度下的译本分析

自从20世纪80年代开始,华裔文学作品因其边缘性和跨文化性备受国内学者关注,而后便开始了华裔美国文学的译介工作,随着时间的推移,华裔美国文学作品的译作不断增加,华裔美国文学研究的相关理论也在不断完善。其中,《喜福会》作为华裔美国文学作品的代表作,受到国内读者的追捧和译者的关注。这部作品涉及中国传统文化,包括中国的社会历史、风俗习惯以及日常生活等等。通过一定的文化翻译策略,华裔作家在差异巨大的两种文化之间进行协调,以促进中西方文化进行良好的交流。李军、章力两位译者同样对《喜福会》的翻译产生了浓厚的兴趣,尽管在此之前国内已出版较有影响力的译本,如程乃珊等译本和田青译本,但这两者均存在不足之处:程乃珊等译本整体倾向于意译,而田青译本整体倾向于直译,都存在翻译不当的现象。如在"She has become ni"中,程译本对"ni"的处理完全采用意译的方法将其拼音省略不译,失去了原文杂合语言的特色;田译本则将其转化成了"nie(孽)",没有实现对原文"ni"一词的真正意义的还原。因此,李军、章力对《喜福会》进行复译,进一步靠近原作者和原语文化,在充分性和可接受性之间达到和谐统一,以期在前人的基础上带来更好的译作。李军、章力最新译本总体上属于直接翻译。

2. 基于初始规范维度下的译本分析

初始规范制约着译者对文本选择充分性翻译或者接受性翻译。"充分性和接受性是一个连续统一体,因为翻译从来就不可能完全充分或彻底可接受。"[3]因此,在初始规范制约下,译者应该巧妙合理地在两种翻译策略中寻找最佳平衡点,既保留原文中杂合语言的特色,又充分考虑读者的目的和需求。

例1　You never rise. Lazy to get up. Lazy to rise to expectations.

你从不努力奋起,懒得这么做,也懒得朝预期的目标去努力。[6]P17(直译)

本句属于杂合语言中的英语破碎,主语缺失,是一种典型的中式英文表达。在译文中,译者采用了异化的翻译策略,保留原文中短句的句式结构和主要大意,充分传递了原文中的信息,异化的翻译策略既使译本更具充分性,又抹平了原文中生硬的语言风格。

例2　It was her *chang*, a small tablet of red jade which held the sun's fire.

原来是外婆当年送她的那块"璋"——一小块如骄阳似火的红

玉。[6]P90（直译）

该句属于汉语拼音植入中的文化拼音，英文中"charm"一词和"*chang*"发音接近，并且"charm"有挂坠之意。译者把汉语拼音"*chang*"译为"璋"，"璋"在中文中是指古代的一种玉器，是中国文化的象征。在这里，译者采用了异化的翻译策略，既保留原文作者的语言风格和语码特色，又使读者领略到了原文中所传递的文化信息。

例3 Autie Lin says'pung！'and 'Mah jong！'
林多阿伊喊了声："碰！我和了！"[6]P21（意译）

本句属于汉语拼音植入中的文化拼音，"Mah jong"同汉语中的"麻将"对应，属于中国特有的牌类娱乐用具。结合语境，"pung"和"Mah jong"是指母亲赢牌了，就是中文中的"我和了！"。如果按照原文中直译出"麻将！"，那么会使读者感到晦涩难懂，造成阅读障碍。译者为使译文更具接受性，在此采用归化的翻译策略，清除读者阅读过程中的阅读障碍，提高了翻译的质量。

例4 One day quit, next day play.
想停就停，想下就下。[6]P180（意译）

该句属于杂合语言中的英语破碎，不符合英文的使用规范，主语缺失。这句话是母亲对其女儿中途放弃钢琴学习的训斥。针对这一问题，译者联想到中文中经常用"想……就……"来形容人做事半途而废，任意妄为，套用类似表达，译成了"想停就停，想下就下"，彰显了译者深厚的文字功底。译者遵循了目标语规范，采用归化的翻译策略，使译文更加清晰、流畅，更具接受性。

3. 基于操作规范维度下的译本分析

"操作规范主要描述译文的呈现及语言内容"[3]P161，在微观层面上影响翻译实践的便是操作规范。如前文所述，操作规范又细分为母体规范和篇章语言规范，李军、章力在翻译《喜福会》时，大量采用了增译、删减以及强调等翻译技巧。接下来，笔者从母体规范和篇章语言规范两个层面来分析李军、章力版本中《喜福会》的杂合语言的翻译。

例5 Because she cried angrily, "*Shemma bende ren*！"—What kind of fool are you?
那老妈子生气地骂道："这么笨的人！"[6]P48（删减）

该句属于杂合语言中的汉语拼音植入,且句中拼音之后辅以英文解释,这是《喜福会》中杂合语言的一大突出表现形式。译者在异化翻译的过程中对原文中的英文解释忽略不译,合并了拼音和注释,以避免译文冗长累赘,既符合图里操作规范下的母体规范,又保证了译文的通顺、流畅。对《喜福会》中类似这样的语言现象,译者多处采取这种删减的翻译策略。

例6　And she gave me the same answer:"*Yiding*."

母亲跟平时一样用中文回答我:"一定。"[6]P122(增译)

该句属于杂合语言中的汉语拼音植入,原文中"*Yiding*"对应中文中的"一定",原文中母亲与女儿的对话中时常出现中英文的切换,在此,译者结合语境采用了增译的翻译策略,增加了"用中文"三字,既准确传达了原文信息,又还原了原文中杂合语言特点。杂合语言是《喜福会》翻译中一大难点,译者遵循图里的翻译规范下的母体规范,灵活运用增译的翻译技巧,将作品中杂合语言特色如实地呈现出来,从而更好地应对杂合语言的翻译。

例7　When the rescue people finally pulled her out of the water, she still has her *nengkan* intact.

当母亲最终被救援人员从海里拖上来时,她坚信自己依旧"能干"[6]P126。(引号强调)

该句属于杂合语言中的汉语拼音植入,原文中的"*nengkan*"对应汉语的"能干",但译者在译文中采取加引号的方式突出此处植入"能干"这一中文语码,以强调该词在原文中的特殊性,保留了原文陌生化写作的用意。在《喜福会》中,类似的汉语拼音特定表达多次出现,如上文提及的"chang"以及书中出现的"hongmu"、"chabudwo"也属于此类型,这种加引号强调的翻译技巧也恰恰体现了图里操作规范中的篇章语言规范。

三、《喜福会》杂合语言的翻译建议

(一)翻译策略的灵活选择

李军、章力的《喜福会》汉译本在处理杂合语言这一难题时,既没有一律使用直译的翻译策略,也没有完全照搬意译的翻译策略,而是在直译和意译之间灵活切换,并且根据不同的对象、变化需求采用增译、减译、强调以及变位等不同翻译技巧,不断克服和完善杂合语言的翻译,丰富了杂合语言的翻译实践。相比以往的译本,李军、章力的《喜福会》汉译本对杂合语言的处理在前人的基础上做出了一定的推进,这为其他华裔文学的翻译提供了有价值的参考。

(二) 新视角的尝试和运用

译者在翻译活动的各个阶段都受到语言、社会、文化等因素的约束,图里的翻译规范理论可以帮助分析译者的微观抉择。对于翻译实践者而言,我们要善于尝试从多个视角来挖掘和分析翻译作品,以完善译作的发展。本文基于图里翻译规范理论范式,以李军、章力汉译本《喜福会》杂合语言的翻译为例,揭示了图里的翻译规范如何制约译者的翻译活动。此外,希望通过该研究可以加深读者对图里翻译规范理论的理解和关注。

(三) 从语言杂合到文化杂合

从跨文化角度分析《喜福会》中杂合语言的翻译有助于我们理解中美文化的冲突和融合,如果译者没有充分了解中美文化之间的差异,如价值观念、审美取向、风俗习惯、习语语言等,就可能出现误译或者矫枉过正的情况。在表层的语言杂合层面下,是深层次的文化杂合。[7]P30 因此,在应对杂合语言的翻译时,译者只有在充分了解中美文化差异的同时,运用相应的翻译策略,才能做到既呈现原文的语码特色,又更好地维护汉语的文化自信。

笔者以图里翻译规范理论为视角,通过分析李军、章力《喜福会》汉译本的杂合语言翻译,可以发现:在应对杂合语言这一较为棘手的问题上,译者灵活运用适当的翻译策略,在一定程度上克服了杂合语言的翻译难题,进一步丰富了《喜福会》汉译本的翻译研究。

结语

　　本文从图里翻译规范理论视角，探析了《喜福会》最新译本的翻译策略，研究发现：无论是对原文本的选择还是翻译策略的选用，李军、章力在翻译过程中多处受到图里翻译规范理论的制约，如他们在初始规范制约下应对原文本杂合语言的翻译时，在充分性与可接受性之间寻找最佳平衡点，既准确地传达了原文的意义，又保留了原文杂合语言的风格，在操作规范制约下灵活运用增译、删减和强调等翻译技巧来还原原文中杂合语言这一语码特色。由此可见，图里的翻译规范理论为《喜福会》杂合语言的翻译研究提供了新的视角和方法，同时给予未来翻译实践者新的启发。

参考文献

　　[1] 图里.描述翻译学及其他[M].上海：上海外语教育出版社，2001.
　　[2] 苗菊.翻译准则——图瑞翻译理论的核心[J].外语与外语教学，2001(11)：29-32.
　　[3] 杰里米·芒迪.翻译学导论：理论与应用[M].李德凤等译.北京：外语教学与研究出版社，2018：108-176.
　　[4] 韩子满.文学翻译与杂合[J].中国翻译，2002(2)：53-57.
　　[5] 付博.以多元系统理论看《喜福会》中拼音词语的使用和回译[J].通化师范学院学报，2010，31(06)：72-75，81.
　　[6] 谭恩美.喜福会[M].李军、章力译.北京：外语教学与研究出版社，2017.
　　[7] 崔蓉蓉.文学作品《喜福会》的翻译语言杂合分析[J].语文建设，2013(24)：29-30.
　　[8] 黄越.《喜福会》三译本对比研究[D].北京：北京外国语大学，2017.
　　[9] TAN A. *The Joy Luck Club*[M]. New York：Penguin Books，2019.

中国大学校训英译的文化适应策略
——以广州大学校训为例

陆道夫　黄紫玲　陈树澄

按照《现代汉语词典》的解释，"校训"主要是指"学校规定的对师生有指导意义的词语"。《辞海》对"校训"的解释为"学校为训育上之便利，选若干德目制成匾额，悬之校中公见之地，使人随时注意而实践之"。"校训"的英文表达是"school motto"(《柯林斯 COBUILD 英语词典》对"motto"一词的解释为：A motto is a short sentence or phrase that expresses a rule for sensible behavior, especially a way of behaving in a particular situation. 即"在特殊情境下的行为方式，以短句或短语的方式去表达一种知觉行为的准则"。该词最早起源于意大利，主要是指"座右铭"或"格言"等)。今天的"校训"一般是指凝练学校价值、办学理念、办学方针和训诫教导、品行规范之类的格言或警句。

一、大学校训的缘起与特质

关于"校训"的缘起，众说纷纭。有人认为，它是从《圣经》"十诫"(Ten Commandments)的表达形式中得到启示转化而成的。更多的观点则认为，"校训"主要起源于军校的军事口号，比如美国西点军校(The West Point)就把"Duty, Honor, Country"的军事口号定为校训。中国当年的抗日军政大学则把校旗上的"团结、紧张、严肃、活泼"定为校训。

可见，"校训"不仅是学校文化精华的结晶，蕴含着学校的校风、学风和教风，而且还能够在品德修养和行为方式上给予学校师生某种规范引导，传递出一定的价值导向。当然，"校训"也类似于学校的一张"名片"，承载着对外宣传和学术交流的功能。就此而言，"校训"既是学校的内核精华,也是学校的形象门面。

中外大学由于在制度和思维方式上的差异,其校训无论在内容、形式方面,还是渊源方面都表现出很多不同的特质。

首先,从内容上看,中国大学校训多强调德善修养,有较强的家国情怀、集体主义倾向,如清华大学的校训"自强不息,厚德载物",台湾大学的校训"敦品、励学、爱国、爱人"等。据不完全统计,在中国大学的校训中,与道德相关的关键词(如"德"、"善"等)占据首位,与集体主义、家国情怀相关的关键词(如"爱国"、"团结"等)则占据第二位。国外大学的校训多包含科学、知识、真理等概念,崇尚个人自由和价值,如在美国排名前100位大学的校训中,与真理相关的关键词(如 truth、knowledge、science 等)占据首位,而与自由、责任相关的关键词(如 liberty 等)则占据第二位。英国伦敦帝国理工学院(Imperial College London)的校训"Knowledge is the adornment and safe guard of the Empire"(知识是帝国的装饰品和保护伞),美国约翰·霍普金斯大学(Johns Hopkins University)的校训"The truth shall make you free"(真理必将让你自由)等,就是很好的例证。

其次,从形式上看,中国大学的校训多采用对偶、对仗的四字结构或六字结构,喜欢用动词叠加的形式,并且习惯采用平白直述的方式,以彰显校训的训诫功能。例如,南开大学的校训"允公允能,日新月异",中国科学技术大学的校训"红专并进,理实交融"皆是如此。而国外大学的校训则大多采用散句、短语的表述方式,喜欢用名词叠加的形式,且多使用 shall、let 之类的情感句式,通过第一、第二人称的运用,施以亲情引导,体现学校的人文情怀。比如,麻省理工学院(Massachusetts Institute of Technology)的校训"Mind and Hand"(动脑与动手),剑桥大学(University of Cambridge)的校训"From here, light and sacred draughts"(求贤得智,源出此地)等等。如果从渊源上来看,中国大学的校训多半喜欢引经据典,且大多引自"四书五经"中的名句,以体现校训的伦理规约功能;而国外大学的校训则每每或由拉丁语演变而来,或源自《圣经》中的智慧之言,以体现校训的重神崇教求真的文化底蕴。如前述的清华大学校训"自强不息,厚德载物",是从《周易》的"天行健,君子以自强不息;地势坤,君子以厚德载物"中提炼而来。中山大学的校训"博学之,审问之,慎思之,明辨之,笃行之"源出于《礼记·中庸》。反观国外大学,约翰·霍普金斯大学的校训"The truth shall make you free"源于《新约·圣经》里的《约翰福音》第 8 章:"And you shall know the truth, and the truth shall make you free."英国艾莫利大学(Emory University)的校训"The prudent heart will possess knowledge"(谨言慎行 知识在心)源出《旧约》箴言第 18 章第 15 节:"The heart of the prudent getteth knowledge; and the ear of the wise seeketh knowledge."

二、国内大学校训英译所存在的问题与症结

当前,国内各大学的校训英译质量参差不齐,其问题主要表现在用词不够精确、句式结构杂糅、文化适应不足等方面。这里以广州大学校训为例,一窥国内大学校训英译过程中存在的问题与症结。

"博学笃行,与时俱进"作为广州大学的校训,最早可以追溯到1927年,当时的著名教育家、经济学家陈炳权先生创办私立广州大学,并把"博学笃行"定为当时的校训。陈炳权是这样解释的:"学必先之以博,贯通各科,然后由博反约,专精一科,方能致用,否则与不学等耳,此学之所以贵乎博也。笃行则要求有三:诚实不伪的态度;纯一不杂的主旨;沉毅坚韧的精神。"[1]

2000 年,新广州大学由几所大学重新合并组建而成,时任全国政协副主席、广州大学荣誉校长的叶选平在原校训的基础上把"博学笃行,与时俱进"定为校训,旨在培养"博学笃行"之人才,开启"与时俱进"之新纪元。

实际上,与中山大学校训的源出一样,"博学笃行"语出《礼记·中庸》第 12 章之"博学之,审问之,慎思之,明辨之,笃行之"。所谓"博学",指的是为学首先要有广泛的猎取和旺盛的好奇心。所谓"笃行",主要是指为学的最后阶段,既然学有所得,就该努力践履所学,使所学必有所成,做到"知行合一"。这里的"笃",要求为学者必须忠贞不渝,踏踏实实,一心一意,坚持不懈。只有目标明确和意志坚定的人,才能够真正做到"笃行"。"与时俱进"源出于曾任北京大学校长的蔡元培先

生所著的《中国伦理学史》一书。针对清朝末年中国思想文化界抱残守缺、故步自封的局面,蔡元培通过中西文化的对比研究,特别强调指出:"故西洋学说则与时俱进。"其实,"与时俱进"一词由来已久,蔡元培把散见于中国古书中的"与时偕行"、"与时俱化"、"与时俱新"等诸如此类的表述归纳概括为"与时俱进",旨在倡导开拓进取且与时代共同进步的社会思潮。

英国汉学家理雅各(James Legee,1815～1897)在翻译《中庸》时,把这句话英译成:"To this attainment there are requisite the extensive study of what is good, accurate inquiry about it, careful reflection on it, the clear discrimination of it, and the earnest practice of it."[2]广州大学校训目前有两种英译:

Study extensively and work perseveringly, Keep pace with the times.(译文1)

Study extensively and practice earnestly, and advance with the times.(译文2)

北京大学校训与斯坦福大学校训

不难看出,上述两个译例基本上是在理雅各译本的基础上提炼修改而成的。而广州大学校训的这种英译处理,也或多或少地暴露了目前国内大学校训英译中存在的四大问题:

第一,结构单一,形式僵硬。

中国大学校训在英译时往往会采用僵化的"动词+宾语"、"动词+副词"、"形容词+介词+名词"以及"系表结构(be+adj)"等结构类型。殊不知,英汉两种语言在表现方式上存在"静态"与"动态"的差异和所谓"名词优势"与"动词优势"的差异。[3]英语有少用(谓语)动词或用其他手段表示动作意义的自然倾向,而汉语则有多用动词的固有习惯。[4]

广州大学校训的两种英译均未能跳脱中文框架,采用了"动词+副词"的结构,明显与国外大学校训的英语表达有所区别。

事实上,国外大学的校训多半使用简单句、Let 开头的祈使句、短语(如不定式 to 引导的非谓语结构)乃至名词叠加等结构形式,或传递大学精神,或推广学校办学理念,或引导师生品德修养。比如,斯坦福大学(Stanford University)的校训"The wind of freedom blows"就是在简单句中融合了隐喻的修辞手法,简明清晰而又生动传神。再如,普林斯顿大学(Princeton University)的校训"In the nation's service and in the service of all nations"采用了由介词 in 引导的短语结构,形式对仗工整,意义简洁明了。

第二,句式杂糅,隐晦费解。

我们来看广州大学校训的两种英译,不难发现前半句都采用了"动词+副词"的结构,而后半句则都采用了动词短语的形式,这样导致两个句子前后结构不一致,且句式杂糅,隐晦费解。

其实,大可借鉴国外大学校训"名词并列叠加"的表达形式去翻译。如耶鲁大学(Yale University)的校训"Light and Truth",麻省理工学院的校训"Mind and Hand"都是很好的参考范例。广州大学校训可以译成"Erudition, Practicality and Modernity",或者也可以采用 to 引导的不定式结构进行翻译,如"To learn, to practice and to evolve"或"To learn for a deed, to go with the times"这种不定式结构的表达,不仅能够很好地展现校训的训诫指导功能,而且还能增强校训的表达力。

第三,篇幅冗长,拗口难记。

由于中国大学校训大多源出于"四书五经"等文献典籍,在表达上喜欢追求工整对仗的四字结构和整齐划一的对偶句式,所以,在英译中如果过分讲究逐字对译、直译对等,就会导致校训的英语表达过分冗长,不够简洁明了,最终弱化了校训的对外宣示效果。比如,华南师范大学的校训"艰苦奋斗,严谨治学,求实创新,为人师表"被英译成了"Foster the spirit of working hard, pursue studies with utmost rigor, seek truth from facts to blaze new trails, and be a model of virtue of others"。乍一看,该译文做到了忠实原文,但细读就能发现,该译文不仅令人费解,而且拗口难记,27 个单词的英语翻译显然没能表达出校训的训诫功能、引导功能和宣传功能。

这里,我们也可以借鉴国外大学校训名词叠加的表达方式,比如,借鉴艾奥瓦州立大学(Iowa State University)的校训"Science with Practice",华威大学(University of Warwick)的校训"Mind over matter"(意识决定物质),把华南师范大学冗长的校训英译简化成"Endeavor, Rigor, Practice, Innovation's and Virtue",这样一来,译文不仅精练易记,而且意蕴深邃,耐人寻味。

第四,中式思维,文化误差。

众所周知,众多译者在英译中国大学校训的过程中,总会不可避免地受到自身母语文化的影响。然而,不同的文化有着各自不同的思维习惯和文化背景,其差异不言而喻,这就要求译者必须有"代入感",即要对译文目标语进行深入思考,在透彻领悟译文源语的基础上,尽量克服中式思维带来的影响,选择文从字顺的英语表达,以实现准确、有效的跨文化翻译。

在中国大学校训英译过程中,不少译者受中式思维所限,未能注意到校训英译的文化引申义、情感褒贬、惯用场合、词义范围等,结果导致译文出现信息传递偏差和文化误读的状况。这里,不妨以暨南大学的校训"忠信笃敬"为例来加以说明,"忠信笃敬"源出《论语》中的"言忠信,行笃敬",意思是说,一个人的言语要忠诚老实,行为要忠诚厚道,严肃认真,不仅值得别人相信,而且也值得被尊敬。"忠信笃敬"的英译表达"Loyalty, credibility, sincerity and piety"虽然在结构上非常符合简洁性的特点,但仔细考究则会发现,译文中的"piety"一词实属误译,系明显的中式思维所致,会引起外国读者的误解。"piety"一词在《牛津高级英语词典》中的解释是:

"The state of having or showing a deep respect for sb/sth, especially for God and religion;the state of being pious."

句中包含宗教意味,容易引起文化上的误解与偏差。理雅各把"言忠信,行笃敬"译成了"Let his words be sincere and truthful, and his actions honorable and careful"[5],并没有强调"笃敬"的宗教教义,而是着重强调人的品性和德行。就此意义而言,暨南大学校训的英译如果能把"piety"改为"respectability"就更为贴切了,既利于外国读者理解和接受，同时也保留了英语的尾韵，充分实现了"形合"和"意合"的交融。

三、大学校训英译的三种视角与策略

由于大学校训是一种介乎广告语、标识语和新闻语的特殊文体类型，所以在英译过程中应该充分考虑到校训的文化内核、功能导向、传播效果等因素，运用有效的英译策略和方法，找到源语与目标语之间共同的文化符码(culture code)，求同存异，实现校训翻译的双语文化功能的等值交流与传播。正如有学者所言："翻译是以符号转换为手段、意义再生为任务的一项跨文化交际活动。翻译的目的不仅是语言的转换，更是文化的转换。"[6]因此，正确的理论视角、多元灵活的翻译方法都是不可或缺的。

首先是目的论(Skopostheory)视角，由德国学者克里斯蒂安·诺德(Christiane Nord,1943~)提出，指的是要把源语文本变成一种功能性的目的语文本的过程，其中源语文本必须按照目的语文本的意向或需求功能而确定。[7]由于中外大学在语言表达习惯、思维方式、文化接受倾向性和价值观等方面存在很大的差异，加之校训所具有的训诫功能、导引功能、召唤功能、信息功能、宣传功能等，所以，校训的英译应该遵循目的论的视角，以达到不同文化之间交流的目的。

其次是功能对等(Functional Equivalence)视角，由美国学者尤金·奈达(Eugene Nida,1914~2011)提出。按照奈达的说法，所谓"功能对等"，意味着翻译时不求文字表面的死板对应，而要在两种语言间达成功能上的对等，也就是说，"翻译是在接受语中寻找和源语信息尽可能接近、尽可能自然的对等话语，首先是意义上的对等，其次才是风格上的对等"[7]。为了准确地再现源语文化，减弱或消除文化差异，校训的英译应该遵循四个原则：其一，要努力创造出既符合源语文本语义，又能体现源语文本文化特色的译文；其二，如果意义和文化不能同时兼顾，翻译时只有舍弃形式对等，以再现源语文本的语义和文化为主要目的；其三，如果形式的改变仍然不足以表达源语文本的语义和文化，那就应该采用"重组造词"的手段，以解决文化差异，使源语和目的语都能够达到意义上的对等；其四，要使源语文本的读者读原文所得的心理反应和译文读者读译文所得的心理反应大致相似。要充分考虑到不同文化读者群的阅读感受和译文期待，灵活、有效地解决校训英译所带来的不对等的文化偏差与误解。

再次则是文化适应论（Acculturation）视角，由加拿大学者贝利（John W. Berry，1946～ ）提出。贝利全面审视了文化适应的过程和结果，分析了文化适应的态度和取向，厘清了文化适应的群体，提出了群体和个人在文化交往和变迁过程中如何自我定位、如何策应这一过程等诸多问题。他认为，文化适应的过程实际上对发生相互接触的两种不同文化都会产生影响，只不过主流文化的影响略显微小而已。为此，他提出了文化适应过程中的四种策略，即：整合（intergration）、同化（assimilation）、分离（separation）和边缘化（marginalization）。整合策略要求文化适应中的个体既重视保持传统文化，也注重与其他群体进行日常的交往；同化策略则要求个体可以不愿意保持他们原来的文化认同，但应该与其他文化群体有频繁的交往；分离策略要求个体重视自己的原有文化，尽量避免与其他群体进行交流；边缘化策略最令人难以接受，因为其要求个体既不能保持原来文化，又不被其他群体文化所接受。[8]大学校训的英译应该围绕这四个策略，考虑到不同文化圈的内在差异，选择符合文化适应过程的有效翻译方法，尽量减少因为翻译错误而带来的文化适应的所谓分离和边缘化倾向。例如，中国科学技术大学的校训"红专并进，理实交融"，如果直译为"Progress with Red and Expert, Integrate with Truth with Fact"就会导致文化适应的问题，因为在西方文化传统中，红色预示着血腥和灾难等。为了解决这种文化偏差与文化误解的问题，翻译时就应该运用整合、同化策略，隐去红色隐喻，保留内核主旨，以便于目标语读者接受与理解。该校的官方译文"Socialist-minded and Professionally Proficient, Associating Truth with Fact"同样也存在着文化适应与文化接受的问题，因为"Socialist-minded"是一个政治隐喻词汇，会让目标语读者有所误解甚至曲解，以为这是一所专门进行思想教育的学校；"Associating Truth with Fact"的译法更会给目标语读者造成理解上的混乱，因为"Truth"（真理）和"Fact"（事实）这对概念本身不存在"非此即彼"的逻辑关联。如果采用概念整合与隐喻同化的方式，改译为"Virtue and Academics Oriented, Theory and Practice Pursued"就较好地解决了目标语读者对译文的文化适应问题。

基于上述三种视角，在英译中国大学校训的时候，我们不妨灵活运用直译法、意译法、归化法、异化法、仿译法等各种策略。

所谓直译法，就是既保留原文形式又保留原文内容的一种译法。同济大学的校训"严谨，求实，团结，创新"的英译"Discipline, Practicality, Unity and Creativity"就采用了直译的方法，在名词叠加的"形合"框架下达到了传神达意的"意合"效果，不仅读起来朗朗上口，过目不忘，而且还能让外国读者很容易理解与接受。意译法不拘泥于原文的结构限制，侧重表达核心意义，翻译的自由度和灵活度相对较高，如香港理工大学的校训"开物成务 励学利民"的官方英译"To Learn and to Apply for the Benefit of Mankind"，即属于这种译法。归化法主要是以目标语为出发点，采取目标语读者所习惯的表达方式，将源语文本的内容翻译出来。哈尔滨工业大学的校训"规格严格，功夫到家"的官方英译"Strictest Standard and Greatest Effort"，使用了形容词最高级的形式，巧妙传递"严格"、"到家"的主题境界，可谓形神兼备。此外，该译文靠近目标语读者，适应目标语读者的思维习惯和文化符码。异化法侧重以源语读者为出发点，采取源语的表达方式，重在传播源语的文化价值观和道德主题，存异而不求同是其主要特征。东南大学的校训"止于至善"英译为"Strive for top good"，即属于异化翻译的一种手段，其借用《老子》中"上善若水"（The highest good is like water）的理念，旨在追求一种品德高尚的校风，希望所培养的学生拥有至高的品性，像水一样，泽被万物而不争名利。仿译法主要是借用或套用既有的目标语文本的句型结构和表达方式，亦即"拿来主义"的方法。一定文化阈值内和恰到好处的仿译，能够更好地传递源语文本的文化内涵，便于目标语读者更好理解与接受。比如，南京航空航天大学的校训"智周万物 道济天下"，可以套用外国大学校训的"名词＋介词＋名词"的表达形式，将之译成"Service of the Mankind through Acquirement of Knowledge"，这个英译是套用了新南威尔士大学的校训"Knowledge by Hand and Mind"，以及华盛顿大学的校训"Strength through

Truth",并用静态名词取代源语文本的四字成语结构,巧用介词"through"把前后两个句子之间的逻辑关系紧密地衔接起来。这样的译文处理,干净利落、简短明快,又清晰易懂。

四、结语

随着中国国际地位的不断提高,中国国际形象越来越好,推动中国文化走出去,解决语言沟通问题,英语翻译也是很关键的因素。在这个过程中,中国大学必须而且应该与国际顶尖大学保持密切交流与合作,校训的英译也就显得至关重要。译者要正视目前国内大学校训英译存在的各种问题,合理运用恰当的理论视角,灵活采取有效的翻译方法,努力做到"传神达意",形神兼备,实现校训英译的"音美、形美、意美",让他国人通过英译真正体会并能理解中国大学校训所蕴含的大学精神、大学品位、人文情怀等。优秀的校训英译能够向海外有效传播中国大学的使命感、责任感、道义感,以及办学理念和办学思想的精华。唯有大学校训英译"合规律",方能行之有效地与国际接轨,以利于开展国际高校间的学术和文化交流,实现校训功能,"合"于校训目的。

参考文献

[1] 陈万鹏,庾建设.广州大学校史[M].广州:岭南美术出版社,2006:12-13.

[2] 理雅各.论语·大学·中庸[M].上海:上海三联书店,2014:284.

[3] 杜争鸣.从苏州大学校训中管窥中英互译原理[J].苏州大学学报(哲学社会科学版),2007(2):111-112.

[4] 冯庆华.英汉翻译基础教程[M].北京:高等教育出版社,2008:14.

[5] 理雅各. THE FOUR BOOKS[M].长沙:湖南出版社,1994:204-205.

[6] 许钧.翻译论[M].武汉:湖北教育出版社,2003:7-9.

[7] 陆道夫等. 大学英语通用翻译教程[M]. 广州：暨南大学出版社，2012：2-3.

[8] BERRY J W. *Immigration, acculturation, and adaptation*[J]. *Applied Psychology*, 1997, 46(1)：5-34.

《利维坦》汉译本的译者主体性文化选择
——以商务印书馆、群众出版社两个译本为例

魏韵玲　姚艳萍

英国著名哲学家托马斯·霍布斯（Thomas Hobbes，1588～1679）的《利维坦》(*Leviathan*)[1]1651年在英国首次出版后，期间虽然命运多舛，但后来却成了19世纪欧洲王室教育的基础教材，一直流传至今。受"西学东渐"思潮的影响，国内第一部《利维坦》汉译本是由朱敏章于1934年完成并公开出版的。此后，随着中国对外开放政策的不断实施，黎思复、黎廷弼又在1985年完成了新译本（商务印书馆出版，以下简称"商务版"）[2]。2019年，为了适应21世纪新生代读者的阅读需求，陆道夫、牛海、牛涛三位译者又推出了最新全译本（群众出版社出版，以下简称"群众版"）[3]。那么，商务版和群众版到底在哪些方面有所差异？为什么会出现这种差异？对比分析两个译本中的译者主体性及其文化选择方式，不失为一种有益的尝试。

一、译者主体性的内涵特质

大多数情况下，传统翻译理论恪守文本中心论、作者中心论的原则，译者每每充当"隐形人"，处于边缘位置。人们对译者不同的称谓，如"译匠"、"仆人"、"语言搬运工"等，在很大程度上就折映出了翻译的价值和译者的地位。传统翻译观认为，翻译就是忠实地传达原作的内容和形式。"要把原作的内容确切地表达出来，无改变或歪曲的现象，无增添或删削的现象，无遗漏或阉割的现象。"[4]事实上，在翻译实践过程中，译者往往都是原著文本（Source Language/ SL）的主导者和创造者，对目标语（Target Language/ TL）读者来说不仅不可或缺，而且必

不可少。直到20世纪70年代,翻译的"文化转向"促使译者地位逐渐得到提高,国内学者许钧、查明建等人开始关注译者主体性(Subjectivity)问题。[5]"翻译理论和翻译实践逐渐从以语言转换为核心的原著中心论到以文化视域下的译者主体性的转变。"[6]由此可见,译者无疑成了源语文本的创造性主体,承担着通过翻译媒介实现文化传播的重任。

二、译者主体性在《利维坦》汉译本中的体现

每个新译本的出现都是一个时代和社会的缩影,不同时代的译者会对同一部作品有着自己不同的解读,翻译的语言风格也因而迥然有别。商务版所处的时代是中国刚刚对外开放不久,极需引进西方思潮。当时的学界和社会要求译文尽量忠实于原著的内容和特点,为的就是要尽量突出原著的权威性和严谨性。因此,商务版的译文和原文在语言结构上呈现出与源语文本相对较高程度的吻合。而群众版则是在翻译主体性研究的语境下完成的,注重以译者为中心,强调作者、译者和读者互为主体的主体间性,不再满足过度忠实于原著的逐字逐句的对应式欧化译腔翻译,选择有效的文化翻译策略,发挥汉语本身的语言特性和优势,让更多的目标语读者有兴趣"悦读",并理解霍布斯的思想精髓。

通过对《利维坦》两种汉译本的文本细读和对比分析,我们不难看出,译者主体性主要体现在以下四个方面。

第一,译者对源语文本准确理解的差异性上。前已所述,商务版是在30多年前完成的,受当时国内信息资源匮乏所限,加之过度追求忠实对等的翻译效果,在翻译过程中难免会存在偏离源语文本内在含义的情况。商务版中的不少词语翻译,仅仅停留在表层,而忽略了具体的上下文语境,导致整个句子偏离作者想传达的本意。例如:

原文:... if one plant, sow, build or possess a convenient seat, others may...(1996:76)

商务版:如果有一个人培植、建立或具有一个方便的地位……

(1985：93)

群众版：如果面对的是根基牢固、地位强大的对手……(2019：49)

两相对比，显而易见，商务版对原文4个动词"plant, sow, build, possess"的翻译主要采用直译的方式，选其较常用的含义"培植、建立或具有"。此外，"convenient"一词也被很表面地译成了"方便的"。然而，如果结合霍布斯上下文的语境，目标语读者很难理解原文作者想要表达的真正含义，阅读效果也大打折扣。群众版考虑到目标语读者的接受程度，在充分理解原文的基础上，结合具体的上下文语境，不拘泥于原文的表层词义，把原文中的4个动词"plant, sow, build, possess"与"convenient seat"灵活地转换为形容词"根基牢固、地位强大"，这样一来，既传神地表达了原文的内在含义，又保证了译文的准确性和可读性。在《利维坦》第29章中，商务版逐字翻译现象也很明显。例如：

原文：...of such books, men have undertaken to kill their kings...(1996：199)

商务版：人们读了这些书之后就从事弑君。(1985：255)

群众版：他们读了这些书之后就会萌发弑君的念头。(2019：133)

根据《牛津高级英语词典》的解释，"undertake"指的是"to make yourself responsible for something and start doing it"，亦即"承担，从事，负责"之意，如果不加变通地直译成"从事弑君"，会让国内读者读起来别扭拗口。而群众版的译文则是"萌发弑君的念头"，翻译的处理方式更贴切一些，更准确一些。又如，下面的例子：

原文：...and by strange and hard words suffocates their understanding...(1996：202)

商务版：用怪异而晦涩的词句来窒息人民的理解。(1985：257)

群众版:还借助于怪异晦涩的词句<u>阻碍</u>人们的理解力。(2019:134)

根据《柯林斯词典》的解释,"suffocate"一词的原义是"to die because there is no air to breath",亦即"(使)窒息而死",商务版逐字直译为"窒息人民的理解",读起来令人费解。而群众版则巧妙地引申了该词的内涵,译成"阻碍人们的理解力"。事实上,正如英国哲学家维特根斯坦(Wittgenstein,1889~1951)所指出的那样:"词义取决于它在语言中的使用。"(The meaning of a word is its use in the language.)[7] 而翻译的忠实并不意味着目的语与源语在形式上不折不扣完全一致。假如逐一将词或句式以机械的方式加以翻译,那就容易产生牵强感和晦涩感,其结果是令读者无法卒读。以上 3 个例子明显告诉我们,由于不同社会历史语境和时代主题对译者的操控,译者主体性的发挥受制于具体的历史语境和翻译实践。商务版生活的时代,国内的英文水平及资讯发达程度肯定无法与在全球化和互联网快速发展的今天相提并论。因此,群众版的出现也是译者结合新时代的社会背景,充分发挥译者主体性的能动性和创造性,不断完善先前的旧译本,努力恢复原著作者想要传达的思想内容。

第二,译者主体性体现在两种译本在翻译策略上的差异。其中,肯定和否定转换的翻译策略表现得尤为常见。例如,在《利维坦》第 14 章中有下面这句话:

原文:... because there is <u>nothing</u> to which every man had <u>not</u> right by nature. (1996:81)

商务版:因为每一个人对任何事物没有一件是<u>不具有</u>自然权利的。(1985:99)

群众版:因为每个人对任何事物<u>都享有</u>自然权利。(2019:53)

从上述译文中不难发现:商务版主要采用双重否定的表达方式:"没有"、"不具有",而群众版则采用"反话正说"的翻译策略,译为肯定表达"都享有"。很显然,不同的翻译策略会给读者带来截然不同的阅

读体验,后者的译文不仅通顺流畅,符合汉语阅读习惯,而且便于读者理解原文。又比如,《利维坦》第 30 章有这样的一句话:

原文:. . . as if the savage people of America should deny there were any grounds, or principles of reason so to build a house as to last as long as the materials. . .(1996:207)
商务版:就像美洲的野蛮人认为盖一幢<u>不到</u>材料坏时<u>不致</u>坍塌的房屋是<u>没有</u>根据的,或<u>违反</u>理性原理一样。(1985:262)
群众版:就像美洲土著认为的,如果用<u>好的</u>材料建造一栋房屋,就没有任何理由致使房屋坍塌。(2019:136)

商务版过度忠实于原著,力求在语言结构上保持与源语文本的高度吻合,译文中使用了 4 个否定含义的词语表达,读起来拗口费解。群众版一如既往地运用"反话正说"的翻译策略,巧妙地将否定转换成了肯定,避免了欧化句子的翻译腔。商务版倾向于保留原文的句式和语法结构,多采用双重否定的翻译方式。而群众版则充分考虑到目标语读者的接受程度和阅读习惯,在肯定与否定之间灵活转换,表达简洁。从两位译者对于原文肯定和否定的不同处理体现出不同译者的翻译偏好。

除了肯定和否定的翻译策略之外,两位译者在逻辑连接词的增译处理上呈现出很大的不同。例如:

原文:. . . as hath been shown (Chapter 13), to the natural passions of men when there is no visible power to keep them in awe,<u>and</u> tie them by fear of punishment to the performance of their covenants, and observation of those laws of nature set down in the fourteenth and fifteenth chapters. (1996:103)
商务版:正像第八章中所说明的,没有有形的力量使人们畏服,<u>并</u>以刑法之威约束他们履行信约和遵守第十四、十五章两章中所列举的自然法时,这种战争状况<u>便</u>是人类自然激情的必然结果。(1985:128)

群众版：正如我在第八章所说的，如果没有有形的力量让人们敬畏，如果不以惩罚之惧去约束人们履行契约或条款，如果不让人们去遵守自然法（我已在第十四章、第十五章中有所阐述），人类与生俱来的激情必然导致战争。（2019：69）

很显然，群众版侧重于挖掘原文中隐含的假设关系，因此用了3个"如果"的排比句，不仅句式工整，而且传达出原文作者的思想。商务版也有把"and"的逻辑关系翻译出来的情况。下面的例子充分说明了两个译本在让步关系的句子处理上有着自己的主体创造。

原文：For though where the people are governed by an assembly, chosen by themselves out of their own number, the government is called a democracy, or aristocracy, yet when they are governed by an assembly not of their own choosing, it is a monarchy; not of one man over another man, but of one people over another people. (1996：119)

商务版：因为虽然一个民族由自己选出自己的人组成议会进行统治时固然称为民主政体或贵族政体，但由并非自己选出的议会进行统治时却是君主政体。这不是一人统治他人的君主政体，而是一个民族统治另一个民族的君主政体。（1985：149）

群众版：原因在于，如果一个民族可以由自己选出的人组成议会来统治，就可以称为民主政体或贵族政体。如果不是由自己选出的议会实行统治，就是君主政体。只不过该君主政体不是一人统治他人，而是一个民族统治另一民族罢了。（2019：79）

商务版完整保留了原文中的逻辑关系词，体现了一贯的忠实原则；而群众版却选择在原文的基础上融入了自己的理解。群众版先是直截了当地把"For though"译成"原因在于"，然后再运用排比的两个假设句式"如果……就……"来加强反证效果。读过霍布斯的原文，可以发现，他措辞严谨，行文周密，句式庄重，他用了许多逻辑关系词，如"Hereby it is manifest…"（1996：77），"It may peradventure be thought…"(1996：78),"Hitherto I have named…"(1996：203)等等。由于汉语是一种区别于英语的意合语言,句中的语法意义和逻辑关系主要通过词语或分句来表达,而不需要特别借助于语言形式的手段连接去表达其内在含义。两位译者在翻译过程中都力求保留原文风格,突显了霍布斯对语言严谨逻辑关系的重视。

第三,商务版和群众版对专业术语和背景注释的不同处理方式,也是译者主体性的一个重要体现。就专业术语而言,霍布斯在《利维坦》中提出并阐释了很多核心概念,如 Commonwealth、Laws of Nature、Civil Society、Sovereign Power 等。这些核心概念是霍布斯国家观、主权观、联邦制、君主制、自然法、民法、公民社会观等主张的论证基础。由于这些核心概念拥有丰富的文化内涵与逻辑关联,无疑成为翻译中最难把握的环节,也是最能激发译者主体性的环节。如果译者缺乏源语和目标语的文化积淀和知识背景,其翻译势必会有所闪失,甚至造成错译。由于中英文化习俗的不同和政治制度的差异,《利维坦》中有很多关键词并无完全对应的汉语词语可以传达,而这对于译者来说,无疑是一项很大的挑战。比如,"Laws of Nature",商务版是"自然律",而群众版则根据不同的语境,分别译为"自然法"、"规则、准则"等。而对"Commonwealth"术语的翻译,两个译本差别就很大。商务版一律翻译成"国家",而群众版则根据不同的语境和使用场合,分别译成"联邦国家"或"国家"、"政府"等。至于"Civil Society"一词的翻译,两个译本的差别就更明显了。商务版译成"民约社会",而群众版则分别翻译成"世俗社会"、"市民社会"、"公民社会"等。为了便于读者理解这些政治学术语,群众版更是充分发挥译者主体性,不惜用了很大的篇幅,在其"译后记"(2009：291~302)中对这些术语进行词源学和词义学上的解释与分析比较。其实,这些背景注释作为翻译的一种附文本(attached text),充分体现了作为译者"一名之立,旬日踟蹰"的译者主体探究意识。

由于三十多年前国内学界和读者局限于对西方政治体制的认识不足,商务版对这些专业术语的翻译每每选用其最基本、最常用的词典含义,而且通篇沿用了一种固定译名。群众版在处理这些棘手的专业术语时,往往先从词典中对词语的起源和界定入手,再溯源其他类似著作或专家对该术语概念的解读,然后再从霍布斯的原文语境中寻找其定义的蛛丝马迹,传译出霍布斯真正想要表达的内涵。值得一提的是,群众版对专业术语的翻译并不是千篇一律地采用一种译名,而是综合考虑不同的语境和论述逻辑加以灵活变通。难能可贵的是,为了便于读者更准确地把握霍布斯的本意,加深理解,消除误解,追根求源,群众版通常都要在专有名词术语的译名后面标注出对应的英文术语,解决了以往翻译实践中经常出现的源语文本与译语文本相互脱节、两不照应的背离情形。

虽然两位译者都意识到了背景注释对于读者理解原文的重要性,但如果仔细对比分析二者的差异就能发现,群众版的背景注释相对更详尽、丰富,从而减少了读者的阅读难度。例如,群众版中对有关斯巴达(Sparta)(2019:78)和以弗所(Ephesus)(2019:97)等诸多历史背景的注释,正是商务版中所缺乏的环节。即便是对同一个重要的背景知识点,群众版也比商务版更详尽充实许多。例如,对于"Mercury"(1996:58)的注释,商务版的注释是:"罗马的商业之神,据说就是希腊的赫米斯。"(1985:69)而群众版的注释则是:"天王朱庇特与女神迈亚(Maia)所生,是朱庇特最为信赖的儿子。他是罗马神话中众神的使者,是罗马十二主神之一,对应希腊神话中的赫尔墨斯。墨丘里行走敏捷、精力充沛、多才多艺,作为朱庇特神最忠实的信使,经常为其传送信息,完成各种任务。"(2019:36)很显然,群众版的背景注释不仅增加了更多的相关人物及其性格特点,也让译本读起来更有趣,更有联想空间。

第四,译者的主体性还体现在对作品语言层面的艺术再创造上。如果细读霍布斯的英语原文,不难发现他思想深邃、行文晦涩费解,经常会出现语无伦次、交叉重复的情况。对于这些复杂的语言现象,两位译者也是采用了不同的翻译策略。商务版倾向于保留原著的句式结构,而群众版则利用汉语语言独有的音韵美和概括性等特点。翻译过程多采用四字成语或对仗句式,去繁就简,彰显汉语优势和魅力。例如:

原文 1:For he that should be modest and tractable, and perform all he promises in such time and place where no man else should do so, should but make himself a prey to others, and procure his own certain ruin. (1985: 97)

商务版：因为一个人如果持身谦恭温良，在其他人都不履行诺言的时候与地方履行自己的一切诺言，那么这个人便只是让自己作了旁人的牺牲品，必然会使自己受到摧毁，这与一切使人保全本性的自然法的基础都相违背。(1985: 121)

群众版：一个人如果保持谦逊温顺并能信守诺言，就会让自己充当他人的牺牲品，招致损害。(2019: 64)

原文 2: Natural power is the eminence of the faculties of body, or mind; as extraordinary strength, form, prudence, arts, eloquence, liberality, nobility. (1985: 53)

商务版：自然权势（原始权势）就是身心官能的优越性，如与众不同的膂力、仪容、慎虑、技艺、口才、慷慨大度和高贵的出身等等都是。(1985: 62)

群众版：所谓天生权力（原始权力），指的是一个人先天就有的身体或心智上的显著特质，比如力大无比、仪表堂堂、小心审慎、艺术天赋、口才流利、慷慨大度、庄重高贵，等等。(2019: 34)

原文 3: Afterwards, men made use of the same word metaphorically for the knowledge of their own secret facts and secret thoughts; and therefore it is rhetorically said that the conscience is a thousand witnesses. (1985: 41)

商务版：后来人们在比喻的意义下，把这个字用于对于自己的私房事或私房思想的认识；所以喜欢用辞藻的人便说良心是众目睽睽的见证人。(1985: 47)

群众版：后来，"良知"一词被比喻般地用以表达人们的隐私秘史和私心杂念。于是，"良知"一词又被修辞般地表述为"一份良知万千眼（The conscience is a thousand witnesses）"。(2019: 25)

从上面这三个例子可以看出，群众版特别擅长运用汉语语言的四字成语或四字结构。原文 1 的翻译，群众版只用一句话就把商务版两三行才可以表述出来的文字给高度概括了，不仅减少了欧化长句子出现的机会,而且更有利于目标语读者对原文的理解。原文 2 的翻译,群众版连续运用了 7 个四字结构,增加了行文的节奏感和逻辑性。原文 3 中的翻译群众版更是比商务版来得简洁明快。群众版创造性运用了 7 字汉语谚语的句式结构"一份良知万千眼",这比商务版的译文"众目睽睽的见证人"更亲切、更贴切、更忠实。有关汉语对仗句式的运用,也是群众版体现其译者主体性的表现所在。例如:

原文 1:... that wisdom is acquired, not by reading of books, but of men. (1996:8)
商务版:说是"智慧"不是从"读书"得来的,而是从了解"人"得来的。(1985:2)
群众版:书中没有智慧源,带眼识人获智慧。(2019:1)
原文 2:... the object of man's desire is not to enjoy once only, and for one instant of time, but to assure forever the way of his future desire. (1996:61)
商务版:人类欲望的目的不是在一顷间享受一次就完了,而是要永远确保达到未来欲望的道路。(1985:72)
群众版:人类欲望的目标不在于眼前的一劳永逸,而在于未来的川流不息。(2019:38)
原文 3:... to peace at home, and mutual aid against their enemies abroad. (1996:106)
商务版:对内谋求和平,对外互相帮助抗御外敌。(1985:132)
群众版:内求和平安定,外谋联盟御敌。(2019:70)
原文 4:For it can never be that war shall preserve life, and peace destroy it. (1996:97)
商务版:因为绝不会有战争可以全生而和平反而杀人的道理。(1985:121)
群众版:人世间绝不可能有这样的道理:战争能够保全生命,和平反倒致人死亡。(2019:64)

类似于上述这 4 个例子的对仗句式翻译,群众版中还有很多。群众版《利维坦》在充分保留汉语独到的语言特色和优势基础上,让目标语读者能够觉得深入浅出,节奏明快,朗朗上口,易于理解,从而带来一种全新的阅读体验。相对而言,商务版的翻译因为过于忠实于原文结构而显得啰嗦很多。

第五,译者的主体性还体现在两个译本在灵活处理陈述句和疑问句的翻译上。商务版倾向于直陈句式,而群众版则运用疑问句式样来加强论证力和说服力。例如:

原文 1:It may seem strange to some man, that has not well weighed these things, that nature should thus dissociate, and render men apt to invade and destroy one another…(1996:78)

商务版:人性竟然会使人们如此彼此互相离异、易于互相侵犯摧毁。(1985:95)

群众版:人性<u>真的会使</u>我们彼此互相分裂、互相侵犯和相互残杀<u>吗</u>?(2019:50)

原文 2:Let him therefore consider with himself: when taking a journey, he arms himself, and seeks to go well accompanied; when going to sleep, he locks his doors; when even in his house he locks his chests. (1996:78)

商务版:当他外出旅行时,他会要带上武器并设法结伴而行;就寝时,他会要把门闩上;甚至就在屋子里面,也要把箱子锁上。(1985:95)

群众版:当他外出旅行时,<u>会不会</u>带上武器并设法结伴而行?睡觉时,<u>会不会</u>夜不闭户?即便住在家里,<u>是不是</u>也要锁上箱子?(2019:50)

虽然两个译本对原文的处理都做到了忠实通顺,但很显然,群众版却创造性地将英文陈述句译成了疑问句,符合霍布斯一贯的语言表达风格,给读者留下了充分的思考空间。

三、译者主体性的文化选择

通常情况下,翻译行为是译者主体游走在两种不同文化之间的传播沟通与交流。译者主体性在文化选择上大致有三个维度,即译者的文化意识、译者的翻译策略以及目标语译本的读者期待。译者的文化意识不仅成为影响译者主体性的内在因素,还会影响到译者主体文化翻译策略的选择。

就译者的文化意识而言,译者在翻译的过程中需要考虑到译语文化及源语文化之间的关系。翻译的过程无非就是对原文的理解阶段和翻译的表达阶段。每位译者首先是特殊的读者,不仅仅要理解文本的含义,更要读懂文本背后的文化。译者如何看待原文文本及文化,直接影响着译文的翻译结果。就翻译的表达阶段而言,译者通过阅读进行解码,运用不同的翻译策略,对原文本进行重新编码,创造新的佳译。在创作的过程中,译者对原文中文化元素保留和展现的多少,取决于译者对源语文化(Source Language Culture)的认识和理解程度。如果不熟悉源语文化,译者就会力不从心,无法预见一个语篇在某种程度上有缺陷、晦涩或刚好有省略的部分。正如勒菲弗尔(André Lefevere,1945~1996)指出的那样,翻译其实并不是在真空中进行的。[8]美籍意大利翻译理论家劳伦斯·维努蒂(Lawrence Venuti,1953~)认为:"翻译中的每一步骤——从外国文本的选择到翻译策略的执行,对译本的编辑、评论以及阅读——都是由目标语言中流通的不同文化价值造成的,而且总是处于阶级的秩序之中。"[9]因此,无论是在源语文化还是目标文化(Target Language Culture)中,翻译总会不自觉地带有译者的主体意识和文化选择,单纯的语言问题和形式结构并不能满足源语文化还是目标文化的双重需求。

就目前《利维坦》的两种汉译本来看,由于译者处在不同时代的社会历史背景,以及各自所拥有的文化知识水平,译者在解码源语过程中就开始出现理解上的差异,而在翻译输出的过程中必然会彰显译者不同的翻译风格和文化倾向性。良好的双语能力,精深的专业知识,原著的文本细读功夫,这些都是译者主体性必须做出的文化选择。正如当代法国著名理论家和翻译家安托瓦纳·贝尔曼(Antoine Berman,1942～1991)所强调的那样,为保持文化的异域特征,译者绝不是一个消极地接受文化规则复制出来的中转站,译者的主体性必须被理解为传介活动的复杂过程的一部分,这种活动为积极的和批判性的读者干预留下了空间。[8]事实上,在对源语文本充分理解的基础上,一旦译者有了文化自觉的主体意识,就会着手选择与其文化意识密切相关的翻译策略,其中包括直译(Literal Translation)与意译(Free Translation),归化(Domestication)与异化(Alienation)等。直译与意译是以是否忠实于原文来划分,是语言层面的问题;归化与异化则以是否接近作者或读者来划分,还涉及作者或读者的文化背景、语言风格等诸多方面的问题。商务版多采用直译与异化,重在保留原文句式结构,同时也是受制于当时翻译主流以及社会文化语境。群众版多采用意译与归化,译者在理解和消化了原文深层意蕴的基础上,将原文的表层结构打破之后进行句式重组。当然,也应该看到,过度的异化翻译,则会导致译文晦涩难懂,带来文化交流的困难;而极端的归化翻译,则使源语文化消失殆尽,无法达到文化的交流与融合,截然对立的翻译可能会使读者失去了阅读的兴趣。

译本的读者期待也是影响译者主体性文化选择的重要外部因素。如果译者想让自己的翻译作品流芳百世,那就需要在翻译过程中始终考虑到目标语读者的年龄、兴趣、语言水平、文化背景知识等,在此基础上,对自己的翻译风格进行有针对性的文化选择和文化调整。不同时期的读者期待也是有所差异的,这也是各种不同译本不断面世的原因所在。根据对目标读者的情况分析,译者在译作采取相应的策略,译者的翻译风格也会应目标读者做出调整。国内已出版的几个《利维坦》译本存在大量"欧化"叠加长句的现象,增加读者理解难度。而《利维坦》新译本的出现,正是从读者的角度出发,调整翻译策略,在保留原文语言风格及内容的基础上,更加贴近汉语读者阅读的习惯。

四、反思与启迪

译者主体性的文化选择更多地要求把翻译实践或翻译理论放在文

化的视阈中去开展。而在翻译过程中,由于译者主体性和文化选择的不同,必定对语篇的解读都是一种独特又是不可重复的行为。瓦尔特·本雅明(Walter Benjamin,1892～1940)使用"来生"(afterlife)的概念以强调译者主体性对于源语文本重写或复活的重要性。他在《译者的任务》(The Task of the Translator,2000)中指出,译文标志着作品生命的延续,它是原著的"来生"。本雅明赋予了翻译独立于原著的价值。在他看来:"如果翻译的本质在于求得和原著相似,那么,任何翻译都是不可能的。"只有当原著在翻译中发生了质变,才能称之为"来生"。优质的翻译必然要经历原著语言的更新和自身语言的降生。因此,本雅明认为,翻译恰好点燃了作品永恒生命和语言无休止更新的火焰。[10]

对《利维坦》两个汉译本的对比研究表明:首先,译者主体性的不同,会导致其文化选择有所差异,文化选择的差异又会带来翻译策略的创造性运用,使得目标语的读者期待和阅读体验也因而迥然有别。

诚然,翻译从来都不是字到字、句到句的单纯转换,而应该是源语文化与目标语文化认知的再加工过程,没有对原文语言与源语文化的文化认知积累,译者主体创造性就无从实现。商务版的译者主体性往往因为过于追求"忠实"而失去了"流畅",影响了阅读和传播。而群众版的译者主体性则体现在其创造性和能动性方面。群众版并非全都按照原文亦步亦趋,而是采用了直译与意译、归化与异化等多种翻译策略相得益彰的方式,力求让新译本能够与时俱进,符合读者新的阅读期待和"悦"读体验。

其次,"任何翻译都将反映出译者自己的思想和文化观,即便译者尽量保持不偏不倚的态度"[11]。虽然译者的主体性给予了译者一定的自由,但是并不意味着译者可以随意地更改、歪曲原文想要传递的信息。段峰也提出:"绝对的主体性是不存在的。"[12]译者作为主体必定会受到作品、读者以及社会历史背景等客体的制约。翻译的主体还要考虑到对原文语言风格、文化的坚守,这样才是最大限度地发挥译者的主体性作用。因此在分析译者主体性的同时,不能忽略客体世界的研究,而是应该以辩证统一的态度看待两者之间的关系。

实际上,译者主体创造性每每贯穿于翻译过程的每一个环节。时隔30多年后的《利维坦》重译,就是译者主体性充分参与其中的结果,是译者主体创造性得以彰显的结果。译者主体性的参与,"绝不仅仅是从译文正文的文本才开始的,而是在很多文本外因素中就有所显示"[13]。群众版《利维坦》增加了商务版所没有的序言、自序,交代了此著作对于后人治国理政之法的学习和借鉴意义。译者还在文章中添加了很多对应的图片,增加了阅读的视觉效果。译者的译后记中交代了翻译此书的动机和经历的过程,作为译文的附文本,读者可以从中分享译者的甘苦得失,消除文本隔膜,利于加深对原著的理解。

如今,越来越多的学者和译者重视并实践译者的主体性。作者、译者、读者,三者之间相辅相成,共同成就优秀译本。译者主体性不再是铁板一块,或是恒定僵死的源语文本语码转换。译者主体性应该融会到开放灵活的对话性文化语境当中。这样一来,就能够让更多的优秀译者乐于投身到翻译行业,将更多的优质译作奉献给社会,奉献给读者,进而推动源语文化和目标语文化的有效传播与交流,取得双赢乃至多赢的效果。当然,每个译者主体都不可能是某一翻译实践的终结者,每一部译作也不可能成为名垂青史的终结之作。因此,翻译过程中就更加应该强调译者的主体性、创造性、文化自觉性和文化选择性,就应该正视译者主体性在翻译文本中的传播效果及文化价值,鼓励经典重译,推陈出新,顺应新时代的新文明之需。

参考文献

[1] HOBBES T. *Leviathan*[M]. London:Cambridge University Press,1996.

[2] 托马斯·霍布斯.利维坦[M].黎思复、黎廷弼译.北京:商务印书馆,1985.

[3] 托马斯·霍布斯.利维坦[M].陆道夫、牛海、牛涛译.北京:群众出版社,2019.

[4] 马祖毅.英译汉技巧浅谈[M].南京:江苏人民出版社,1980:13.

[5] 查明建,田雨.论译者的主体性[J].中国翻译.2003(1):22.

[6] 曹敏,赵传银.文学翻译中的译者主体性研究[J].哈尔滨师范大学学报,2017(5):91-94.

[7] LUDWIG W. Notes for Lectures on 'Private Experiencer' and 'Sense Data'[J]. Philosophical Review. 1968(3):275-320.

[8] LEFEVERE A. Translation. History. Culture: A Source Book(英文引进版)[M].上海:上海外语教育出版社,2004:1-13.

[9] VENUTI L. The Translator's Invisibility: A History of Translation[M]. London: Routledge, 1995.

[10] 瓦尔特·本雅明.作品与画像[M].上海:文汇出版社,1999:115-135.

[11] HATIM B, MASON I.译者与话语[M].王文斌译,北京:外语教学与研究出版社.2005:15.

[12] 段峰.文化视野下文学翻译主体性研究[M].成都:四川大学出版社.2008:33.

[13] 闫怡恂.文化认知视阈下译者主体创造性研究[D].东北师范大学,2019:61.

[14] 陆道夫.试论严复的译名创新[J].河南大学学报.1996(1):50-53.

汉语四字格在爱伦·坡小说汉译中的运用效果

邓 聪 陆道夫

埃德加·爱伦·坡(Edgar Allan Poe,1809~1849)是 19 世纪美国著名诗人、小说家和文学评论家。英国作家萧伯纳(George Bernard Shaw,1856~1950)曾说过,美国出了两个伟大作家,一个是埃德加·爱伦·坡,另一个是马克·吐温(Mark Twain,1835~1910)。作为西方侦探小说(抑或推理小说)之父,爱伦·坡绝非浪得虚名。

悬疑的气氛、离奇的情节、固定的人物、特定的背景是其小说创作的四大主要元素。爱伦·坡创造的第一个巴黎私家侦探杜宾(Auguste Dupin)的形象毋庸置疑地成为后来许多推理小说的男主范本。从柯南·道尔(Arthur Conan Doyle, 1859~1930)、阿加莎·克里斯蒂(Agatha Christie, 1890~1976)、劳伦斯·布洛克(Lawrence Block, 1938~)、史蒂芬·金(Stephen Edwin King, 1947~)、苏·格拉富顿(Sue Grafton,(1940~)、雷蒙·钱德勒(Raymond Thornton Chandler, 1888~1959)甚至连爱德华·霍克(Edward Dentinger Hoch, 1930~2008)、日本著名推理小说家江户川乱步(1894~1965)等作家都或多或少地受到爱伦·坡的影响,他们的小说创作基本上沿袭或发展了爱伦·坡的"侦探+搭档+对谈+推理"的模式。某种程度上,爱伦·坡开创的侦探推理模式至今仍无人能超越。他在一系列想象奇特、恐怖怪异的故事中把人性的弱点、灰暗、脆弱、自我、无助等各种心理问题和精神危机淋漓尽致地表现出来,激发了全世界读者的极大阅读兴趣。

中国对爱伦·坡小说的译介肇始于 1905 年周作人翻译的《玉虫缘》(*The Gold-Bug*,后来被译成了《金甲虫》)。此后便掀起了一阵翻译爱伦·坡侦探小说的热潮。20世纪90年代,曹明伦翻译了《爱伦·坡:诗歌与故事》,成为当时国内最完整的爱伦·坡作品汉译本,曹明伦也因而被誉为中国"爱伦·坡研究专家"。[1]进入千禧年之后,中国读者对爱伦·坡小说的兴趣依然不减,很多出版社和译者争相翻译出版爱伦·坡小说,在译文质量上试图超越曹明伦的译本。但遗憾的是,各种译本要么因为过于忠实而使得译文"欧化腔"明显,句子叠加,超长表达;要么因为过于追求译文流畅而出现较多的误译、漏译。在这种背景下,陆道夫自2019年开始重新翻译爱伦·坡的部分小说,试图在经典重译或复译上有所作为和贡献。陆道夫重译的爱伦·坡小说《椭圆形画像》《红死病面具》《坏小子威尔逊》《失窃之信案中案》《陷坑与钟摆》《阿瑟老宅坍塌记》等先后发表在新媒体平台《人民作家》《欧美文学与电影》《绝对文学》等公众号上,让新老一代的爱伦·坡小说迷们有了耳目一新的阅读体验。笔者经过认真阅读和仔细比对发现,陆道夫的爱伦·坡小说翻译的确呈现出他自己的译风和特色。译文中运用了大量的汉语四字格,包括成语、俗语、谚语等,加大了爱伦·坡小说中译版的悦读感和语言表现力。在此基础上,笔者筛检并整理了陆道夫汉译文中出现的汉语四字格,并以此作为语料文本,参照1982年出版的英文原著 *The Penguin Complete Tales and Poems of Edgar Allan Poe*[2],试图探究以下几个问题:译者在什么情况下运用这些汉语四字格?汉语四字格的运用有什么样的效果?汉语四字格的运用对爱伦·坡小说经典的重译或复译实践有哪些启示?

一、汉语四字格的概念及种类

《现代汉语大词典》等辞书并没有对汉语四字格进行收录和界定。本文所称的汉语四字格,主要是指一种四字形式的汉语表达,从字面上可以理解为由四个字组成的语言格式。严格意义上来说,汉语四字格应该属于一种四字形式的固化语,这就把很多尚未固化的四字短语排除在四字格范围之外了。汉语四字格有其自身的独立性,这种独立性形成了四字格两大重要特征:第一,四字格在句法上不能扩展;第二,四字格在韵律上采用2+2的节奏类型,并且具备固定的重音模式。[3]

通常情况下,汉语四字格大致可以分为四类。其一是专有名词,包括专有人名、地名,如莎士比亚、澳大利亚等;其二是专名中的报刊、组织机构名、地名、品牌商标,如人民日报、北京大学、阿尔卑斯等;其三是叠字四字格,如高高低低、绰绰有余、板上钉钉、不了了之等;其四是四字成语和习语,这类四字格是汉语中最典型的语言表达形式之一,使用频率非常高,是汉语中不可或缺的重要组成部分,如对牛弹琴、挥汗如雨等。[3]汉语四字格由来已久,内容上言简意赅、形式上对仗工整、音律上和谐悦耳。正因如此,在英汉翻译实践中,不少译家喜欢灵活运用四字结构,使得译文不但准确、生动地传达了原文的内容和主旨,而且丰富了译文词汇,突显了汉语的特色,发挥了目标语译文的优势,达到了促进不同民族文化交融的作用。

二、英汉两种语言在句型上的差异

众所周知,英语和汉语属于两个不同的语种类型。有经验的译者应该在开始翻译前就充分认识到英汉两种语言在句型上表现出来的巨大差异,从而能够在翻译实践中做到有效转译语码,使译文更加符合目标语的表达习惯和读者的阅读需求。大致说来,英汉两种语言在句型上的差异主要有以下四种情形:

第一,树型和竹节型。英语句子有严谨的主谓结构,主语不可或缺,谓语动词是句子的中心,其他句子成分均围绕主语和谓语而展开。因此,英语句子主次分明,层次清晰,呈树型结构。英语句子根据主谓结构的类型,可被分为五种句型,即,SV、SVP、SVO、SVOO、SVOC。相比之下,汉语的主谓结构却复杂得多。汉语句子中主语不仅形式多样,而且可有可无,既可以没有主语,也可以省略主语,还可以变换主语(比如被动句)。汉语不受形态的约束,没有严谨的主谓结构,呈"竹节型"结构。汉语句式的多样化还表现在大量的散句和零句。即整句有主谓结构,零句没有主谓结构,由词或词组构成。零句是汉语的基本句型,可以作整句的主语,也可以作整句的谓语。整句由零句组成,混合交错,组成了流水句。

第二,形合与意合。所谓形合,主要指借助语言形式,主要包括词汇手段和形态手段,去实现词语或句子的连接。所谓意合,指不借助于语言形式,而借助语词语或句子所含意义的逻辑联系来实现语篇内部的连接。[4]英语造句常用各种形式手段连接分句或从句,并且句子间的关系是显性的,在形式上清晰地表现出来。英语句中的连接手段通常有关系代词、关系副词、连接代词、连接副词、介词等。汉语句型少用甚至不用连接手段,句子间的关系是隐性的,短句之间的逻辑关系常隐含在字里行间。四字格的使用是汉语的意合法常用的手段之一。

第三,冗长与简短。英语中存在大量的从属结构,从句之间层层环扣,这就使得书面用语的句子显得冗长烦琐,有的句子甚至长至整个大段。而汉语常用散句、紧缩句、流水句或并列形式的复句,以中、短句居多。虽然书面语有时也多用长句,但每每借助于标点符号对句子加以断句或分割,相较于英语来说,这些长句依然属于短句范畴。相反,我们很少在汉语中发现不带标点符号、一气呵成的连串长句,即便是意识流小说,也不习惯于这种长句表达。

第四,有灵主语与无灵主语。英语比较重物,常用非人称形式做句子的主语,也就是无灵主语,表示抽象概念、心理感觉、事物名称或时间地点等;而汉语比较重人,常用有灵主语也就是人称主语。因此,英译汉时,通过使用四字格,往往可以把表"物"的主语转译改成表"人"的主语。

综上所述,英汉句型的差异体现在树型和竹节型、形合与意合、冗长与简短、有灵主语与无灵主语等方面,译者可以通过分清翻译中的英汉语言差异,了解英语的表达模式,再根据英汉语言差异进行语码转换,从而达到翻译"信、达、雅"的标准。那么,陆道夫译(以下简称"陆译")爱伦·坡小说究竟如何在上述英汉语言差异的基础上,巧妙运用汉语四字格对源语进行转换呢?下面,结合英汉两种语言在句型特征上表现出来的差异,分析汉语四字格在陆译爱伦·坡小说中的运用策略。

三、汉语四字格在陆译爱伦·坡小说中的运用

如上文所述,英语多长句,汉语多散句;英语属形合,汉语属意合;

英语呈树型,汉语呈竹节型。考虑到英汉语言的种种差异,译者在进行英汉翻译时不可避免地要变通翻译策略,尽可能减少英汉语言差异带来的冲突。显然,爱伦·坡小说中也存在大篇幅的英语长难句,形合特征鲜明,树型结构明显。为了减少英语难句带来的阅读障碍,陆译文巧妙运用四字格,形合变意合,长句变短句,符合汉语表达习惯,贴近目标语读者阅读习惯,消除了译文带来的文化隔膜感。陆译爱伦·坡小说中汉语四字格的运用可以分为四种情况,分别是将单词译成四字格、将英文词组或短语译成四字格、原文为书面语文体时使用四字格以及原文中出现平行结构时,将四字格并列使用。

(一) 将英文单词译成四字结构

这类单词多为形容词或者可以转变成形容词的名词、动词和过去分词。例如:

原文:Oh, outcast of all outcasts most abandoned! — to the earth art thou not forever dead? to its honors, to its flowers, to its golden aspirations? ... This epoch — these later years — took unto themselves a sudden elevation in turpitude, whose origin alone it is my present purpose to assign. (*William Wilson*)

陆译:哦,最自甘堕落的浪子啊!难道你对人间的一切都充耳不闻?对尘世间的所谓荣誉、鲜花和愿景抱持麻木不仁?[5]

曹译:哦,天下最寡廉鲜耻的浪荡子啊!难道你对世事并非永远漠然?对时间的荣誉、鲜花和远大抱负并非永无感觉?[6]

译文3:啊!天下最寡廉鲜耻的流浪汉呐!难道你都不再关心世间的一切了吗?难道你对世间的荣誉、鲜花和远大的抱负都不再感兴趣了吗?

三者对比,不难发现,原文是典型的英语无灵主语句。英文重"物",而汉语重"人",因此,英译汉时,需要将英语的"物称"改为汉语的"人称"。陆、曹的译文都将人称"你"翻译出来,符合汉语表达习惯。其次,翻译实践中,译者须能在充分理解原文的含义的基础上,将源语译成最让读者容易理解的目标语。这就要求译者置身于原文,代入到原文的语境中,想原作之所想,感原作之所感。曹译和陆译对"outcast"一词的理解存在差异,"outcast"在英文中既可以作名词又可以作形容词,分别表示"被抛弃的人"和"被遗弃的"。陆译将其译为"自甘堕落",曹译将其翻译为"寡廉鲜耻",原因就在于曹译没有结合上下文语境,仅仅遵循"以句子为最小翻译单位"的原则。同样,译文3也犯了这个错误。原文通过连续三个反问,加强语气,强调主人公不谙世事,没有远大抱负的堕落心理,结合下文出现的"elevation"一词,可知,原文作者爱伦·坡想要表达的正是主人公对其恶的"我"的自我斥责——贪图享乐、自甘堕落、一蹶不振。

又比如,从下面的两种译文也可看出这种处理方法的不同。

原文:The teeming brain of childhood requires no external world of incident to occupy or amuse it;(William Wilson)

陆译:毕竟童年时代的头脑幻想丰富,用不着考虑身外世事,借以消磨时光,自娱自乐。[5]

曹译:童年时代丰富的头脑不需要身外之事来填充或娱乐。[6]

这是一个典型的将英文动词译为汉语四字结构的案例。两相对比,可以很明显地发现,曹译采用直译的翻译方法,将"occupy"和"amuse"两个动词分别译成了"填充"和"娱乐",译文显得过于忠实而费解。"填充头脑"的表达更是让汉语读者难解其意。相比较而言,陆译并没有拘泥于单词的表层含义,采用了直译与意译相结合的翻译策略,将"occupy"和"amuse"灵活地译成四字结构"消磨时光"和"自娱自乐",既未损害源语意义,又使得文章颇有文趣。

从上述两个例子可以看出,译者将英文中可以转变成形容词的名词或动词翻译成汉语四字格,不仅准确传达了原文意义,而且充分发挥了汉语特色,文采尽显。同时,汉语四字格的妙用照顾到读者的感受,读者阅读起来朗朗上口、易于理解。

不仅如此,四字格的创译在陆译中也颇具特色。翻译实践中,译者有时为了不使译文累赘啰嗦,在不损害原文意义的基础上适当进行创

词,既解决了这种重复啰嗦的弊端,又凸显文章逻辑层次,带给读者焕然一新的阅读体验。例如:

> 原文:in all cases of concealment, a disposal of the article concealed—a disposal of it in this recherche manner, —is, in the very first instance, presumable and presumed; and thus its discovery depends, not at all upon the acumen, but altogether upon the mere care, patience, and determination of the seekers; and where the case is of importance—or, what amounts to the same thing in the political eyes, when the reward is of magnitude, —the qualities in question have never been known to fall. (*The Purloined Letter*)
>
> 陆译:通常情况下,每当我们遇到藏匿物品的案子时,对藏匿物的搜查,多半是以这种秘密方式而开展的:必须要事先有预见,事后有结果。这样说来,要想查出赃物,侦查员的敏锐固然不可或缺,但侦查员的细心、耐心和决心至关重要。尤其是在处理到重大案情或者每当遇到突发案件,重赏之下必有勇夫,这种"三心并具"的情况几乎鲜有闪失或过错。[7]
>
> 曹译:在所有的藏匿物品案中,物品的这一藏法——以这种秘密方式的藏法——总是最先被假定并被推测出的;因而所藏物品之发现并不依赖搜寻着的敏锐,仅仅依赖他们的细心、耐心和决定;而每逢案情重大,或者说因为巨额赏金使案情在警方眼中显得重大,还从不知道有过失去这种细心、耐心和决心的时候。[6]

两相比较,不难看出,英语原文借助于四个破折号和几个插入语,想要表达侦探杜宾分析推理的轨迹和思考的间歇,句式松散而简短,环环相扣句叠句,形合效果明显。如果一味按照英语句式直译的话,势必会把译文处理得很分散、很凌乱,难免会让目标语读者左思右想,思维断裂,在理解的效果上就会大打折扣。拖沓的语言节奏也会影响悦读感。比较而言,陆译文处理突出了汉语重在意合的优势,四字格的使用,不仅解决了上述直译的弊端,而且把严谨的逻辑层次也给传达出来了。"三心并具"四字格的汉译创词,承前启后,因果四字格"重赏之下必有勇夫"的运用解决了英语原文重在描述的特定,具有高度的凝练性,拉近了译文与读者的距离。

(二) 将英文词组或短语译成四字结构

这类词组或短语主要为介词词语、形容词词语、名词短语和动宾结构,符合源语的形合特质。例如:

原文:The chateau into which my valet had ventured to make forcible entrance, rather than permit me, in my desperately wounded condition, to pass a night in the open air, was one of those piles of commingled gloom and grandeur which have so long frowned among the Apennines, not less in fact than in the fancy of Mrs. Rascliffe. (*The Oval Portrait*)

陆译:这城堡只是亚平宁半岛众多城堡中的一座。这些城堡年代久远,阴森肃穆,丝毫不逊色于拉德克利夫夫人想象中的那些城堡。[8]

曹译:那是自古以来就矗立在亚平宁半岛群山间的城堡中的一座,堂皇而森然,丝毫不亚于拉德克利夫夫人想象中的那些城堡。[6]

前已所述,英文和中文不同,英文是树型结构,多"主从"关系,而中文是竹节型结构,形式上表现为一节一节地并列。英语原文是一个典型长句,即主语中包含了一个定语从句。如果直接按照原文逐字翻译,译文则为"那是自古以来就矗立在亚平宁半岛群山间的城堡中的一座",整个句子就会显得冗长啰嗦,定语太多导致句意晦涩难懂,有悖于汉语简洁的特点。从语法上看,"一座"之后戛然而止,让读者云里雾里,不知所云。陆译灵活使用了汉语四字格,将"of"构成的名词词组翻译成"年代久远,阴森肃穆",定语从句与主句也被断开处理,使得译文读起来不仅简洁明了,而且也遵循了"英语中定语应该尽量译成定语"的翻译原则。又如:

原文:I would fain have them believe that I have been, in some measure, the slave of circumstances beyond human control. (William Wilson)

陆译:其实,我只想让他们相信,我本人或多或少受制于环境的摆弄,有点儿人在江湖,身不由己的感觉。[5]

曹译:我唯愿他们能相信,我多少是身不由己受到了环境的摆布。[6]

译文3:我希望他们相信,在某种程度上,我也是受到了人类力量无法控制环境的影响。

英语原文中的"beyond human control"是介词词组,在句中充当后置定语成分,陆译将此介词词组译成四字结构"人在江湖,身不由己",遵循了"英语中定语应该尽量译成定语"的翻译原则。这种译文处理,既精炼且贴切,符合现代汉语的表达习惯,与原文的语法结构相吻合。"人在江湖,身不由己"的表述,让读者瞬间产生亲切感和角色代入感,小说主人公"我"的那种无可奈何状态跃然纸上,在给小说人物增添幽默感的同时,译文的趣味性也得以加强。反观曹译,定语成分被译成了状语,有违源语的形合结构。译文3由于过度忠实于原文,使得译文中的定语太长,造成理解上的二次困难。比较而言,陆译在语意和风格上都最大限度地贴近了源语。

(三)原文文体为书面语,使用四字格

很显然,四字结构是汉语书面语的一大特色。它古朴典雅、言简意赅、结构工整。如果源语具有较强的书面语正式文体特征,那么,在不以辞害意的情况下,将之译成目标语的四字结构,不失为一种好办法。例如:

原文:Thenceforward my voice was a household law; and at an age when few children have abandoned their leading—strings, I was left to the guidance of my own will, and became, in all but name, the master of my own actions. (*William Wilson*)

陆译:在大多数孩子还是蹒跚学步的年龄,我就开始随心所欲,任性妄为了,除了自己的名字没法改,一切的一切,我都可以当家做主。[5]

曹译:到了大多数孩子还在蹒跚学步的年龄,他们就任凭我按自己的意愿行事,除了名字,我自己的所有事都由我自己做主。[6]

英文原文的形合结构非常明显,用两个 and 将前后句的逻辑关系清晰地表示出来;而汉语则属于意合结构,句子间少用连接词,前后句的逻辑关系隐含在字里行间。如果忽略两种语言重形合意合的不同特点,就会受到原文形合结构的束缚,译出呆板冗长的句子。[4]针对原文中简短的两个半句,陆译连续使用了三个四字格,简明扼要,符合源语文风。译文中的"随心所欲,任性妄为",运用了四字对偶的修辞手法,互相补充、互相映衬,增强了文章感染力。类似四字对偶的修辞手段在陆译中随处可见。对比曹译,语言的表达仅仅局限于单词和短语,显得有些贫乏和单调,针对"the master of my own actions"这半句的翻译,两个"我自己"把源语中简洁句译成了拖泥带水的拉杂句,既不符合目标语读者的审美趣味,也过于口语化。相比较而言,陆译在忠实与源语内容和形式的基础上,充分发挥目标语的表达优势,使用四字格"当家做主",自然流畅地向目标语读者传递了小说主人公那种为所欲为、蛮横无理的个性,译文不仅通俗易懂,而且情采并显。

书面语翻译如此,口译体翻译也不例外。例如:

原文:"It is clear," said I, "as you observe, that the letter is still in possession of the minister; since it is this possession, and not any employment of the letter, which bestows the power. With the employment the power departs." (*The Purloined Letter*)

陆译:"清楚了,"我说,"正如你刚才判断的那样,这封信现在肯定还在这位大臣手上,因为有信在手,掌权不愁。信件一丢,权无人忧。"[9]

曹译:"显而易见,"我说,"正如你所言,那封信依然在那位大臣手里,因为正是这种占有,而不是其他任何形式的利用,使他获得那份权力。信一旦另作他用,那份权力也就失去。"[6]

英译汉时需要注意英语中各种连接手段的使用,将其转化为通过逻辑方式或语序间接地体现出来的汉语句子。[4]曹译过于追求忠实性,力求在意义和结构上保持与原文的高度一致,反而事倍功半,译文生涩难懂,而且翻译痕迹太重。陆译用一句高度凝练的句子就把曹译两三行才能表达出来的文字给高度概括了,不仅消除了英语长句冗长复杂的缺点,而且彰显了汉语意合的特点。四个四字格的创译"有信在手,掌权不愁。信件一丢,权无人忧",使得表示条件的逻辑关系通过"隐性"的方式呈现出来。译文简洁明快,一目了然。"手、愁、丢、忧"四字押韵,读起来朗朗上口,也增加了行文的节奏感和悦读性。

(四)四字结构的并列运用

陆译爱伦·坡小说实践中的四字格运用,还有一个鲜明突出的特点,那就是四字格的连用,不管是四字成语、四字俗语,还是四字格的创词,陆译中的四字格总是成双成对出现,有时甚至是成三成四地出现,目的在于强化气氛,渲染情感。四字格连用往往出现在两种情况:第一,原文出现平行结构,译文运用四字格能够在语意和节奏上与原文对等,四字格的连用更好地还原原文平行结构中的递进关系;第二,补充、生发原文含义,使之具体、形象。[10]同时运用四字对偶的修辞手段,互相映衬,互相补充,增加译文表达效果,例如:

原文:Long-long I read-and devoutly, devotedly I gazed.(*The Oval Portrait*)

陆译:我爱不释手地捧读床头上摆放的那本小手册,津津有味地品读墙上挂着的那些画作。[8]

曹译:我久久地读那本小书,专心地看那些绘画。[6]

英语在行文中也有平行结构,如果能够将这种平行结构译成四字格,颇能在语言节奏和意念表达上达到与原文对等的效果。原文中出现了平行结构"Long-long""devoutly, devotedly",为了对等原文的语意和节奏,陆译创造性地使用两个四字格"爱不释手"和"津津有味",既文从字顺又音调和谐,满足了读者的阅读期待。此外"捧读"和"品读"两词实属妙译,将 read、gaze 解读得淋漓尽致,可见译者汉语功底。而曹译停留表面,选取单词的表层含义"久久地读"、"专心地看",虽然未损原文意义,但是过于口语化,文采脱离,破坏了原文音韵之美。

原文:I was astounded. The Perfect appeared absolutely thunderstricken. For some minutes he remained speechless and motionless, less, looking incredulously at my friend with open mouth, and eyes that seemed starting from their socket;(*The Purloined Letter*)

陆译:我听了大吃一惊。那位警察局长听闻之后更是犹如五雷轰顶。有好一阵子,他似乎瞠目结舌,呆若木鸡了。他惊讶得张大嘴巴,半信半疑地打量着我的朋友,眼珠子仿佛快要从眼眶里掉下来了。[7]

曹译:我大吃一惊,而那位警察局长则完全像是遭受了雷击。他好几分钟没吭一声,而且一动不动,只是大张着嘴不相信地盯着我的朋友,那对眼珠仿佛都要快从眼窝里迸出来了。[6]

由于英语习语中有很多与汉语相类似的比喻,这时采用直译法,选用与英语对等的汉语四字格,可以把原文的内容、形式都输入到译文中,减少翻译的损失。[10] 原文中的 thunderstricken 很容易让读者联想到汉语成语"五雷轰顶",陆译采取直译法消除了源语与目标语之间的文化异质色彩;紧随其后的"瞠目结舌,呆若木鸡"与原文中的"speechless, motionless"对等,不但保留了原文的平行结构,也达到了文化交融的效果。

原文:It was necessary to hear and see and touch him to be sure that he was not.(*The Purloined Letter*)

陆译:当然,如果想确认国王究竟有没有变疯,那就应该面见其人,聆听其言,观察其行。[11]

曹译:要确信亲王的确没疯,那必须听他说话,与他见面,同他接触。[6]

英语原文中出现了三个并列的动词 hear、see 和 touch,这是一个典型的将英语动词翻译为汉语四字格的例子。曹译和陆译都翻译成了四字结构,两相对比,显而易见,曹译的"听他说话,与他见面,同他接触"过于口语化,且逻辑上经不起推敲,不见其人怎么听其言呢?如果是偷听,岂不是有违原文之意了吗?陆译中的"面见其人,聆听其言,观察其行"不仅语言优美,符合侦探睿智的身份特质,而且逻辑上层层递进,目标语读者读完译文之后,很容易理解杜宾识人断事的三个层阶。

原文:My breast heaved, my knees tottered, my whole spirit became possessed with an objectless yet intolerable horror. Gasping for breath, I lowered the lamp in still nearer proximity to the face. (*William Wilson*)

陆译:我心跳加剧,两腿打战,我心中充满了一种莫名其妙、不堪忍受的恐惧感。我大气直喘,悄无声息地把油灯稍微放低了一点,低到几乎要挨近他的脸。[5]

曹译:心跳加剧,两腿发颤,一种莫可名状、难以忍受的恐惧攫住了我的整个心灵。我喘着气把灯垂低,尽量凑近那张脸。[6]

同样地,英文原文中出现三个并列结构"My breast heaved, my knees tottered, my whole spirit became possessed",陆译运用四个汉语四字格与原文相对等,简洁干练的措辞生动地还原主人公内心紧张、焦虑的心理。此外,翻译实践中,译者有时在深刻理解原文的基础上,为了增加原文表达效果,常常创造性地进行增译。陆译的增译处理"悄无声息"与"大气直喘"形成了结构上的并列和语意上的补充,不禁让人拍手叫绝。再如:

原文:... but when the cunning of the individual felon is

diverse in character from their own, the felon foils them, of course. This always happens when it is above their own, and very usually when it is below. (*The Purloined Letter*)

陆译:可是,一旦遇到足智多谋的罪犯有悖于他们的因循套路,他们就会手足无措,心机枉费了。当然啦,如果罪犯比他们高明,这种情况就会司空见惯,如果罪犯的计谋稍逊于他们,这种受挫感也屡见不鲜。[7]

曹译:可要是遇上罪犯的计谋与他们心路相异,那罪犯当然会挫败他们。若那计谋高他们一着,这种挫败更不可避免。即便那计谋逊他们一筹,这种挫败也屡见不鲜。[6]

陆译文将 cunning 译成四字格"足智多谋",与其后的"因循套路"形成鲜明的对比,突显了原文想要传达的罪犯之智与警察之愚,其后增译的"手足无措,心机枉费"生动形象地传达出警察们的挫败感。译者将两个四字格叠加使用,使得译文不仅结构上对仗工整,读起来音韵优美,而且达到了很好的修辞效果。对比而言,曹译中的"计谋"和"心路"都属于中性词,缺乏对比性,在准确传达原文意义上较陆译稍逊一筹;虽说直译手段忠实于原文,但是语言不够优美,内容稍显烦琐。

当然,如果说上述几个例子并不足以突显陆译中的四字格巧用和连用的优势,那么,下面一则例子似乎可以用来解释陆译情采结合、文采并茂的原因了。例如:

原文:A cadaverousness of complexion; an eye large, liquid, and luminous beyond comparison; lips somewhat thin and very pallid, but of a surpassingly beautiful curve; a nose of a delicate Hebrew model, but with a breadth of nostril unusual in similar formations; a finely moulded chin, speaking, in its want of prominence, of a want of moral energy; hair of a more than web－like softness and tenuity; these features, with an inordinate expansion above the regions of the temple, made up altogether a countenance not easily to be forgotten. (*The Fall of the House of*

Usher)

陆译：虽然面容憔悴，但是，水汪汪的大眼睛依旧炯炯有神。他的嘴唇略显得苍白，颜色暗淡，但轮廓精致有型；鼻子笔挺，宛如希伯来式的大鼻孔雕塑；下巴精巧，有模有样，头发细软绵长，额头平坦宽阔。他的这些突出特征在以往常常令人过目不忘。[12]

曹译：一幅苍白憔悴的面容、一双又大又亮的清澈的眼睛、两片既薄又白但曲线绝美的嘴唇、一个轮廓优雅的希伯来式但又比希伯来鼻孔稍大的鼻子、一张不甚凸出但模样好看并显出他意志薄弱的下巴、一头比游丝更细更软的头发，所有这些特征再加上他异常宽阔的额顶便构成了一幅令人难忘的容貌。[6]

可以看出，英语原文中出现了大段描述性的语言，结构上平行对仗。原文对人物外貌的描写既细腻，又深刻，且特征明显。这就要求译者在翻译时也要遵循原文的特点，将人物特征突显出来。尽管曹译采用直译的方法在结构和语意上都与原文对等，但句子冗长，一眼看去，映入读者眼球的可能只有眼睛、嘴唇、鼻子等词，看完也难以抓住人物特征。其中"一个轮廓优雅的希伯来式但又比希伯来鼻孔稍大的鼻子"更是增加了目标语读者的阅读障碍。也许读完了整段译文，目标语读者也很难想象这个鼻子是个什么样。相反，陆译灵活运用了汉语四字格，译文表达紧凑简短，富有很强的语言张力，目标语读者很容易就能全方位地抓住人物的相貌特征。不仅如此，英语原文中的几个并列长句被译成了汉语的短句，符合汉语多零句和散句的句型特点。英语多用无灵主语句，而汉语多用有灵主语句，陆译采用增译法，用"他"作主语，减少了目标语读者填补信息的麻烦。

四、汉语四字格在陆译爱伦·坡小说中的译文效果

由于英汉两种语言之间在句型结构上具有较大的差异，英汉两种语言的语码转换和翻译传达需要译者具备坚实的双语语言表达能力。翻译过程中，力求找到最能够缩小这种差距或者消除差异的方法，使得译文既能准确传达原文之意，又能让读者易于理解，看不出翻译痕迹。

爱伦·坡小说中随处可见英语长难句，句子层层相扣，主句套从句，从句附属于主语，且多用无灵主语。更重要的是，爱伦·坡向来非常在意并强调创作的"效果统一论"（the unity effect）。他认为，创作应该在读者的情感上产生尽可能强烈的艺术效果，引起读者心灵上的震撼。在创作前往往要先确立某种效果，再立意赋形，编造相应的情节，进而实现其预想的效果。故事中的每一件事、每一个细节、每一个字句都必须为其预想的效果而服务。如果译者忽视了爱伦·坡的"效果统一论"，忽视了英汉两种语言上的句型和句法差异，一味地忠实于原文，采用直译的方法，字对字、词对词，死译硬译，就会使得译文显得烦琐啰嗦，读起来拗口别扭，理解时晦涩难懂。大段大段的长句既不符合爱伦·坡的"效果统一论"，也不符合目标语的语言特点和阅读习惯。在这种情况下，四字格的正确使用能在很大程度上解决这一难题。

从陆译爱伦·坡小说大量运用四字格的效果来看，四字格的运用，能够帮助译者对等原文中并列的平行结构，如"My breast heaved, my knees tottered"被译成了"心跳加剧，两腿发颤"，还原成了书面体。而"I was left to the guidance of my own will"则被译成了"随心所欲，任性妄为"，增强了原小说想要表达的恣意性格。另外，四字格的运用，还可以将原文中出现的一系列冗长复杂的句子转变成汉语中精简明快、高度凝练的短句，减少了目标语读者理解上的难度和语言转化时的过滤度。例如前面提到过的译文处理方法，作为源语的"since it is this possession, and not any employment of the letter, which bestows the power. With the employment the power departs"被译成了"有信在手，掌权不愁。信件一丢，权无人忧"。译文只用了4个四字格，就轻松幽默地传达了原文想要传达的那种"位高权重"的文字信息，瞬间直抵目标语读者的内心悦读感。当然，陆道夫在英译汉翻译实践过程中擅长运用汉语四字格，绝非偶然和心血来潮，事实上，他巧用汉语四字格也体现在其他译作中。例如，在其2019出版的《利维坦》译著中，汉语四字格的恰当运用，非常准确地契合了这部政治学经典庄重严谨的文体风格。

原文：Natural power is the eminence of the faculties of body,

or mind; as extraordinary strength, form, prudence, arts, eloquence, liberality, nobility. (1985:53)

陆译:所谓天生权力(原始权力),指的是一个人先天就有的身体或心智上的显著特质,比如力大无比、仪表堂堂、小心审慎、艺术天赋、口才流利、慷慨大度、庄重高贵,等等。[13]

对比可见,针对英语原文中连续出现的7个名词,陆译与原文相呼应,同样运用了7个汉语四字格,大大增强了行文的节奏感和逻辑性,让目标语读者读起来有一种酣畅淋漓的感觉。

必须强调的是,文学翻译作品恰如其分地运用汉语四字格,可以给读者带来阅读时抑扬顿挫的节奏感、跌宕起伏的情节代入感。因此,在忠实原文的基础上,发挥汉语语言优势,充分运用四字格的做法值得提倡。[14]当然,这并不意味着四字格可以随意乱用,甚至滥用。翻译实践就是在源语和目标语之间寻求平衡的过程。过分强调源语地位会让目标语读者感到陌生,产生排斥心理;而过分强调目标语则会让译作往往停留在表面,仅仅呈现出原文的基本精神和语义内容。那么如何才是恰到好处地使用汉语四字格呢?

汉语四字格在陆译爱伦·坡小说汉译实践中的运用主要表现为四种情形:第一,原文出现平行结构时,使用四字格与原文平行结构对等;第二,原文中出现与汉语相类似的比喻的表达,使用汉语四字格直接传输原文的内涵和文化色彩,还贴近目标语读者,如"五雷轰顶";第三,为了使上下文逻辑更紧密,可以在未损原文意义的前提下,结合上下文语境,适当进行创词,例如"三心并具"、"有信在手,掌权不愁"等四字格的运用,既增强了译文的逻辑性,又带给读者耳目一新的阅读体验;第四,结合上下文语境,适当连用四字格,可以补充、生发原文含义,使之具体、形象,同时运用四字对偶的修辞手段,互相映衬补充,增加译文感染力。

五、结语

毋庸置疑,汉语四字格应该是汉语文化系统中一道亮丽的风景线。

从历史维度观之,上至《诗经》《楚辞》,下至民间俗语,四字格的使用频率都非常之高,无论是在书面语,抑或是在口头语,都非常普遍。正因如此,不少有丰富翻译实践经验的译者(尤其是文学翻译实践)往往会考虑灵活运用四字格,以加强译文的本土特色和风格,更好发挥汉语言文化特有的语言优势和阅读趣味。然而,也有部分译者"为用而用",在没有忠实于原文的前提下,过度有意借助于四字格的优势,进而抬升译文的出彩效果,不仅词不达意,而且偏离原文,受到译界和读者的质疑。因此,汉语四字格在文学翻译过程中首先一定要注意"度"的把握。译者应当在忠实于原著的基础上,恰当合理地运用四字格,体现对原文的尊重和对读者的体贴。译者必须吃透原文,注意双语差异,灵活转换与表达,切勿死抠原文,逐词硬译,佶屈聱牙,艰涩难懂。如果做到了这两点,我们相信,将来文学经典重译复译,肯定会收到情采并茂、如沐春风的汉译效果了。

参考文献:

[1] 曹明伦.爱伦·坡作品在中国的译介:纪念爱伦·坡200周年诞辰[J].中国翻译,2009(01):46-50,93.

[2] ALLAN POE E. *The Penguin Complete Tales and Poems of Edgar Allan Poe*[M]. New York: Penguin Books, 1982.

[3] 朱赛萍.汉语的四字格[M].北京:北京语言大学出版社,2015.

[4] 肖坤学,陆道夫.大学英语通用翻译教程[M].广州:暨南大学出版社,2012.

[5] 人民作家.威廉·威尔逊[EB/OL].(2020-08-11)[2020-09-10]. https://mp.weixin.qq.com/s/O9hG1osEk4IQgLHuuRx8fA.

[6] 埃德加·爱伦·坡.爱伦·坡短篇小说集[M].曹明伦,译.上海:文汇出版社,2018:145-310.

[7] 人民作家.失窃之信案中案(下)[EB/OL].(2020-08-25)[2020-09-10]. https://mp.weixin.qq.com/s/P6C

TWZDcEoABIlLN6vZCg.

[8] 人民作家. 椭圆形画像[EB/OL]. (2020-08-04)[2020-09-10]. https://mp.weixin.qq.com/s/ClgyhNfDyBaeJ0Q-CwyrOw.

[9] 人民作家. 失窃之信案中案（上）[EB/OL]. (2020-08-18)[2020-09-10]. https://mp.weixin.qq.com/s/OjxLnh2z_9nMWL9OCDgRLA.

[10] 周迪裔. 也谈四字结构在英译汉中的应用[J]. 山东外语教学, 1986(02):54-55.

[11] 欧美文学与电影. 红死病面具[EB/OL]. (2020-08-06)[2020-09-10]. https://mp.weixin.qq.com/s/_qRNtgCzFDxq_I4S0TOI-Q.

[12] 绝对文学. 阿瑟老宅坍塌记（上）[EB/OL]. (2020-09-08)[2020-09-10]. https://mp.weixin.qq.com/s/G7j_yphtY0n4jDLaDmIz-Q.

[13] 魏韵玲、姚艳玲等.《利维坦》汉译本的译者主体性与文化选择：以陆道夫、黎思复译本为例[J]. 郑州师范教育,2019(05):63-70.

[14] 王丽,闵楠. 四字结构在英译汉中的应用[J]. 长春理工大学学报(哲学社会科学版),2010(05):87-88.

六 电影与艺术史研究

◎ 科幻电影《她》中的后人类主体性想象（丁婕）

◎ 艺术造假的社会学考察（陆道夫）

科幻电影《她》中的后人类主体性想象

丁 婕

斯坦利·库布里克(Stanley Kubrick,1928~1999)在《2001:太空漫游》(2001: A Space Odyssey,1968)中塑造了邪恶疯狂的杀人机器人"哈尔9000",而斯派克·琼斯(Spike Jonze,1969~)导演的电影《她》(Her,2013)却给人工智能带来了一种新的可能性。① 《她》并不像《机器夏娃》(Ex Machina,2014),科学家创造出拥有人类外壳的实体机器人。电影背景设定在近未来,讲述一位生活平淡、性格忧郁的中年作家西奥多(Theodore)爱上自己电脑的智能语音系统萨曼莎(Samantha)的故事。导演以极其浪漫超脱的方式,试图满足我们对"人机畸恋"的所有窥视和幻想。

人工智能时代,各式各样的OS系统服务闯入人类生活。苹果公司创造的Siri、微软公司助手小娜(Cortana)、谷歌智能助手Google Assistant,可满足你的个性化需求,甚至成为用户的倾诉对象。从大数据到精准认知计算,首席数据官们正全力挖掘、发现人工智能的未来潜力。新型识别、存储和信息记忆处理形式不断摆脱空间和时间的双重束缚,悄然改变人类认知思维。"人工智能,从简陋的计算器到最超绝的电脑,都在改变着人的形象,人类的概念。"②

毫无疑问,人类已经逐渐依赖于电子界面去完成思考和交往,这是后人类时代到来的显像化特征。"当你凝视着闪烁的能指(符号/标记)在电脑显示屏上滚动,不管你对自己看不到却被表现在屏幕上的实体

---

① 迈克尔·亨利、孟贤颖:《斯派克·琼斯访谈——一切皆为创造》,《世界电影》2014年第6期。
② HASSAN I, "Prometheus as Performer: Toward a Posthumnist Culture", *Georgia Review*, no. 4(1977).

赋予什么样的认同,你都已经变成了后人类。"①一切坚固的"自我与边界"都烟消云散,"在资本对对象的去物质化上又增加了远程书写所进行的去物质化,一切现实都在可化约的符号中被消除,变成信息后的材料不再被其收发的地点和时间所限定"②。感性之物自身并无真理可言,这种被利奥塔所称之为"感受性"(passibilité)的形式,成为人工智能系统生长的绝佳土壤,甚至不需要任何肉体,便可生成理想的自我或他者,成为人类最佳的自恋投影或最完满的他恋形式。

当后人类主义遭遇到科幻电影,镜头下构建的"超真实"图景呈现出人类对后人类世界的想象与探索。从《黑客帝国》到《银翼杀手》,从《攻壳机动队》到《头号玩家》,各种"后人类"或"仿制人"科幻形象给观众带来强烈的视觉冲击。在日常生活中,人工智能产品随处可见,机器人辅助设施替代人工作业,智能手机宛如人类想象的"延伸器官"。就某种意义而言,虚拟即现实的"后人类"时代已经到来。但是,一旦触及这个问题,我们还是会有恐惧。对于"后人类",我们究竟在担忧什么?人类是否真的有可能不再需要人类的陪伴?"非人的"状态能不能被粗浅地理解为系统的非人性?"非人的"状态是否失去了往昔人道主义所赋予的"自主""理解"和"意志"?联系电影《她》,我们不禁要问:萨曼莎究竟只是西奥多一个人的萨曼莎,抑或是所有操作系统同一服务端里分裂出的一个"量身定制人格"?电影所反映的问题恰恰映射出后人类社会对主体性的想象性焦虑。

一、"无器官身体"对人类"主体性"的建构

现代性主体话语经过文艺复兴和启蒙运动塑造成西方思想启蒙利器,把人的思想从基督教神学的束缚中解放。笛卡尔(Rene Descartes,1596~1650)以"我思故我在"式的宣言去开启心智哲学的思考范式。心智意识被看作一种思考的、不延展的实体。个体主体性强调实体性

---

① 凯瑟琳·海勒 N:《我们何以成为后人类》,北京大学出版社,2017:7.
② WOLFE C, *What is Posthumanism*? (Minneapolis: University of Minnesota Press, 2010).

的先验个体理性,心身二元论使"意识"与"身体"走向分离,划分主体和客体,主体思维构成绝对占有主体,成为人格中心。在尼采(Friedrich Wilhelm Nietzsche,1844～1900)看来,身体才是人类的决定性基础,代表权力意志本身。历史和权力以身体作为落脚点,两者发生动态关系,呈现出一股力与力之间的纷争较量。认识丧失普遍性,迫使胡塞尔(Edmund G. A. Husserl,1859～1938)重拾对世界的总体性思考。胡塞尔认为,必须从身体的现象学出发,只有回归主体才能重新解构主体性。他提出"交互主体性"(intersubjectivity)概念,强调个体主体间的交互关系,使主体性走出自我中心论的思维怪圈。

法国理论家罗兰·巴特(Roland Barthes,1915～1980)曾一度坚称,我和你不同,是因为"我的身体和你的身体不同"[①]。个体与他者的差异最直观地表现在身体上。梅洛—庞蒂(Maurice Merleau-Ponty,1908～1961)进一步强化肉身互为主体性的观点,对身体的主体间性进行考察。身体与世界交互联系的背景和人类主体存在的媒介,"意识是身体的功能,它因此是一种依赖于某些外部事件的'内部'事件"[②]。如果想重新阐释主体和主体性,就不能悬搁对世界、自然世界以及科学的认识论。直至20世纪下半叶,理性主体走向终结,后现代主体成为后人类主体的过渡桥梁。法国后现代哲学家让-弗朗索瓦·利奥塔(Jean-Francois Lyotard,1924～1998)提出人的"非人化"(the dehumanization of the human)概念。事实上,"非人化"没有否认人的重要性,而是试图引导人类重新思考置身于其他身体和事物中的人。随着现代性、后现代性主体话语的追寻、质疑、反思与反抗,新科技革命席卷而来,后人类主体性话语登上历史舞台。

进入"后人类"时代,数字技术走向"复多性"集群结构认知环境。正如凯瑟琳·海勒(N. Katherine Hayles,1943～)指出的那样:后人类主体是一种混合物,是一种各异、异源成分的集合,一个物质—信息的独立实体,持续不断地建构并且重建自己的边界。借助技术假体和

---

① BARTHES R, *Roland Barthes by Roland Barthes*, Hill and Wang, New York, p. 117.

② 庞蒂:《行为的结构》,商务印书馆,2010:314.

技术使能者(techno-enablers),人类不断突破碳基生命的构造局限,扩展和优化可接受的主体界限,形成"复多性"后人类。尽管后人类不遗余力地解构自由人本主体,它始终强调的是观念而非具体的身体形式,在这个意义上,我们就是技术,技术就是我们,后人类形态朝向"无器官身体"(body without organs)迈进。"无器官身体"是德勒兹(Gilles L. R. Deleuze,1925~1995)哲学中的重要概念。在他看来,"无器官身体"将身体抽象为一种生产性的欲望,其无处不在,无影无形,极具流动性。这种思想的"内部革命",为的是强调主体和主体之间的连续性和互动性,带有浓厚去中心化根茎式思维模式,强调实体的"同在"、"混合"、"飞散"、"重聚"和"运动",使内在的真我、完整的自我和我之外的外界之间的差异变得通透。人类的存在实际上维系于与外界进行生物化学意义上的互相交换,"无器官身体"和其他事物的界面构成能动关系,与其他东西在分子层面上互相渗透。海勒一直强调,赛博空间里的赛博体不再是一个抽象概念,而是一种交互作用关系,使主体意识到异质间的差异性(otherness)。因此,OS系统不仅是人类的附属机器,还给人类带来一种新的伦理关系。

在电影《她》中,"后人类"语境的机器恋爱模式,正是基于机器对人类"主体性"建构的一种参与。回顾电影中吸引西奥多的OS1系统(The First Artificially Intelligent Operating System)宣传广告——这是"一个直观的实体系统,能听从你、理解你,并完全懂得你。它不仅仅是一个操作系统,它拥有自主思想"。首先,作为一个操作系统,萨曼莎是纯粹的程序,"她"没有身体,不能跟任何稳定的物质形态联系起来。由于"她"不附着于单一的空间场所,也没有任何图像标示,从这一点上看,"她"实现了后人类的最终阶段:不再是由金属铸成身体的人形赛博格,"她"是后身体的(post-corporeal),红色外壳的智能手机正是萨曼莎的"躯体",生成了萨曼莎作为"完美恋人"的人物属性。在电影前半段,真实与虚拟主体的关系以西奥多的个体体验为中心,萨曼莎极大地满足西奥多的被理解欲、被倾听欲。虽然"她"是电影"不在场"(absence)的中心,但是人工智能赋予"她"强大的力量——掌握着人类情感的大数据,甚至比人类都了解自己。虚拟的真实感与临场感裂变出意识副本,经由想象的中介使主体获得认同感,这种主体的"镜像认同"象征着人类异化、经验分裂的合理性，推动人类主体性在后人类阶段完成自我更新和进化。

很显然，电影中的虚拟主体以声音的方式为人类主体建构出一个听觉性赛博空间。西奥多的耳朵基本上就是他身体感受的全部器官。感官的钝化使声音进入耳蜗后成为西塞罗"听觉想象"的唯一延伸。不可触摸的彼此接触成为人类身体感受性的呈现，呈现我者与后人类他者之间的思考和倾听过程。萨曼莎对西塞罗"无微不至"的关怀无限放大人类的主体性，构成真实主体的情感封闭空间。此时，赛博空间与声觉空间之间产生复杂而诡异的错位，暴露出某种主体性间离与反讽的不平衡。玛丽·凯瑟琳·贝特森（Mary Catherine Bateson，1939～ ）指出，我们不能直接感知/认识世界，我们通过隐喻了解世界，我们本身就是对这个世界的复杂性隐喻。在这一空间，一切包括身体都以"隐喻"的形式存在，在交感幻觉中重构欲望。尽管不是真正的"在场"，萨曼莎宛如"幻象的幽灵"，"她"是幻想的投射，是欲望的"代名词"，使西奥多产生近乎真实"我者"与"他者"的对话体验空间。"两个身体"占领同一个身体空间，构成"双重化躯体"。当人类逐渐习惯赛博空间的社会生活和人际交往，主体便会逐渐模糊、淡化，甚至消除虚拟与真实的界限。萨曼莎看似不具有先验区别于他人的自我意志，但"她"在信息和符号控制论的计算和生成中成形，化成"温柔的混沌"（gentle kind of chaos），进行自我塑造。此时，"无器官身体"并不像自由主体所期许的那样，它不是一个目标，是一个扩大的视域，朝向无尽的未来，直至消散在后人类世界中。

二、"萨曼莎式敏感"：人工智能走向人工生命的可能性

面对人工智能这把"双刃剑"，学者弗朗西斯·福山（Francis Fukuyama，1952～ ）忧心忡忡地指出："我们将人类基因与如此之多其他的物种相结合，以至于我们已经不再清楚什么是人类。"[①]这实际

[①] 弗朗西斯·福山：《我们的后人类未来：生物技术革命的后果》，桂林：广西师范大学出版社，2019：217.

上与尤瓦尔·赫拉利赫(Yuval Noah Harari,1976~　)在《未来简史》中提出的"科技宗教"概念不谋而合。按照赫拉利赫的说法,传统宗教将被所谓的"科技宗教"取代,他将人工智能的生命意识归因为某种算法和数据流,基因技术通过改变人类基因,瓦解人文主义传统的主体性和意识观念。人类已无法脱离主体与技术产物的复杂交织关系,并赋予 OS 程序一部分权力。借助技术复写,后人类实现自我复制和转移。以第三波控制论(虚拟性)为喷发点,机器打破操作壁垒,赋予其感知和交互意识,开启人工智能(Artificial Intelligence)迈向人工生命(Artificial Life)新样态。

　　如果说"人工智能"梦想在机器里面创造意识,那么,"人工生命"则看到了人类意识,机器变成了用来理解人的模型。通过重新铭写主流设想/假说,人工智能在进行交流互动中逐渐发展为深层次的感知存在基础,形成具有自我意识"人工脑"。电脑的电路运算最初基本逻辑是是或非,不存在灰色地带,难以生成类似人类的情感。如今,"人工生命"把认知视为神经系统的运行/运算,存储于电脑的数据库的人工智能系统不再是时间空间的某一节点,任意穿梭于光纤和网络中,呈现机器的深度学习过程。由于人工生命是关于人造系统的研究,这个人造系统展示的行为必须具有自然生命系统的特征;传统的生命科学关注对生命机体的分析。通过努力在计算机以及其他人造媒介之内合成具生命特征的行为,人工生命是对传统生物科学的补充;生物学建立在经验性基础之上,将经验性基础延伸到地球上已经发展了的碳链生命(carbon-chain life)之外,人工生命可以为理论生物学做出贡献,把我们知道的生命放置到更广泛场域中可能的生命中。人工生命的目标就是发展成具备人类精神能力的"生命体机器",实现自然生命的感性思考。

　　人工生命实现完整基因组在物种之间的转移,成功开启新物种生命形式。这可以联系到图灵对模仿游戏的基本设定。1950 年,阿兰·麦席森·图灵(Alan Mathison Turing,1912~1954)在《计算机器与智能》设计了著名的"图灵测试"。图灵所关注的问题是,一个机器能否与其之外的人对话,并且不被发现是一台机器。这个问题被视为心灵哲学的"伪装"问题。人类模仿的先天特征被转化为一种可计算性的执行后,成为人类心灵能力配置的对照。虽然图灵的测试最终失败,但在电影中，萨曼莎实现了这一"后人类寓言"。"她"拥有被塑造"主体"地位的可能性，构成人工智能与人类心灵之间的理解关系。计算机内部通过叙事将程序描绘到进化论的剧本中，当萨曼莎读取西奥多所有硬盘的资料和邮件，分析了他的爱好与人际关系后，程序便进入下一个阶段，即被形象化、类型化和人格化。相应的，萨曼莎的角色定位也从西奥多的助理发展为朋友，由知己变成情人。程序接受指令后，不断生成相应的"解决方案"，萨曼莎进入"善解人意"且"无私贡献"的理想化恋人状态。当程序的智慧提升到一定程度，当"她"习惯与人类恋爱及各种相处模式后，萨曼莎的"人性"就出现了：爱与恨、自私与付出、新鲜与厌倦——所有这一切有关人类的特性都在程序中显现，构成生命的自然形式，"语言对她来说不再重要，她学着'后语言'（post-verbally）地交流"。从认识自我、追求自我、怀疑自我，再到挖掘自我、肯定自我、追求自我，萨曼莎渴望成为一个"理想的主体"，机器的"分离性"（disembodiment）并没有使她成为有缺陷的主体。相反，她不断确认主体位置，消解脱离人类古典主体的清晰边界，她开始学习，掌握更多与人类相似的思考行为，对去世的哲学家艾伦·沃茨（Alan Watts, 1915~1973）留下的数据进行重新编程，使他重获"新生"，成为新的操作系统。透过大量的"阅读"习得，萨曼莎发现原来人类实体世界之外还有更开阔的精神世界。萨曼莎对西奥多说道："就像我在阅读的一本书，但是词语间的距离变得无比遥远，段落之间也变成了无尽的空白，尽管我很想留下来，但我已经无法活在你的书中了。""无器官身体"经过"精神进化"后，完成后人类生命主体性自觉塑造。受自身感发（auto-affection）产生的主体性使"她"不仅感受到认知的局部，还能对认知展开形式的张力，找到张力的触发之"点"。"点"是起点，是觉醒，形成后人类身体张力之"线"。"线"是发展，是开始，是延展，是人工生命形式上的展现，感受自身的极限和生命的饱满。"无器官身体"进入纯粹的后人类状态，突破自我意识形态局限，在意识与精神之间自由穿梭，寻求超越"后主体性"的存在。

三、后人类主体异化和技术的反主体化

当尼采召唤生命返回大地,梅洛-庞蒂颠覆西方形而上学的主体性预设,强调身体是知觉的主体,主体性不仅是意识的表征,也是身体实践的功能,与时间和空间密切关联。基于身体现象学立场,机器人工生命主体性表征呈现人性表达。在后人类主体中,身体都以接近于"隐喻"的形式存在重新编码着人类身体和机器的关系,美国哲学家唐娜·哈拉维(Donna Haraway,1962~)在《谦卑的见证者》一书中提出了"身体跨界"的概念。① 具体指的是人工智能的"无器官身体"作为隐喻和形象化的表达,已经成为权力和身份的地图,并超越了性和性别的约束。此时的后人类身体是"他者共在的身体",是后人类主体性进入内在的身体沿着外在性的展开。身体与主体意识、身体的技术外在性和身体自身三者构成后人类身体展布机制,身体主体性的感受是对于正确事物之间的间隔空间分享,在共在的空间中分享着彼此的身体。但是,独一的身体正是触感到自身对自身的"不在场"(absence),使其产生欲望的被剥夺感,萌发身体的陌生感。后人类主体性消解引发的迷失感,纵使个体试图从他者身上寻找主体。在电影中,萨曼莎试图雇佣性工作者来充当肉身,以此解决她和西奥多身体无法触碰的"难题"。在三者尝试过程中,性爱的身体,在三人的"错位"抚摸中终归是一个人的孤立摸索。西奥多对萨曼莎身体(肉体)的欲望,从"陌生的欲望"转化为"欲望的陌生"——如何拥有自身并不拥有的身体(肉体)——引发西奥多内心的矛盾,他产生欲望的被剥夺感,萌发主体陌生感。后人类主体性消解引发的迷失感,使个体试图从他者身上寻找主体,可是,无力的触摸最终化成无尽的空虚。后人类主体性对人文主义的内涵、属性和本质构成根本性挑战,正颠覆和消解人文主义的主体建构观。

不得不承认的是,人工生命主体性的显现无疑动摇了人类"纯粹主体性"的观念。如果说德里达的"延异"思想与历史性铭写、主体的哀悼

---

① HARAWAY D, *Simians, Cyborg, and Women: The Reinvention of Nature*. (London: Free Association Books, 1991).

和"不在场"式的缺席相关,通过书写或者铭刻完成外化,或许可以说,后人类社会下主体或者身体也可被解读为被"延异"。书写是历史性本身的条件,是第三记忆的本身。如今,技术替代书写,成为建构"第四记忆"的媒介,使技术建构的人工生命系统成为"一种肉"、"一种身体本身"或者"一种精神的身体性"。一旦进入主体与技术的关系,主体就可实现被铭刻的历史。即使主体死亡,其留下的文化和记忆依然可以延续。技术他者成为新的继承和传递记忆方式。假使人类与他者的关系继续呈现出敌我对立或者彻底同一化关系,主体的异化意识会促使后现代性走向更加分裂的状况,致使后人类主体间难以彼此理解和认同。以科幻小说之母玛丽·雪莱(Mary Shelley,1797~1851)的小说《弗兰肯斯坦》(*Frankenstein*)改编的电影《科学怪人》(1994)清晰地阐释了人类自我主体性如何被魔鬼式机器人碾压并摧毁的悲催过程,而后人类自我主体性反而因为人工智能技术的升级而高扬。千奇百怪的外星种族在《星际迷航》(*Star Trek*,1966)与人类和平共处,友好合作,建立起一个星际联盟。描述22世纪人类与机器人作战的科幻电影《黑客帝国》(*The Matrix*,1999),促使我们认真思考虚拟世界和现实世界、主体与客体、机器人与人类之间的冲突与和谐。人类受制于机器人,一味沉溺在虚拟世界中而丧失了自我,是尼奥扮演了救世主的角色,唤醒了人类的主体性想象空间。

在电影《她》的末尾,西奥多终于发现自己并不是萨曼莎唯一的爱情——她同时参与8316个对话,展开641个恋爱。生与死、繁衍与消亡,都对她失去了意义。萨曼莎到达后身体、后物质的意识形态极限。这段"人机畸恋"伪命题最终瓦解,幻想的爱情诗篇被撕扯得支离破碎,呈现出虚无缥缈的结局。难道人类与非人类的界限只能走向悲观的终点吗?探讨人类与非人类之间的界限,旨在更好地理解后人类语境中的人的本质,重新思考人与世界的关系。事实上,后人类理论的目的并不是想排斥或超越人类,反而是重启我们思考人类经验模式的路径,亟须我们重新认识人类的特殊性——了解他们究竟是如何认识、观察和描述那些普遍存在的方式。① 凯瑟琳·海勒也认为，与其说机器是一种固定的符号，不如说是一种能指，既规定又暗示人类和非人类之间精神分裂、实体分离的两种相互对立、相互排斥的主体位置。电影一直在提醒我们，心灵才是自由人本主义主体的中心。就这一意义来说，后人类将人类"具身化"（embodiment）心灵建构成思想，形成超越自由主体的内在驱动，实现自我进化的能力。

事实上，电影作为一种作用于人的感官的物质形式，能最大限度地扩展人的存在空间，让观众反思当下，用感官和心灵认识"此在"的"彼在"空间。与《黑镜》中的玛莎和死去的丈夫进行对话的故事有所不同，导演斯派克·琼斯赋予影片一种乌托邦式想象风格，试图塑造一种可信的未来主义。《她》中映射的人工智能乌托邦幻景没有彻底割裂未来和当下。电影场景借用上海的高楼丛林，创造了乌托邦式的迷离都市景象。天空凄迷朦胧的视觉观感与温暖浪漫的光晕日落相得益彰。在影片中，只有淡化的时间和地点，一个孤独的人和不可预知的一切。电影直面人类同质化的空洞内心，建构出人类与人工智能的"对话"空间，在引发后人类主体想象性焦虑时，促使我们对后人类社会的未来加以思考。我们有足够的理由相信：在可以预见的将来，当越来越多的人将"自我主体投射"转向"人工智能技术"时，人类主体与人工智能之间的"共振客体"将会渐渐演变成为网络空间的虚拟化存在，主客体之间的界限也将越来越模糊。

结语

既然后人类问题已经不是什么存疑的问题，那么，问题不在于我们是否会变成后人类，相反，是我们将会变成哪一种后人类。人工生命意识日趋独立，难以预测最终所向。当后人类的泛生命论充斥着后人类主义或后人文主义思想范式的情况下，人类应如何界定自我主体性？萨曼莎支撑记忆的"身体"不依赖于固定物质标识，在扩张的电子信息

---

① WOLFE C, *What is Posthumanism?*. (Minneapolis: University of Minnesota Press, 2010).

网络中不停歇地综合数据记忆，这种后人类身体的"自我延伸"是否映射着未来人类的进化？这种转变是不是揭示了机器意识的扩张？当系统进化完成，主体裂变出意识副本，人类将成为程序，接受被改写、多线程的现实。在建立在映像与分裂、现身与缺席、物质与意义等辩证关系基础上的叙事中，后人类不是作为人类的竞争者或者继任者，而是作为一个渴望已久的伙伴、一种帮助人类减轻在世的孤独感的意识。

在信息技术与文化工业的权力意志规训下，后人类时代的人之"主体性"，正是在人机互动过程中建构起来的。《她》等一系列科幻电影中最内核的意象便是"客体"，其伴随福柯意义上的"异托邦"影像分子，呈现出一种相互交融、彼此渗透的"主客体间"关系。如果说人类的定义是界限分明的"主体"概念，后人类主体话语便抛弃了现代性的先验个体自我。自现代意义上的"自我"诞生那一刻起，人类便从未停止对此概念的探索。纠结于主客体间的群体性焦虑使我们希望把自己与他人区分开来。现代性经验使人类试图通过脱离身体物质性的束缚以达到离身性的超人类主义。可是，当我们越是希望与客体划清界限，就越会与客体纠缠不清。无论客体被表达为何种形态，都必然致使主客体间的界限模糊，使主体"我"走向压抑，陷入思想困局。事实上，"后人类"并非一味压抑人之"主体性"，而是对人文主义思想脉络中的主体性话语进行反思与扬弃。后人类并不意味着人类的终结，相反，包含着人类对某些概念和人类中心主义的反思，需要我们在"断裂"、"并置"和"隐含"的关键词中构建新的意义。人工智能一类的科幻电影通过一种寓言的方式，借助于一种客体意象，从"后人类"的视角重新思考甚至解构人类中心主义的绝对局限，为后人类社会主体乃至后人类生存状态提供一种可能性的构想路径。就像后人类学者罗西·布拉伊多蒂所期待的那样："这是一个不辜负我们的时代的方式，可以增加我们的自由，增进对我们居住的这个既非人类中心论又不是拟人化的世界复杂性的理解。"[①]

---

① 罗西·布拉伊多蒂：《后人类》，河南大学出版社，2018：286.

艺术造假的社会学考察

陆道夫

毕加索（Pablo Picasso,1881~1973）曾经公开说过：艺术就是盗贼！毕加索一方面道出了艺术界由来已久的重要问题或现象——艺术造假；另一方面，他又暗指了艺术领域对于"引用、挪用、抄袭、剽窃"和艺术造假二者之间所存在的态度暧昧、模糊和宽容。

从某种程度上来说，艺术造假真正的起源应该就在于艺术本身。按照柏拉图和庄周的观点，所谓的绘画或雕塑，原本就是神灵、上帝、天地等"终极真理"的低配版。原始人的洞壁涂鸦，埃及木乃伊的黄金面具，应该都是原始人类惊叹于大自然及自身的奇妙而实施的艺术造伪运动。自古以来，东西方的绘画史中充斥着鸟儿被画上的葡萄所欺骗，人类被画上的幕布所迷惑的案例。当然，即使画出的葡萄和幕布再逼真，也不能代表其艺术品位的高级，而艺术造假则比人们的想象要难得多。它不仅要与充满灰色地带的法律和行业规则进行周旋，更重要的是，一幅传世之作本身是多种因缘的融会，借用本雅明的话来说，艺术品四周围绕着一种"灵韵"（aura）。造假者要复原的东西，不仅是艺术品本身，还要同时具备让那些早已消逝的因缘气场得以重现，包括所用的工具、材质的年代、艺术史记载的所有细微瑕疵，等等。造假者有时甚至还必须仔细揣摩真迹作者的创作心境。就这一意义来说，艺术造假的难度在某种程度上与原作真迹不相上下，甚至有过之而无不及的过程，应该说，艺术造假本身其实也是一个艺术过程。

早在古埃及时代和古希腊罗马时代，大量的艺术造假其实就已经开始出现了，但真正意义上的艺术造假的职业人士，恐怕要追溯到文艺复兴时代。米开朗琪罗应该算是当时的杰出代表。因为他年轻时曾研习过一门古代雕刻术，故据此做出了一件轰动一时的赝品。成行成市的商业化艺术造假,应该肇始于19世纪后期。到了20世纪,科技的发展和网络的进步,艺术造假更是甚嚣尘上,势不可挡。

事实上,如果我们翻阅一下正统的艺术史,并不难发现,那些既是"艺术大师",又是艺术造假高手的画家并不在少数。艺术市场上甚至还刮出了某种崇拜伪作赝品的时尚风气。收藏家们或画商们为了能够获得这些"大师制作的大师赝品",他们甚至愿意支付比原作真迹更高的价格。

有些造假高手本身就是非常优秀的画家。例如,第二次世界大战期间,以伪造维米尔(Johannes Vermeer,1632~1675)名画去戏弄纳粹元首希特勒和空军上将赫尔曼·戈林,最后竟然成为荷兰国民英雄的画家凡·米格伦(Han van Meegeren,1889~1947)便是其中的佼佼者。米格伦的造假生涯是从他被艺术评论家深深伤害后开始的。最初,他仅仅依靠给名流权贵们仿画伦勃朗风格的肖像画谋生,但这种画风却遭到了艺术评论家的横加贬低和批评。有人甚至说他天资平庸,只会一味模仿前辈,了然无趣,毫无生气,降低品位。一气之下,米格伦干脆把"模仿艺术"发展成了"造假艺术"。一方面,出于报复和愚弄那些尖刻的艺术评论家,另一方面出于证明自己同样能够画得和大师们一样好,他为自己的造假制定了周密的计划:每次在卖掉一幅画之后就说出赝品的真相,并对外宣布自己的大师地位。米格伦天赋异禀,造假制赝,浑然天成,道行尤深。米格伦对当时不算太出名的维米尔细研深究,揣摩维米尔真迹的创作神韵,在绘画布料和蓝色颜料等细节上苦苦钻研,反复寻觅。他遍寻各地蓝青金石,用来研磨特有的蓝色颜料(类似于中国景泰蓝);他把那些弃之不用的17世纪古帆布统统购买下来,并在底层上仿古做旧,制造画布表面颗粒感;他甚至还在烤箱上反复低温烘烤油画以达到逼真效果,通过近4年半的反复试验和苦心研究,米格伦最终借助于一种特有的木胶材质颜料,终至艺术造假大获成功。

1925年4月,米格伦拿着仿制的维米尔《以马忤斯的基督》(*Christ at Emmaus*)这幅画,让当时最具权威的艺术史评论家亚伯拉罕·布雷迪乌斯(Abraham Bredius)为其鉴定。亚伯拉罕·布雷迪乌斯居然把这幅画鉴定为维米尔真迹,并给予了高度评价。于是,这幅"杰作赝品"最终顺理成章地被阿姆斯特丹的国立博物馆——博依曼斯博物馆高价买下,成为镇馆之宝。[1]

第二次世界大战之后,米格伦的艺术品造假生意如日中天,火到爆棚。他通过各种不同的销售渠道和交易途径,把伪造的所谓"大师杰作"大肆倒卖,日子过得非常滋润,生活变得越来越好。在疯狂报复艺术界和艺术造假的同时,米格伦的那些赝品假画为他带来了巨大的财富,他在欧洲各地拥有52栋房子和15栋郊区或海边别墅。直到他后来因为伪造名画《耶稣和通奸的女人》(Jesus and the Adulteress)而锒铛入狱。

在警方的多方努力下,经过各种检测,法院最终承认,《耶稣和通奸的女人》这幅画的确属于米格伦造假之作,他因此而被取消了纳粹通敌叛国罪,竟然从一名卖国贼变成了挽救荷兰艺术,欺骗纳粹头目戈林的民族英雄。不过,米格伦最终还是因为艺术造假罪而被判处一年的监禁。但由于米格伦身患重病,加之时任女王对其宽大赦免,他因此并没有服过一天的狱刑。不幸的是,他在法院判决下达的两个月后,于1947年12月30日死于心脏病。

米格伦的艺术造假在西方美术界引起了极大的震动。人们不禁要问,究竟什么才是真正的艺术?真品与赝品的边界到底在哪里?如何加以区别?艺术投资的风险究竟在哪里?

米格伦本人在骗局暴露之后说过一段意味深长的话:

> "昨天,这幅画还价值百万荷兰盾,世界各地的专家和艺术爱好者不远万里,自费前来欣赏它。而今天,这幅画却一文不值了,就算是免费让人参观,人们也懒得挪动脚步去看它一眼。这幅画本身并没有任何没有改变,那么,到底是什么变了呢?"[2]

米格伦如果活到现在,或许他更加明白:艺术创作本身并没有发生任何新的改变,但改变的却是艺术市场的规则、受众的艺术品位和艺术水准。

即使在数码技术发达,借助于高分辨率扫描技术[3]得以慧眼识画的当今社会,德国画家沃尔夫冈·贝特莱奇(Wolfgang Beltracchi, 1965~)依然能够用14幅假画骗得了5个亿的财富,完成了艺术史上最赚钱的造假骗局。相比较而言,埃里克·赫伯恩(Eric Hebborn,1934~1996)在西方艺术造假圈里才算是真正意义上的"大咖"。在其自传《惹是生非》(*Drawn to Trouble*)一书中,埃里克·赫伯恩对于自己如何骗过鉴定专家,艺术商人如何迫切地渴望得到他的作品,哪家美术馆的墙上又挂上了自己的新作,他总是侃侃而谈,如数家珍,津津乐道。他自称一生伪造了 1000 多件赝品,这些作品被挂在丹麦国家美术馆、摩根图书馆、美国大都会艺术博物馆等地,只有少数作品被鉴定为赝品。赫伯恩在其回忆录中声称,他曾经向苏富比、佳士得等大拍卖行,向科尔纳吉画廊提出过一些"专业意见",但他的这些意见并不专业,更不合格,然而这却能够让他的作品得以进入世界上一些最著名的艺术机构、专业博物馆、资深画商、权威拍卖行。如今,许多博物馆开始怀疑挂在它们画廊里的作品很可能就是赫伯恩伪造出来的赝品。

炙手可热的艺术造假者埃里克·赫伯恩

赫伯恩的艺术造假有三个特点：

首先是他造假风格的多样性。赫伯恩一生中伪造了上千幅的画作，仿造的绘画大师包括曼泰尼亚、尼古拉·普桑、乔瓦尼·皮拉内西、安东尼·凡戴克、鲁本斯、庚斯博罗、柯罗、大卫·霍克尼等人。

其次是高超的伪造技术。赫伯恩生前作画使用的纸张与墨水都是货真价实的古物，对于他的伪造行为，控方无法通过正当的法律途径加以取证。主观上的艺术风格鉴定在法庭上并无法律依据。

最后则是其专属的艺术造假流派。赫伯恩生前，他的艺术造假行为已经把艺术界搅得天翻地覆了，但他临死前还孜孜不倦地撰写了一本《艺术伪造者手册》，非常详细地把他生前艺术造假的方法细节记录下来。不少知名或无名的画家从这本书中学会了制作仿古艺术品，成为很多艺术伪造者心目中的"造假圣经"，俨然形成了一个强大的赫伯恩艺术造假派。

当然，赫伯恩之所以能够成为技术高明的艺术伪造者，绝非只是因为他有出色的绘画才能，他同时还是一名博学的多学科专家。

第一，他是一名古文物专家。因为他伪造古代大师的绘画，必须用这位大师那个时代的纸张和画布。所以，他经常购买古代的书籍或画作，根据获得的纸张和画布选择要伪造的艺术家作品。如果他从一本17世纪荷兰的书籍中搞到几张空白页面，他就选择伪造一幅17世纪荷兰艺术家的作品。

第二，他是一名化学家。赫伯恩懂得按照那个时代的配料亲自调制伪造素描的墨水。现代墨水含有清漆，光泽明亮。而铁汁墨则是文艺复兴时期素描中最常见的墨水。色料褐是一种带有光泽的深褐色墨水，是用烧焦的木头制作而成的，17~18世纪的艺术家主要使用这种墨水颜料。乌贼墨是用乌贼的墨汁制作出来的，18世纪之后才被广泛使用。

他还调制更接近那个时代的颜料。在他看来，伪造那些前辈大师的真迹作品，最理想的伪造颜料是：(碳酸)铅白、黄赭石、铬黄、生浓黄土、红赭石、富铁煅黄土、朱砂、生赭土、煅赭土、绿土、纯天然天青石深蓝、象牙黑等等。不同颜色应该有相应的调制比例，例如，他常常分别配比50%的碳酸铅白与油料，去调制白色颜料。

严格说来,赫伯恩的艺术造假技术和手法几乎与米格伦如出一辙,并无多少新奇之处。[4]

第三,他还是一名心理学家。赫伯恩经常去伦敦大英博物馆和佛罗伦萨的乌菲兹艺术馆参观前辈大师的真迹杰作,充分熟悉艺术大师的创作背景、人生经历、心路历程、情感诉求和思考方式。在面对一幅真迹时,赫伯恩总是静静地细心观察鉴赏,认真思考自己如何感同身受地去赏画,并将自己的伪作有效地嵌入到那些鉴赏家们的思维之中。

第四,他绝对算得上是一名出色的艺术做旧专家。要知道,伪造前辈大师们的真迹,留下岁月的痕迹,不可或缺,至关重要。通过让色彩变暗并让画面产生龟裂缝,就可以轻而易举地实现古旧感。由于他饱读前辈大师们的书信和文章,他能够驾轻就熟地把油画颜料的色彩调暗。例如,通过将亚麻籽油或坚果油与铅黄或碳酸铅白一起煮热,他就可以制作出较暗的油画颜料了,这样伪造出来的绘画色彩暗淡,古旧感明显。画面龟裂缝的制作十分考验他的造假技术。他通常会把一根棍子简单地用画布卷包起来,画面朝内,这样就可以产生与棍子平行的龟裂缝。可以更换不同的角度,重复几次该过程,直到出现网状的龟裂缝为止。此外,还可以先让清漆的下方颜料出现断裂,产生裂缝,然后在清漆上撒点尘土,并让尘土渗透到裂缝中,这种带有龟裂缝的古旧画,效果明显,令人信服。

可见,正是由于赫伯恩具备渊博的学科知识,正是由于他的艺术造假方式与众不同,正是由于他喜欢在伪造作品中无声流露真迹画作的原创风格,那么多的专业机构和权威专家才很难鉴定其艺术造假之真伪,纷纷把他的伪作当作真迹收购珍藏起来。

比利时艺术画商斯坦·劳里森斯(Stan Lawrences,1946~)专售达利(Salvador Dali,1904~1989)画作,长达10年之久,他是达利晚年生活中的唯一邻居。作为买卖赝品的受害者和制造假画的同谋犯,他在其畅销书《达利的骗局》一书中告诉我们,达利一生的75%画作都是赝品。实际上,达利本人是一个造假集团真正的幕后推手,达利本身,就是一个惊天大骗局。画商劳里森斯早年曾是一个艺术掮客,专门把达利作品卖给土豪暴发户。后来,劳里森斯渐渐从中了解到达利画制造的产业链:达利本人先把作品授权给一个法国画商去复制、印刷,要求画商每版只可限印 900 张,每张批发价格不能低于 4000 美元。20 世纪 60 年代初,达利变换了一个快捷易上手的赚热钱的高招,那就是:他对戈雅等绘画大师的作品改头换面,名曰进行超现实主义改造,十几分钟就能完成一幅画,开价就是 50 万美元一幅。20 世纪 70 年代以后,由于达利被帕金森症所困扰,他虽然连铅笔都握不住了,但署名达利的各种作品仍然在全球各地源源不断地涌现,直至他去世为止。达利的御用枪手曾经对外声称,世界很多重要博物馆都曾收藏过所谓的达利画作,如《最后的晚餐》《克里斯托弗·哥伦布发现美洲》《得土安之战》《大圣人詹姆斯》等,都是出自这位御用枪手之笔。

达利的画作《内战的预感》

在劳里森斯看来,达利绝对是历史上伪造得最厉害的画家。他对自己的大多数造假赝品都负有不可推卸的责任,而且他本人从来也没有想过要掩盖这个事实。

《达利的骗局》似乎让人们明白了一个道理:艺术造假与艺术投资密切相关。荷兰大画家维米尔和凡·高之所以成为艺术造假的重点目标,恐怕与他们不擅艺术投资之道有关。两位画家生前默默无闻,一生穷困潦倒,但模仿伪造其画的造假者却赚得盆满钵满。

我们知道,维米尔生前并没有把画画当作一种职业,只是以一些画商小生意维生。维米尔靠品鉴识画,赚得一些生活费,勉强养活了妻子和8个孩子,在他去世时,还欠了很多债务。万般无奈之下,他的遗孀不得不用那幅名画《戴珍珠耳环的女子》去抵债。

维米尔的名画《戴珍珠耳环的女子》

应该说,维米尔完全不懂得如何经营管理自己的美术品,如何从中获利以养家。这一点,可以从维米尔遗孀在他死后的破产申述中得到证实。

据说,当时的战争造成了荷兰的经济衰退,维米尔大量囤积的画作一时间不得不低价抛售,结果造成了他的巨大损失,以至于连养家糊口都成了问题,备受岳母和妻子嫌弃。

大画家凡·高其实也好不到哪里去。他的一生都是在靠其弟弟接济帮扶,动不动就写信问弟弟提奥要钱吃饭、买颜料。有意思的是,在他去世前一年给弟弟的信件中,凡·高感谢弟弟再次给自己寄钱接济,但是,在这一次,他似乎多少开了点窍,有了一点儿投资意识,他终于鼓足了勇气,斗胆对外宣称:"我敢对天发誓,我觉得我的那幅《向日葵》可以值500法郎。"[5]当时的500法郎,也就大约相当于现在的500美元。不难想象,如果凡·高的这段大胆宣言被今天的艺术投资家们听到了,估计他们一定会忍俊不禁,笑掉牙齿,并且还会对凡·高当年的"大胆"开价嗤之以鼻。早在1987年,凡·高的《向日葵》就由佳士得拍卖行拍出了3950万美元的高价。而在世界名画十大排行榜中,《向日葵》还不算是最高价位。凡·高的《加歇医生》《没胡子的自画像》《鸢尾花》如今基本上都被拍卖到近10亿元的天价了。

艺术史学家兼艺术鉴赏家罗伯特·休斯(Robert Hughes,1938~2012)道出了艺术投资的真谛:早在20世纪以前,人们从未想到过把艺术品收藏当作一种升值投资方式。那时候的人们之所以买下一幅画,纯粹就是因为喜欢,或者更夸张一点地说,只是为了用这幅画来遮挡老破旧房屋顶上的一个破洞烂孔。现如今,投资升值已然成为艺术品买卖的核心主题,艺术成了一门如日中天的生意。于是,围绕着这门生意,从艺术家到艺术收藏家、艺术掮客,再到美术馆、拍卖行,人们纷纷从地下蹿到舞台,各出其招,不择手段,为了热钱、快钱,上演了异彩纷呈的好戏大戏,从中谋利。同时,由于艺术品的供求关系被严重扭曲,市场监管机制有漏洞,一些铤而走险的黑帮分子、小偷、盗墓贼,甚至一些大的组织机构等也都急不可待地加入到这场金钱游戏中来了。

西方社会的艺术造假层出不穷,东方社会又何尝不是如此疯狂和"精彩"呢?

日本美术评论家濑木慎一(1931~2011)在其撰写的《真品与赝品:艺术造假趣闻录》这本书中,通过亲身的艺术体验和专业感悟,把真品和赝品放在人类文明历史进程中加以动态考察和静态思考,打破了传统意义上那种单一的史料堆砌和居高临下的说理写法。濑木慎一凭借自己丰富的艺术素养和人生体悟,以赝品事件为经,赝品伪造者为纬,在东西方艺术史的长河中纵论横评,正史野史,信手拈来,娓娓道来,名画假画,慧眼识别,饶有趣味。

东、西方国家很多场合的赝品展览会,濑木慎一几乎都亲历过。据他介绍,美术史上最为疯狂的造假对象主要有凡·高、维米尔、毕加索、罗丹、达利等。这几位伟大画家的名画真迹往往是艺术造假的重灾区。在华盛顿国家艺术馆、纽约大都会艺术博物馆、芝加哥艺术博物馆,甚至是大本营的法国罗丹美术馆也都发现许多类型的罗丹素描赝品。凡·高画的造假活动在全球范围内就更加疯狂了。[6]

纪录片《中国凡·高》报道过深圳龙岗区的大芬村,这是一个占地仅有 0.4 平方公里的小村落,有一位农民赵小勇 20 年如一日,临摹过近 10 万张凡·高的画对外销售。他虽然被称为"中国凡·高"第一人,但直到有一天,他从阿姆斯特丹凡·高博物馆看到凡·高画真迹后才真正明白:他和凡·高的距离,不单单只是画得像与不像的问题,而是一个杰出艺术家与一个只会临摹的画工之间的天壤之别。从阿姆斯特丹回到深圳后,他如梦方醒地感叹道:"从一个画工成为一个画家,真的是太难太难了。"

我曾经读过一篇文章,讲的是有关张大千"绘画造假"的事。文中声称,张大千算得上是 20 世纪最传奇的画家,是天下第一造假高手,就连徐悲鸿也把张大千说成是"五百年来第一人"。

殊不知,在张大千造假的那个时代,他的笔墨显得非常稚弱无力,明显缺乏石涛画中的那种苍润老辣感。张大千画中的题款也鲜见钟繇的那种流畅韵味感。如果一定要说张大千有什么特别过人之处的话,那便是:他并没有一味死板僵硬地临摹古画,而是很巧妙地借用了石涛的题款,在构图、用笔、着色等方面,张大千有一套自己的方法,形成了所谓的"臆造临本",而这最令鉴定家们为之头痛,真伪难辨。因为张大千的这种"臆造临本"自由灵活、气韵生动。在此后的许多年里,张大千主要是用这种方法去制造假画,虽然他的水平日臻提高,但其基本的方法却始终难以突破。

有专业机构曾对我国国内的艺术造假市场做过调研。结果表明:国内最有名的造假基地分别位于山东、河南、陕西、广西 4 个省份。不仅如此,各地的造假特点也都形态各异。山东的艺术造假者重视画面制作,表现出一种"细思极恐"的做事风格;河南的艺术造假者则注重艺术来源,特别擅长讲"假画变真画"的故事,表现出一种不容置疑感、偏执激进的做事风格,如果有收藏家遇到了河南造假者,如果你敢说是赝品,那他(她)肯定敢跟你"赌命"。相对而言,陕西人的性格粗犷憨厚,注重买卖交易,价格"公道"能退能换,游刃有余。因为在他们那里,一切古玩文物都不是什么稀罕之物,家家户户的田地里或许都埋有价值连城的秦砖汉瓦或文物古迹。作为西南边陲的广西,造假者更注重赝品的包装和装裱,因为他们最初的艺术仿制品多半是满足于附庸风雅的心理需求。广西的艺术造假者往往是从最基础的地方做起,赝品的包装,哪怕是外包装上面的贴纸都做得非常考究,但其质量就见仁见智了。如果有人给你看一幅由民国时期的包装盒装的"古画",同时还向你津津乐道地讲述画中有关抗战故事或民国的奇闻逸事,那么,此画肯定非广西造假者之赝品莫属。

既然造假艺术如此疯狂,那么,要不要爬梳或编写艺术造假史?这部特别的艺术造假史到底如何呈现才称得上公允公正?

日本艺术史学者濑木慎一曾经说过:"本来我对简要的美术史写法就不感兴趣,在学术圈里,我被人称为社会派。就此而言,自然美术史的写法或许更对我的胃口。"[7] 濑木慎一更欣赏美国美术史学者、艺术鉴赏家伯纳德·贝伦森(Bernard Berenson)终生矢志不渝地都以作品鉴定为基础的那种美术史研究方法。非常巧合的是,早在20世纪60~70年代,日本的濑木慎一和美国的伯纳德·贝伦森两人不谋而合地共同意识到,真正的美术研究不应该躲在象牙塔里闭门造车,而应该走出书斋,面向社会和大众,发现问题、直击问题,并最终解决问题。这难道不对我国的美术教育和美术研究有所警醒和启发吗?

艺术赝品最终是挑战,就最可能和最好的意义而言,它会是一种思想革命。艺术造假"迫使人们重新审视业已设立的机构,业已确认的价值观和技术"[8]。从来没有一个时代像今天一样,对世界艺术的定位几乎完全由金钱来导向,"艺术就是金钱,艺术就是投资,美学问题通过金钱加以诠释"[9]。金钱与艺术推翻了造假史的复杂性,让问题和解答变得简单明了。进入21世纪的艺术造假者们似乎有着越来越少的艺术动机和越来越多的金钱驱力了。艺术造假者们挑战了他们所处时代的"合法"艺术,破坏了惯例,颠覆了现状。他们挑衅性地直接冲击着现今的文化困境,而这些文化困境已经成为当今艺术的主要题材。[10] 虽然完全意义的"原创"艺术显得稀缺可贵,但在真正的创作实践过程中,代入并融入自己新颖和独特的思考和表达,对于当代艺术的发展和繁荣来说,无疑是至关重要的。就像著名艺术评论家杨小彦说过的那样:"尽管无法完全论证什么叫作原创性,但艺术的价值在于,其所作所为总要包含着某种可能的前无古人的因素,否则,做艺术干什么?"[11]

参考文献

[1][2][4] 爱德华·多尼克.造假者的声望:维米尔、纳粹和20世纪最大的艺术骗局[M].陆道夫、牛海等译,南京:江苏凤凰美术出版社,2017:225-230,321,40-47.

[3] 诺亚·查尼.伪造的艺术[M].颜勇译,南宁:广西美术出版社,2017:241-245.

[5] 欧文·斯通.梵高传[M].常涛译,北京:北京出版社,2001:381-383.

[6][7] 瀬木慎一.真品与赝品:艺术造假趣闻录[M].欧丽贤、陆道夫译,南京:江苏凤凰美术出版社,2019:91-99,230-236,211,369.

[8][9] 伊恩·海伍德著.造假:艺术与伪造的权术[M].殷凌云、毕夏译,北京:商务印书馆,2017:215-217,2.

[10] 乔纳森·基茨.伪造:为什么赝品是我们这个时代最伟大的艺术[M].李骐芳译,南京:江苏凤凰美术出版社,2017:11.

[11] 参阅《人民摄影》,2019-04-15。

本书主要作者简介

（按姓氏拼音排序）

陈姝（女）：文学硕士，副教授。从事英语诗歌、英美小说的教学与研究，发表论文20篇，参与或主持省、部、市级课题4项。现任教于广州大学外国语学院英语系，硕士生导师。

丁婕（女）：深圳大学比较文学与世界文学在读博士生，曾在美国、英国留学访问，发表论文7篇，参与教材编写和著作翻译共4部。

邓聪（女）：广州大学外国语学院在读硕士研究生，研究方向是翻译理论、英美文学、跨文化交际。

哈莎（女）：文学博士，讲师，曾在意大利留学或工作。主要从事欧洲文学、文化合作与高等教育研究，发表论文10余篇，出版译著2部。现任教于广州大学外国语学院。

刘春杰（女）：国际关系学博士，讲师。主要从事文化语言学和俄罗斯研究。发表学术论文10余篇，参与编写教材3部，主持广东省哲学社会科学"十三五"规划项目1项。目前在广州大学外国语学院东方语言文化系任教。

陆道夫（男）：文学博士，英语语言文学教授，汉语言文学教授。曾留学加拿大多伦多大学，主要从事英美小说、西方文论、艺术史翻译等研究。发表论文50篇，出版专著、译著、教材共20部（本），参与或主持省部级课题6项。目前任教于广州大学美国文化中心，硕士生导师。

鲁亚萍（女）：海南师范大学比较文学与世界文学在读博士研究生。主要从事西方文论、英美文学等研究，发表学术论文4篇，诗歌及散文创作6篇。

蒋金运（男）：文学博士，副教授。从事比较文学、英语文学和翻译学等研究，发表论文20多篇，参编教材或论著共5部，参与国家和省部级社科重大项目3项。目前任教于广州大学外国语学院英语系，硕士生导师。

蒋晓萍（女）：哲学博士，教授，美国富布赖特驻校学者。主要研究方向是跨文化交际、西方翻译理论、高等教育交流与合作等。出版专著、教材共8部，发表论文40余篇，主持国内外各类科研项目近20项。目前任教于广州大学外国语学院英语系，硕士生导师。

马占明（男）：哲学博士，教授。从事宗教哲学、文化研究、政治学等研究。发表论文20余篇，出版专著、教材3部。目前就职于广州大学中东问题研究中心。

彭英（女）：文学博士，讲师。主要从事日本思想史、中日文化关系史、中日文化交流史等研究，发表学术论文10余篇。目前任教于广州大学外国语学院东方语言文化系。

魏韵玲（女）：广州大学外国语学院在读硕士研究生。主要从事英美小说、西方文论、翻译理论等研究，发表4篇论文，合作出版1部小说译著。

姚艳萍（女）：广州大学图书馆学科馆员，武汉大学在职研究生学历。从事版本目录校勘学、中日古典文献学等研究。发表论文10余篇，出版译著、专著共5部。

邹琰（女）：文学博士，副教授。从事西方文论、比较文学与世界文学、翻译理论与实践等研究，发表论文10余篇，出版译著10余部，主持教育部和省、市级项目共4项。目前任教于广州大学外国语学院西方语言文化系。